# JAZY

## L'ANGE DE LA PISTE

Ce livre est dédié par Michel Jazy

à Marianne, sa maman,
à Gaston Meyer,
Robert Parienté,
Marcel Hansenne, de *L'Équipe*,
à René Frassinelli, son entraîneur,
à Maurice Rousseaux, son préparateur physique,
à Jean Delbert, son président au CA Montreuil.


ISBN13 : 978-2-916400-12-9
Dépôt légal : juin 2007

ALAIN BILLOUIN

# JAZY

## L'ANGE DE LA PISTE

Une bien belle aventure
au cours des années 60
quand toute la France
courait avec Jazy
Amicalement
A Billouin

ÉDITIONS
PROLONGATIONS

DERO

*Viendra, viendra pas ? 18 mars 1965. L'air est léger en cette matinée de grand soleil et de douce fraîcheur hivernale sur Paris. À l'entrée de l'Institut national des sports, c'est l'habituel va-et-vient des voitures qui roulent au pas. Michel Jazy ne devrait pas tarder à revenir de son entraînement dans le bois de Vincennes et surgir de l'autre côté de l'avenue du Tremblay. Il a gentiment fixé le rendez-vous : « Mettez-vous après la barrière blanche devant le bungalow d'accueil. Oui : sur la gauche ! Là où se tient le gardien. »*

*Il a ajouté : « Je serai de retour vers midi. Je pars après-demain à Ostende avec l'équipe de France de cross. On aura bien le temps de parler un peu pour votre interview. Promis : je serai là ! »*

*Première rencontre avec Jazy. Première interview. Moment précieux. Émotion légitime. Le journaliste en herbe, préparant son diplôme au CFJ* [1] *à Paris, se sent dans ses petits souliers. Pas si facile d'approcher l'idole des sportifs français de l'époque, « star des sixties ». Michel Jazy, champion adulé et adoré, déjà multiple recordman du monde, se remet tout juste de son périple des JO de Tokyo où il a vu s'envoler son beau rêve olym-*

(1) Centre de Formation des Journalistes.

*pique. Trop injuste ! Mais il a tourné la page. Il entend bien rebondir en 1965.*

*Quel est son plan ? Voilà justement le thème retenu pour la rubrique sportive de notre « journal école »,* CFJ Informations, *publié une fois par mois dans les conditions réelles d'un vrai quotidien : reporters volants sur les sites de l'actualité la plus chaude, secrétaires de rédaction au siège pour la confection des maquettes, mise sous presse le soir même.*

*Miracle ! Michel, tellement sollicité, a donc accepté l'interview. Quelle joie ! Sa simplicité m'a touché. Comment imaginer que quelques mois plus tard, à partir de janvier 1966 et cette fois tout jeune reporter intronisé dans le saint des saints de* L'Équipe *– et pour un très long bail de toute une carrière –, je serai en bord de piste pour suivre ses derniers grands records et vivre aussi ses adieux officiels à Colombes et à Saint-Maur, avant quelques courses ultimes en 1967.*

*C'était hier... il y a quarante ans ! Le fameux « journal école » a bien jauni qui consacrait sa une au retour en Oural fort délicat des cosmonautes soviétiques Leonov et Belayev – « sains et saufs » ! –, mais aussi à un second tour des municipales décisif, à France Gall avant le Grand Prix de l'Eurovision, et bien sûr à Michel Jazy en partance pour le Cross des Nations...*

*Depuis ce 18 mars 1965, nos chemins de connivence avec Michel se sont bien sûr régulièrement croisés au fil de passions partagées sur les stades du monde entier et dans la fidélité d'une amitié précieusement entretenue. Les souvenirs d'hier, eux, sont parfaitement intacts.*

*De ce premier rendez-vous avec Jazy me reste surtout en mémoire la révélation en direct d'une personnalité exquise et « flashante », parfaitement conforme à l'image déjà reflétée au cours de ses apparitions télévisées en piste, comme celle devant les micros et dans les récits des journaux. Michel porte alors clairement en lui une lumière particulière. Il possède quelque chose d'angélique, de juvénile, une certaine innocence avec sa voix douce et chantante, ce regard si bleu, si intense, son petit côté rieur, ce charme naturel, cette spontanéité limpide signe d'authenticité qui le rendent si attachant. Ce sont là les signes extérieurs d'une belle richesse de cœur à côté du vrai régal offert sur la piste ! C'est vrai : lorsque Michel Jazy déploie sa foulée céleste, il fait aussi penser à un ange exposé à la ferveur de ses fans, ainsi que l'a si joliment croqué un jour notre ami Robert Déro (dessinateur attitré de* L'Équipe*) tout en lui confectionnant des ailes tricolores ! Rien de plus vrai : la France d'alors le vénère. Sa grandeur d'âme n'a d'égale que cette volonté acharnée d'infléchir le destin. « Emporté par la foule », il a battu ainsi de grands records (neuf mondiaux, dix-huit européens, cinquante et un nationaux) et accumulé les exploits au cours d'une décennie magique marquant aussi une certaine embellie chez un sport français renaissant.*

*« L'Ange de la piste », c'est donc lui, Michel Jazy, né sous une bonne étoile comme Charly Gaul, le coureur ailé du Tour de France et grand rival de Jacques Anquetil (avant Poulidor !), surnommé à la même époque « l'Ange de la montagne » car il caracole en tête des grands sommets alpins. Les belles escapades de Jazy ont pour cadre, elles, des stades fétiches et leurs cendrées à Saint-Maur, Rennes, Charléty, Colombes… où il étincelle dans l'éclair des flashes et la lumière éblouissante des projecteurs de télévision. Il veut marquer l'histoire comme Jules Ladoumègue dans les années 1930 et on le verra souvent se sublimer, porté par le souffle puissant et la grandeur des enjeux, comme lors du record du monde du mile, véritable joyau d'un phénoménal mois de juin 1965.*

Michel Jazy, l'Ange de la piste *est donc un témoignage affectueux sur une époque et sur une bien belle aventure. Celle d'un athlète qui, à la faveur de lignes droites radieuses, a longtemps fait frissonner de plaisir la France entière. C'est surtout l'histoire émouvante d'un bon petit gars du Nord, d'origine polonaise, qui au départ ne rêve sûrement pas de gloire mais d'un espace de liberté pour déployer toute sa fougue, son côté intrépide et gagneur.*

*Quand, à l'âge de quinze ans, il monte à Paris retrouver sa maman, Michel, bien entendu, ne sait pas que la renommée l'attend. Il est parti d'Oignies, une valise à la main et le cœur brisé au moment de quitter ses grands-parents et leur tendre sollicitude. Il ne nourrit aucun fantasme, mais raffole du sport. Il va découvrir Paris, se laisser guider par les hasards d'une autre vie et prendre surtout le temps de mûrir sans savoir qu'il deviendra à sa manière une sorte de héros national, grisé lui-même par ses propres conquêtes. Michel va, en effet, marquer insensiblement mais irrésistiblement l'histoire... pour toujours. Il est devenu aujourd'hui une légende, une gloire du sport français chaleureusement célébrée dans cet ouvrage...*

*Quarante ans après, on peut dire que Michel Jazy exerce la même fascination auprès de ceux qui n'ont pas oublié sa splendeur passée comme du côté des jeunes générations, auxquelles il transmet les valeurs si précieuses de sa réussite exemplaire : panache, ambition, audace, générosité, don de soi, solidarité, amour de son club, le CA Montreuil, et de l'équipe de France. Un bel héritage !*

ALAIN BILLOUIN

# «J'ai bien vécu»

Il est aujourd'hui des lignes droites qui mènent héroïquement Michel Jazy vers des lieux beaucoup plus paisibles que les stades d'autrefois. Au gré de ses alertes promenades vers le lac d'Hossegor – où il vit désormais avec son épouse Monique – ou encore quand il lui arrive de venir contempler en solitaire l'océan qui murmure et s'étend à perte de vue jusqu'à l'horizon. Michel, bercé par les souvenirs, devient alors songeur. Comme s'il fixait l'éternité. Il laisse insensiblement voguer son imagination vers d'autres latitudes et le grand large de temps plus anciens. Et, souvent, il entend chuchoter à ses oreilles, comme porté par un ressac providentiel, l'écho de sa gloire passée et les clameurs lointaines rythmées par les « Ja-zy ! Ja-zy ! » d'antan…

Ah ! les années 1960 de Jazy ! La France entière était rivée devant ses télévisions en noir et blanc. En prime time, on interrompait *Cinq Colonnes à la une* ou *le Palmarès des chansons* de Guy Lux pour filer en direct à Charléty ou en province quand Michel s'attaquait à de grands records. Par millions, les téléspectateurs se mettaient eux aussi en piste, dans sa foulée, pour quérir dans le même élan complice le bonheur des grands exploits. Pendant près de dix ans,

Michel s'est ainsi laissé ballotter avec volupté sur l'onde dansante d'une popularité joyeuse. Idole des jeunes. Icône nationale. Jambes de feu, foulée aérienne, flamboyance dans le regard. C'était Jazy, «l'Ange de la piste». Jazy avec un Z, comme dans Zidane, et au-dessus de la tête une auréole dorée comparable à celle du grand Zizou de l'an 2000.

Mais, comme pour Zidane et tant de champions magnifiques, l'âge brouille un jour les pistes. Surgit le mot fin, celui d'une première vie qui a été euphorique ! Michel a connu ce passage difficile. Il a depuis longtemps tourné la page sans perdre pour autant cet optimisme naturel qui lui va si bien. À soixante-dix ans, et sans la moindre nostalgie, il adore simplement recomposer le merveilleux de ce qu'il a toujours considéré jusqu'à maintenant comme «une belle vie». Il est persuadé que son destin a pris le plus souvent bonne tournure et que, à côté des sacrifices et de réels chagrins, les joies l'ont finalement emporté. Alors, peu importe si les cheveux grisonnent, Michel a conservé vitalité et bonne humeur. Il se persuade chaque jour qu'il n'a pas vraiment vieilli.

«J'ai bien vécu», dit-il pour renforcer cette conviction intime. Et son visage s'éclaire. Son regard bleu se fait plus vif. La voix devient un peu plus légère. Et glisse souvent, au fil des confidences, comme une espièglerie judicieusement lancée afin de mieux rappeler que sa jeunesse est toujours en lui.

De son enfance à Oignies, au cœur du pays minier, il n'a rien oublié. Hier semble si proche d'aujourd'hui. Oignies, ce sont surtout et d'abord les premières expériences du gamin d'origine polonaise, assez innocent, un peu turbulent, qui découvre l'esprit de bande mais aussi la dure école de la vie. Il est né juste avant le déclenchement de la guerre.

Il a été élevé tout petit dans l'amour de la famille par des grands-parents particulièrement affectueux. « Ils m'ont fixé un code de valeurs, des règles de conduite », se souvient-t-il. Il a vu aussi, hélas !, disparaître à Oignies père et grand-père, tous deux mineurs, frappés par l'implacable silicose.

L'appel de sa mère pour qu'il la rejoigne à Paris, alors qu'il avait treize ans, a été ensuite un signe magique du destin. L'adolescent, petit groom, petit ouvrier d'imprimerie, a dû apprivoiser les rigueurs un peu étouffantes de la grande ville, tandis que ses dons pour la course à pied apparaissaient au grand jour. Il a imperceptiblement tracé sa voie de futur grand athlète sous la houlette d'un remarquable entraîneur et éducateur, René Frassinelli, avec également le soutien d'Irène, sa première femme.

Curieusement Michel, qui avait rêvé très jeune de devenir un grand joueur de football, sera l'un des plus glorieux milers de tous les temps. Il va incarner magnifiquement cette vertu rare de « champion exemplaire », label des plus grands sportifs de l'après-guerre, tous porteurs d'une espérance nouvelle. Ils avaient aussi pour mission, selon le général de Gaulle, de « servir la grandeur retrouvée de la France ». Ainsi Michel Jazy s'est-il évertué naturellement à faire briller au plus haut les couleurs de la France, dans des matches internationaux assez palpitants ou aux Jeux Olympiques. Et son nom s'est inscrit logiquement dans la lignée des Marcel Cerdan, Alex Jany, Jean Baratte, Julien Darui, Marcel Bernard, Jean Prat, Alain Mimoun, Louison Bobet, Jacques Anquetil, Raymond Kopa…

Aujourd'hui, du côté d'Hossegor, Michel coule des heures tranquilles dans ce coin si attachant des Landes qu'il s'est mis à aimer profondément, jeune athlète, à la faveur de vivifiants stages printaniers et de longs footings au milieu des pins ou dans les dunes de sable. Il y reçoit chaleureusement en compagnie de sa seconde épouse, Monique, les meilleurs amis, la famille (deux filles, Pascale et Véronique, ainsi que son beau-fils Benoît et sa compagne Frédérique), les petits-enfants... Il s'adonne aussi le lundi et le vendredi à son loisir favori, le golf, en compagnie de bons copains anciens cracks du quinze de France, Pierre Albaladejo ou André Boniface, et arpente, club en main, les greens de Moliets, à une vingtaine de kilomètres d'Hossegor, et ceux voisins de Seignosse.

« J'aime l'ambiance joyeuse et amicale du golf, confie-t-il. On ne se prend pas pour Tiger Woods ni pour l'astronaute Alan Sheppard, qui s'était permis de taper la petite balle sur la Lune. Entre nous, on ne parle jamais de technique. Personne ne vise un handicap élevé. En quatre heures de jeu, c'est comme une fête perpétuelle. On se raconte constamment des histoires drôles comme d'anciens potaches qui ont désormais de longues années de vie derrière eux et ne se prennent pas trop au sérieux à l'heure des retrouvailles. Parfois, je me dis même en pleine partie de golf : ma parole, tu retombes en enfance ! »

En revanche, plus question de course à pied pour entretenir la forme. « Depuis mon opération des hanches, ce n'est pas recommandé », explique-t-il.

C'est aussi en partie pour cette raison qu'il a quitté la superbe propriété de Magescq, également dans les Landes. Il venait y passer ses vacances autrefois et en avait fait sa demeure principale une fois la retraite sonnée dans sa dernière fonction d'administrateur du Parc des Princes, après de longues années passées au siège parisien d'Adidas, rue du Louvre. À Magescq, il y avait trop de travaux d'entretien et notamment deux hectares et demi de pelouse magnifique… à tondre régulièrement, des arbres à tailler. Pourtant Michel n'a pas oublié la «paix exceptionnelle» de cet endroit sublime : « Je regardais vivre la nature, dit-il. J'avais installé des petites cabanes à oiseaux sur le tronc des arbres, où voletaient les mésanges et les bergeronnettes. Souvent, avec ma petite-fille Aurélie, je voyais trois splendides chevreuils traverser majestueusement la propriété pour aller boire de l'eau à la rivière. J'en avais tout bonnement le souffle coupé ! »

Michel a toujours été un amoureux de la nature. Il l'a redécouverte après une autre opération, au cœur, délicate, subie à l'âge de cinquante et un ans (le 12 mai 1987), à un moment où il songeait « déjà à venir s'installer à la retraite, dans les Landes. »

« Je ne m'étais pas méfié à l'époque, explique-t-il. J'étais persuadé qu'un cœur de sportif, et de recordman du monde, devait être plus solide qu'un autre. J'avais pris pas mal de kilos, je faisais bonne chère, j'avais de multiples repas d'affaires, je fumais une douzaine de cigarettes par jour, je menais une double activité professionnelle chez Adidas et Perrier… Et j'avais même participé, l'année précédente, aux "20 km Jazy", une course qui célébrait mes cinquante ans. Bref, sans m'en rendre compte, j'avais un peu trop tiré sur la ficelle. On ne se change pas. Je suis d'un tempérament impulsif et généreux… En tout cas, l'opération de pontage a été magnifiquement réussie par le professeur Loisance, à l'hôpital Henri-Mondor de Créteil. J'ai vite récupéré et j'ai pu reprendre une vie normale tout en surveillant tout de même mon régime, en évitant les excès. Mais je l'assure, je ne me suis jamais pris la tête avec ce problème. J'ai seulement observé une prudence élémentaire et respecté les contrôles nécessaires. »

Michel à l'époque venait tout juste d'être élu à la vice-présidence de la FFA. Il occupa ce poste durant cinq ans avant de se voir confier par Jean Poczobut une mission de relance du demi-fond français. Mission qu'il rejeta finalement en apprenant que le groupe d'entraîneurs nationaux pour le demi-fond avait été composé… sans qu'il soit consulté ! Sur le plan professionnel, Michel avait déjà quitté Adidas, depuis mai 1990, pour devenir président-administrateur du Parc des Princes. «Ce ne fut pas de tout repos, avec certains dirigeants autoritaires du PSG, comme Bernard Brochand, qui voulaient faire la loi et notamment évincer du Parc le Matra-Racing», précise-t-il.

Mais, pour Michel, c'est de l'histoire ancienne. Quand il revisite un peu son passé, ce sont bien sûr les flashes sur sa carrière d'athlète qui resurgissent le plus régulièrement. Il en est un que, paradoxalement, la quasi-majorité des gens croisés aujourd'hui au hasard d'un voyage, d'une réception ou d'une rencontre fortuite lui resservent immanquablement : Tokyo, le 5 000 m des JO 1964, l'or et le podium ratés à mi-ligne droite… Il y a même des anonymes pour l'aborder encore aujourd'hui et lui rappeler cet épisode douloureux, cette injustice programmée, quand il fut «crucifié» dans la ligne droite comme l'ont titré certains journaux évoquant Waterloo.

«C'est pénible et incontournable, constate Michel. À croire que tous ces gens ont supporté beaucoup plus difficilement que moi cet échec olympique. Sur le moment, j'étais désespéré moi aussi, au point de vouloir tout abandonner. Ah ! si j'avais été champion olympique à Tokyo comme cela semblait écrit, là c'est certain, j'aurais tiré ma révérence ! Mon rêve, c'était de m'en aller sur l'exploit le plus absolu, après avoir gagné mon bâton de maréchal. À vingt-huit ans, j'avais déjà battu des records du monde, été vice-champion olympique du 1 500 m à Rome derrière l'invincible Herb Elliott, gagné le titre européen deux ans après, à Belgrade. Je voulais partir en beauté à Tokyo, avec cette médaille d'or qui s'inscrivait dans la continuité de Rome. Mais le sort s'est acharné sur moi. Pluie épouvantable. Trop de pression. La peur de perdre peut-être. Tout s'est joué cruellement en quelques centièmes de seconde. En sentant les autres revenir sur moi en un éclair, je me suis dit : "Michel, tu es mort !" Et le rêve s'est effondré… Après, je crois bien que les gens se sont mis à m'aimer plus fort. Quant à moi, il me restait heureusement la possibilité de réagir, de surmonter cette malédiction, de refaire surface. Ce que j'ai fait en 1965. Si Tokyo n'était pas totalement effacé, la campagne de records en 1965, la revanche à Helsinki devant tous les cracks mondiaux du 5 000 m m'ont vraiment rasséréné. »

Le plus beau de ses neuf records du monde, de ses dix-huit records d'Europe ? Sans hésitation, Michel annonce le mile du 9 juin 1965 à Rennes : « Parce que j'ai dépassé ce jour-là Herb Elliott et Peter Snell. Le premier a sans doute été le plus grand coureur de 1 500 m de tous les temps, et il était encore invaincu quand il a arrêté sa carrière après Rome. Peter Snell a été également un géant avec son titre olympique sur 800 m à Rome puis son doublé 800 m-1 500 m à Tokyo. Inscrire mon nom juste après eux sur les tablettes du mile, c'était génial ! Et je dois dire que dans les pays anglophones j'ai été considéré dès lors comme l'un des plus grands coureurs de tous les temps. »

Au sujet d'Herb Elliott, Marcel Hansenne, ancien rédacteur en chef de *L'Équipe* et ex-recordman du monde du 1 000 m, a émis cette hypothèse que Michel, ayant terminé brillamment deuxième du 1 500 m des JO de Rome, mais à vingt mètres de l'Australien, avait été atteint par une sorte de « syndrome Elliott ».

« Malgré tous ses progrès, l'ombre d'Elliott le poursuivait sans relâche. Il pensait qu'il ne serait jamais son égal, au point de vouloir monter sur 5 000 m, disait-il. Pendant cinq ans, le record d'Elliott – établi à Rome justement – l'a effrayé. Il a fallu attendre 1965 et le record du mile pour que Michel se sente aussi capable de s'attaquer victorieusement à celui du 1 500 m. Hélas ! trois années au moins ont été perdues… »

Le record du 1 500 m, Michel finalement dut se contenter de l'effleurer par deux fois, en 1966. Deux records d'Europe : 3'36"4 à Rennes le 15 juin, puis 3'36"3 à Sochaux onze jours après. Il manquait encore sept petits dixièmes pour rejoindre Elliott… Et c'est l'Américain Jim Ryun qui allait s'offrir ce luxe en 1967. L'année justement où Jazy raccrocha…

Que de regrets bien sûr pour Marcel Hansenne, Robert Parienté et Gaston Meyer, ces trois maestros de l'athlétisme au quotidien *L'Équipe*, à l'origine de ce qui fut appelé « l'opération Jazy » officiellement annoncée dans *L'Équipe* du 29 octobre 1958 par Gaston Meyer, patron de la rédaction, avec la bénédiction de Jacques Goddet. À leurs yeux, Michel appartenait à la « race des vainqueurs ». Il était « le nouveau Ladoumègue » que la France guettait depuis trente ans. Il fallait le placer dans les meilleures conditions possibles pour mieux préparer les JO de Rome. Une initiative peu appréciée d'ailleurs par Michel Bernard, son grand rival. Michel Jazy entrait à l'atelier de composition de *L'Équipe* comme typographe avec des horaires aménagés. Un cadre d'entraînement idéal avec stages, soins, planification des compétitions… L'expérience était assez nouvelle en cette période d'amateurisme pur et dur. Michel Bernard, lui, continuait de trimer à fabriquer ses pièces d'usine à Anzin… sans aucune facilité ! Entre eux, la rivalité a été corsée. Parfois sévère !

« Ce que Bernard a pu réaliser sans aucune aide me remplit encore d'admiration, confie aujourd'hui Jazy. Son coup d'audace aux JO de Rome, ses 3'38"7 dans le magnifique 1 500 m des Championnats de France 1963 où, grâce à Jean Wadoux… on s'est entendus enfin pour aller vite, toutes ces courses de grand panache sont restées à mes yeux de hauts faits d'armes. Michel Bernard avait un courage énorme. Cœur vaillant, il a su repousser ses limites. On s'est bien battus sur les pistes. Il y a eu parfois beaucoup de tension. Il ne reste que de grands souvenirs qu'il nous plaît à faire revivre ensemble à chaque occasion. Je n'ai plus que tendresse pour lui ! »

Michel Jazy reconnaît que, souvent, il a bénéficié d'un petit coup de pouce du destin. Exemple : cette première sélection olympique, à vingt ans, aux JO de Melbourne en 1956 alors que Bernard restait à la maison. Bénéficiant d'une bourse, il est allé à la rencontre de champions illustres dans l'ambiance de la plus fastueuse des compétitions universelles. Là-bas, si loin de la France, avec Alain Mimoun comme compagnon de chambre, il a beaucoup appris jusqu'au bouquet final du « Vieux », tel qu'il l'appelait, finalement couronné champion olympique du marathon. « Il m'a littéralement fasciné », constate-t-il.

Mimoun avait le talent et la sagesse. Il lui annonça d'ailleurs très tôt un peu durement : « Tu vas devenir le numéro un. Mais, une fois au sommet, s'il t'arrive de rater une course, sache que ceux qui t'ont adoré hier pourraient te jeter aux chiens demain ! » Quand Michel Jazy se remémore cet avertissement, il ne pense pas à Tokyo, qui a bouleversé la France entière, mais plutôt à Sochaux le 26 juin 1966 quand, pour la deuxième fois, il a frôlé le record du monde du 1 500 m sans parvenir à le battre.

«Les gens étaient venus par milliers, enthousiastes, au stade Bonal. C'est un phénomène que j'avais connu à Charléty, à Saint-Maur, à Rennes notamment, avec une ambiance de fête incroyable. La course était retransmise à la télé. Tous les copains du 1 500 m comme Jean Wadoux, Claude Nicolas, Gérard Vervoort étaient au rendez-vous. Mais le plan n'a pas idéalement fonctionné. Record d'Europe en 3'36"3. Pas de record du monde ! En montant sur le podium, mon sang s'est glacé. Les gens n'applaudissaient que mollement. Il y a eu des sifflets même. J'avais pourtant réalisé la deuxième performance mondiale de tous les temps. Ma gorge s'est serrée. Quelle ingratitude ! Ce jour-là, c'est clair, j'ai pensé qu'il était peut-être temps de m'arrêter pour de bon.»

Ce petit coup de spleen ne l'empêcha pas d'ajouter deux mois plus tard, à Budapest, le titre européen du 5 000 m à son premier titre européen au 1 500 m de 1962 à Belgrade. Il ne lui restait plus alors qu'à conclure en beauté sa carrière par une grande fête, sous son maillot fétiche du CA Montreuil, à Saint-Maur : record du 2 000 m en 4'56"2, neuvième et dernier record du monde à son palmarès !

Et là, c'en fut bien fini avec la haute compétition. Catégorique, Michel, quelques jours plus tard, confia à l'ancien champion devenu journaliste Guy Lagorce : «Désormais, les seules performances qui m'intéressent vraiment sont inscrites en petits événements minuscules et merveilleusement prévisibles : rire avec mes gosses, être malheureux quand ils sont malheureux, les consoler et les entendre rire de nouveau… Maintenant, les secondes vont s'égrener à un rythme plus ordinaire… Je ne suis certes pas allé jusqu'au bout de mes limites d'athlète, mais j'ai épuisé toutes les joies et toutes les peines que le sport peut offrir… Quant à Mexico, aux JO de 1968, ce sera – par la faute de l'altitude – une belle loterie en demi-fond et en fond. Je n'ai aucun goût pour les paris stupides… »

Sa grande satisfaction était de partir sur un coup génial, « partir en pleine force », comme il l'a confié en 2006 à Odile Baudrier et Gilles Bertrand dans *VO2 Magazine*. Mais il n'oublie pas non plus de dire « adieu ! » à cette équipe de France qu'il a adorée, tout en assurant de sa fidélité « une passion qui l'a porté vers elle pendant de longues années ».

Aujourd'hui encore Michel l'assure : « L'équipe de France sous Robert Bobin, c'était plus fort que tout. Raymond Domenech dit à peu près la même chose depuis la finale du Mondial 2006 en évoquant l'équipe de France de football : "Elle doit être au-dessus de tout". Quand je vois maintenant que certains athlètes préfèrent participer à un meeting rémunérateur plutôt que d'honorer une sélection en Coupe d'Europe, je suis consterné. C'est l'athlétisme relooké par le business, régenté par les managers, quand l'argent se substitue à la quête d'un vrai bonheur, celui que j'ai connu avec une passion dont je suis fier car, effectivement, elle l'emportait sur tout. Mais peut-être qu'en affirmant cela je fais mon âge… »

Son cœur, certes, continue de battre pour l'équipe de France. Au nom d'une tradition, de grands moments d'émotion avec de vrais coups de cœur pour le demi-fond et sa belle histoire. Sur un plan personnel, il a d'abord vu en Jean Wadoux son héritier naturel « mais, en dépit de son record d'Europe en 3'34", je regrette qu'il n'ait pu aller au bout de ses possibilités». Ensuite, Jacky Boxberger suscita un immense espoir après sa finale aux JO de Mexico en 1968 : «Il avait l'étoffe d'un leader international sur 1 500 m, précise-t-il, mais les circonstances n'ont jamais joué en sa faveur avec ses blessures et beaucoup plus tard, hélas ! une disparition tragique.»

L'avènement de Mehdi Baala, double champion d'Europe du 1 500 m en 2002 et en 2006, l'a ravi. «Un fils d'immigré comme moi, comme Zidane, Kopa, Platini… J'ai suivi sa course parfaite pour son deuxième titre à la télé, en compagnie de mon ami, l'ancien champion Robert Bogey. Mehdi a su se construire brillamment après quelques échecs parfois instructifs, car ils permettent de mieux apprivoiser ensuite les grandes victoires.»

Mehdi Baala, dont l'admiration pour Jazy est sans bornes, a confié de son côté à Olivier Margot, dans *L'Équipe*, qu'enfant il avait été ému en regardant chez ses parents les photos de Michel en course. «Sa vie, sa carrière méritent encore de nos jours qu'un réalisateur lui consacre un film !», a-t-il dit. Au fil des mois, un vrai courant de sympathie est passé entre Baala et son grand ancien. Il l'écoute religieusement avant certains rendez-vous clés.

Michel Jazy, de toute façon, a toujours eu un sens aigu de l'amitié.

Il aime retrouver bien entendu ses copains qui habitent les Landes ou le Pays basque, parmi lesquels, outre les rugbymen, l'ancien champion cycliste André Darrigade. Mais il entretient aussi des relations suivies avec ses copains athlètes Jean Wadoux, Gilbert Iundt, Robert Bogey, le Savoyard, Jacques Darras, son «frère» du CA Montreuil, et avec l'ancien recordman du monde du 400 m nage libre, Alain Mosconi, ou le boxeur Jean-Claude Bouttier… Il lui est aussi arrivé de rejoindre dans son ambassade à Vienne l'ancien stadiste du demi-fond, Pierre Viaux, devenu haut diplomate, qui lui réservait la chambre des chefs d'État !

Autre amitié chère : celle du professeur Gérard Saillant, le célèbre chirurgien orthopédiste et doyen de la faculté de médecine à la Pitié-Salpêtrière. « Un homme d'une fine intelligence, d'une qualité rare et tellement humble, note Michel. Il a opéré de grands champions comme Ronaldo. Il m'a également opéré d'un genou… à la suite d'un accident de jardinage. Je me souviens qu'à ma sortie de la salle de réanimation, Gérard est venu à mon chevet et, d'un air entendu, il a malicieusement posé le doigt sur le pansement qui ornait mon genou. À l'époque je travaillais encore au siège parisien d'Adidas : "Tu vois, a-t-il dit, c'est du cousu main avec la marque de fabrique : trois bandes de sparadrap sur ta jambe !" »

Avec Michel, la bonne humeur a toujours été de mise. Parmi ses amis et les siens, au nom de « sa belle histoire », comme il dit, il éprouve souvent la furieuse envie de refaire le chemin à l'envers pour redessiner les contours d'une image glorieuse devenue un peu floue. Alors les projecteurs s'allument à nouveau sur ce qui pourrait ressembler à un songe d'enfant. Et le miracle s'accomplit le temps d'un éblouissement fugitif. Oui : il court, il court toujours Jazy !

CHAPITRE 2

# Au Nord, c'étaient les corons...

Selon le plan établi avec Baboucha, sa grand-mère, Michel a quitté ce matin-là, comme tous les quinze jours, la maison familiale d'Oignies, située dans la cité de la Plaine, pour rejoindre la gare de Libercourt. Une heure de train dans l'omnibus hoquetant pour parcourir péniblement les vingt kilomètres reliant Oignies et son bassin minier à Lille. Une heure qui lui paraît interminable, même s'il aime bien voir défiler par la fenêtre du compartiment les lumières scintillantes des maisonnettes dans un paysage nordiste encore endormi.

Et voici le petit garçon de sept ans, encore un peu insouciant mais drôlement résolu, qui débarque d'un pied ferme sur le quai de la gare parmi les voyageurs se rendant pour la plupart au travail. Michel a le cœur battant. Il se faufile avec son cabas dans la main droite et tente de ne pas trop se faire remarquer malgré le bruit de ses galoches à semelles de bois qui martèlent le ciment du quai. Il connaît le prix de son audace. Son pas s'affermit. Sa tête blonde d'angelot dodeline. Il connaît sur le bout des doigts le circuit qui va l'amener très rapidement vers une brasserie assez proche de la gare, après qu'il aura contourné facilement celle-ci.

Michel apprécie en son for intérieur ces premières expériences de « petit homme » responsable, dressé au pied du monde adulte. On est en 1943 sous l'Occupation et il n'ignore pas qu'au bout du quai il va falloir se montrer malin pour éviter la patrouille bottée aux uniformes vert-de-gris, ces soldats affublés de plastrons métalliques placés sous la haute supervision d'un officier au menton autoritaire, au regard soupçonneux. Sans parler des fusils, des chiens... Ah ! « les Boches », comme les appellent les grandes personnes à Oignies depuis la déferlante éclair sur le Nord - Pas-de-Calais au printemps 1940 : il les redoute et les déteste.

« Chez nous, à Oignies, les soldats français et anglais, aidés par les habitants de la ville, ont résisté héroïquement aux troupes allemandes, explique Michel. Notamment au pont de la Batterie, qui enjambe le canal de la Deûle et fait la jonction entre Courrières et Oignies. Il y a eu une cinquantaine de morts parmi les soldats. Puis en représailles les Allemands ont procédé à des exécutions sommaires de malheureux innocents, fusillés parfois devant les maisons brûlées sous les yeux des familles tétanisées. J'étais bien trop petit pour réaliser l'ampleur de ces atrocités. Mes grands-parents m'ont tout raconté par la suite, quand j'ai été en âge de comprendre. J'étais révolté... »

Sous la verrière étoilée de la gare de Lille, Michel, par bonheur, a une fois de plus échappé à l'attention de la patrouille allemande. Il pense au sourire attendri de Baboucha, sa grand-mère, qui sera tellement fière de lui à son retour quand il dira « mission accomplie ! » après avoir livré le détail de son odyssée lilloise... En attendant, le voici bien campé sur ses petites jambes face au directeur de la brasserie du Coq-Hardi, qui a surveillé son arrivée et l'accueille par une petite tape sur la joue :

« Bonjour, Michal ! – son prénom en polonais. Tu as tout avec toi ?

– Oui, monsieur ! », répond poliment Michel en ouvrant son grand sac. Dedans : quelques fiasques d'un liquide de couleur dorée.

« Une sorte de cognac fabriqué par ma grand-mère, explique Michel, avec de l'eau-de-vie et du sucre caramélisé pour la teinter… »

Les temps sont durs. À Oignies, Baboucha, de son vrai nom Anna (née Bielecka) a recueilli Michel dès l'âge de trois ans quand ses parents se sont séparés. Femme de caractère, c'est une forte nature, solide au physique comme au mental, mais aussi très maternelle. Elle veille de près à l'éducation de Michel. Avec elle, les mots tombent juste. Il l'écoute et la respecte. Le grand-père, Joseph Kolkiewicz, ancien ouvrier agricole, polonais originaire de Cracovie arrivé en France en 1918 en rêvant à l'Eldorado, travaille lui à la mine dans la fosse numéro 1. « Le jour à la mine, la nuit au lit, cela veut dire qu'il ne voyait pratiquement jamais la vraie lumière du jour, le pauvre », souligne Jazy. Joseph est un homme courageux et très humain, que Michel adore aussi. En dehors de son maigre salaire, il bénéficie d'un approvisionnement gratuit en charbon et cultive des pommes de terre et légumes divers dans le petit lopin de terre qui longe sa maisonnette de mineur, un coron parmi les autres habités par d'autres familles polonaises. Michel l'aide parfois à bêcher. Ce n'est peut être pas l'opulence à la maison, mais on ne manque de rien et, grâce au cognac fabriqué par Baboucha et livré de main de maître par

Michel, la famille améliore l'ordinaire tant bien que mal en cette période de pénurie générale et de tickets de rationnement. En échange du « cognac », en tout cas, Michel rapporte une précieuse enveloppe contenant quelques sous bienvenus, parfois du beurre en motte enroulé dans du papier. « Puis il est convenu que je passe chez le buraliste pour prendre un billet entier de Loterie nationale, car ma grand-mère pense sans doute que j'aurai la main heureuse », ajoute-t-il.

« En fait, se souvient Michel, c'est sur le chemin du retour, entre la gare et la maison de mes grands-parents, que je suis le plus inquiet à la nuit tombante. Le long des platanes et des futaies, j'entends les feuilles frissonner et j'ai peur que quelqu'un, tapi dans l'ombre, ne surgisse pour me sauter dessus. Cela fait partie de ces frayeurs incontrôlables de l'enfance. »

Mais, au soir de « l'expédition lilloise », l'ambiance est généralement plus douce au foyer familial tandis que ronronne la cafetière de chicorée sur le fourneau. Michel est heureux d'avoir accompli son devoir de reconnaissance auprès de grands-parents qui le couvent de leur affection. Entre eux, ils ne parlent que polonais. Parfois, cependant, il devient songeur et triste en pensant à sa maman, Marianne, qui travaille comme serveuse dans un restaurant à Lille. Elle lui manque terriblement. Il ne la voit guère plus d'une fois par mois, alors que sa sœur Alfreda, de trois ans son aînée, pensionnaire chez les bonnes sœurs à Lille, revient elle régulièrement tous les samedis. Le soir, quand Michel a bien révisé ses leçons – ou fait semblant ! –, il rejoint autour de la table mamie et papi pour entreprendre une partie acharnée de « mille », un jeu de cartes polonais traditionnel. Cela ne dure jamais très longtemps car le grand-père doit se coucher tôt. Au petit matin, avant le chant du coq, Joseph rejoint en effet le carreau de la mine au milieu du fracas de la grande roue qui tourne inlassablement sur elle-même. Il part motivé à fond, comme tant de Polonais du quartier de la Plaine qui enfourchent leurs vélos et s'échappent du logis d'un coup de pédale léger au cri de « Do pradze ! » (« Au travail ») !

Le père de Michel aussi va à la mine. Il ne le voit jamais depuis que le couple parental est séparé. Polonais d'origine également, il a longtemps vécu à Oberstaufen, dans l'Allgaü, au sud de l'Allemagne, près du lac de Constance. Lui aussi s'appelle Michal. Son destin de « gueule noire » exposée à la silicose s'inscrit, hélas ! déjà, comme pour le grand-père, dans une perspective douloureuse.

« La mine était un monde étrange, dit aujourd'hui Jazy, alors que la dernière fosse de tout le Nord - Pas-de-Calais, la numéro 9, a été fermée… à Oignies le 21 décembre 1990. Elle s'intégrait dans le paysage et dans nos vies. Les mineurs aimaient au plus haut point leur travail. Ils partaient silencieusement au fond du trou, vers les ténèbres de la terre, sachant que parfois ils suffoqueraient dans la poussière avec de l'eau jusqu'aux genoux, ruisselant de sueur sous la forte chaleur mêlée à une humidité insupportable. Ils étaient maniaques vis-à-vis de leurs équipements, surtout le casque avec sa lampe, qui pour eux brillait comme une lueur d'espoir à plus de six cents mètres du sol. Par les cages, et sous la vibration trépidante des câbles, ils descendaient ainsi chaque jour héroïquement "au fond" de leur trou de taupe sans appréhension, comme habités par une sorte d'inconscience surréaliste avant de se répartir par équipes dans les galeries. Non, ils n'étaient pour ainsi dire pas assaillis par le doute, donc ils n'avaient pas peur. Quelquefois, certes, il y avait des coups de grisou à cause du gaz qui circulait en permanence dans les veines de charbon. Des accidents graves. Les blessés étaient soignés au château Saint-Barthélémy…

« Autre vision contrastée des mineurs : celle du samedi soir quand ils se rassemblaient dans les estaminets et trinquaient dans une atmosphère de grande complicité, de franche gaieté aux cris enthousiastes de "Vive la Pologne !". Ils buvaient de la bière ou du vin, chantaient, jouaient aux cartes ou aux dominos. Comme si pour eux la vie était vraiment très belle alors que, avec le recul, on a réalisé qu'ils étaient encore les "esclaves" de la révolution industrielle tels que Zola les a dépeints autrefois dans Germinal.

« Cette joie spontanée, on la retrouvait encore dans les bals-musettes dont ils raffolaient ! Sur leurs visages, malgré la douche, le poussière ne s'effaçait jamais totalement. Cela donnait une sorte de cerne ourlant les yeux et rendant leur expression plus intense.

« De la mine, je savais tout… et je ne voyais rien car il était interdit d'y aller. De hautes grilles s'élevaient à l'entrée principale. C'est là que se rassemblaient les femmes quand il y avait eu des éboulements, des coups de grisou, comme celui très grave de 1948, et que le maître porion venait annoncer la nature des accidents et les noms des malheureuses victimes. Alors, là, la gravité des nouvelles faisait rapidement le tour de la ville et c'était la consternation car tous avaient déjà ressenti la déflagration sous terre, un peu comme une secousse sismique.

« Moi, je me faisais instinctivement à l'idée, tout petit, que je deviendrais à mon tour mineur plus tard et qu'on m'embaucherait facilement si j'avais mon certificat d'études. Il y avait comme une logique. Oui, mineur ! Comme mon père, comme mon grand-père… » Ce père qu'il ne voyait donc jamais : « De toute façon, on m'interdisait de lui parler, même si je l'apercevais parfois dans les rues d'Oignies. "Attention, il pourrait être violent !", disait ma grand-mère. Mais, quand j'ai eu dix ans, il a voulu m'offrir un vélo pour ma communion. Il est venu me voir gentiment. Mes grands-parents, sur le moment, ne souhaitaient pas que j'accepte ce cadeau, pour moi royal. Mais c'était un geste de père. Un geste spontané et très légitime. Il m'a touché. Alors je l'ai embrassé. Mais, paradoxalement, on ne s'est plus jamais revus. La silicose, cette maladie terrible qui ronge au fil des mois les poumons des mineurs, l'a emporté irrémédiablement. Il a dû s'arrêter de travailler deux ans après. Il avait quarante-deux ans. L'année suivante, je suis allé tristement sur sa tombe déposer des fleurs. Ses poumons avaient été brûlés. Il avait le "gros ventre", comme disaient à l'époque les gens du pays minier à propos des silicosés. Il est mort dans une souffrance extrême.

« Dans mon esprit d'enfant qui n'avait pas voyagé, je respectais et vénérais pourtant profondément le courage et l'ambiance fraternelle qui unissait les mineurs. Ils me fascinaient. J'imaginais même que cette race exemplaire de travailleurs opiniâtres, d'hommes d'honneur, n'existait pas seulement dans le Nord – Pas-de-Calais, mais aussi partout en France, à l'exception seulement des grandes villes et forcément de certaines campagnes destinées aux cultures.

« Plus tard, mon grand-père est mort à son tour prématurément. Il avait quitté la mine à cinquante-deux ans pour se consacrer au métier de cordonnier. Je l'admirais pour son habileté à confectionner dans notre cuisine des chaussures en cuir pour dames avec sa machine à coudre. Il faisait preuve d'une adresse et d'une dextérité incroyables. Il possédait la patience et le talent d'un artisan qui aime le travail bien fait. Mais on voyait qu'il était souvent essoufflé, donc très atteint. Sa disparition m'a bouleversé car nous étions très complices. Je me souviens que, lorsque j'étais petit, il aimait m'emmener au cinéma Rex, au centre de la ville. Pour rentrer à pied en pleine nuit, il me portait sur ses épaules, car parfois je m'étais assoupi en pleine séance ! Je me souviens aussi qu'à la Libération, quand les Américains sont arrivés avec leurs chars et leurs jeeps dans les rues d'Oignies, ils nous lançaient au milieu de la liesse populaire bonbons, chewing-gums et cigarettes "anglaises" au goût de miel que j'étais fier de lui rapporter. »

Malheureusement, la mine a tué inexorablement le père et le grand-père de Michel. Pourtant elle reste bien le paysage familier de son enfance au royaume des plaisirs neufs et des premières aventures, avec grand ouvert devant lui cet espace magique d'une liberté qui semble sans limite et donne la douce illusion que la vie sera éternelle. Pour Michel, le soleil rayonne clairement au milieu d'une certaine grisaille ambiante dans cette ville d'Oignies sans grand charme, où cependant il bâtit pierre après pierre son petit monde « extraordinaire ».

Il s'y sent bien et, pour lui, la vie y coule agréablement au milieu des maisons de briques et dans les rues aux pavés luisants. On dit que les gens du Nord sont heureux. C'est aussi ce que ressent Michel. Bien entendu, il a ses petits copains, joyeux chenapans avec lesquels il organise des escalades frénétiques sur les terrils, ces montagnes insolites de déchets de charbon et de schistes accumulés çà et là dans le pays minier et qui découpent abruptement l'horizon de leurs lignes coniques. Au petit jeu du « premier arrivé » en haut des terrils, Michel, encore frêle, en impose déjà par son souffle inépuisable. Il s'offre à la jubilation de ses premières conquêtes sportives. Il va aussi s'essayer, à l'âge de dix ans, dans une course organisée à Oignies lors de la fête du pays, la ducasse. Une centaine de concurrents sont rassemblés au départ, adolescents et jeunes adultes. Michel réalise à mi-parcours qu'avec ses galoches il est aussi léger qu'un cheval de trait. Alors il s'arrête, retire ses chaussures, poursuit la course pieds nus, remonte un à un beaucoup de concurrents et finalement gagne quelques sous en échange d'une vingt-huitième place arrachée dans l'agonie. Il aura bien mérité le tour d'auto tamponneuse qu'il voulait s'offrir avec la récompense prévue pour cette première victoire sur lui-même.

Pour le reste, il n'est pas parmi les plus sages dans la bande de galopins qui s'est constituée naturellement. Il est plutôt turbulent, pas toujours obéissant. Il fait beaucoup de bêtises en cachette, se laisse aller au gré de ses impulsions de jouvenceau qui n'a pas froid aux yeux et trompe bien son monde avec ce petit côté rieur et enjôleur qui fait craquer. C'est le cas quand, tout petit, traversant la rue Pasteur pour aller chez l'épicière, M^me^ Drut (oui, la grande-mère de Guy Drut !), dans la maison qui fait face à celle de sa naissance, il lui arrive de chaparder des bonbons dans le bocal laissé ouvert… volontairement sur le comptoir avant qu'elle ne s'esquive dans l'arrière-boutique !

À l'école, Michel ne se signale pas par un brio particulier. Le carnet de notes ramené régulièrement à la maison n'est guère flatteur. Il aime bien l'histoire et les guerres napoléoniennes, beaucoup moins les mathématiques et la géographie. Il ne se laisse pas davantage éblouir par Victor Hugo, Voltaire, Rousseau ou Anatole France. Chaque jeudi, sa grand-mère le contraint en tout cas à suivre au collège des cours de polonais au nom du respect pieux des origines familiales. Pour le reste, les punitions scolaires tombent régulièrement. « À l'époque, rappelle Michel, les instituteurs n'hésitaient pas non plus à donner des coups de règle sur les doigts quand ça n'allait pas. Il m'est arrivé aussi de recevoir des coups de ceinture dans le dos, d'où le surnom un moment donné par ma grand-mère de "zèbre des corons"! L'instituteur, lui, avait été baptisé "pani posek" ("Mademoiselle la ceinture").

« Je l'ai revu en 1961, lors d'une réception à la mairie d'Oignies après ma médaille d'argent des Jeux de Rome. Il était devenu adjoint au maire chargé des sports. Autrefois, rien que de le croiser dans les rues de la ville j'étais terrorisé. Mais, lors de mes remerciements au maire, j'ai aussi rendu un hommage appuyé et teinté d'humour à ce monsieur Descarnins qui m'avait infligé les plus belles roustes de ma vie à l'école ! Tout le monde a bien rigolé ! Lui peut-être un peu moins… »

En attendant, au cœur de cette enfance, une autre belle étincelle va déclencher des feux de joie : Michel découvre le football. Il adore retrouver les copains lors de parties endiablées au pied de l'église. Le stade est interdit aux gamins. Il est réservé aux grands qui jouent dans les équipes du club. Michel se souvient aussi qu'il n'est pas permis d'approcher les grillages des tennis, où évoluent des gens d'une certaine classe et d'une certaine caste qui affichent volontiers, d'un regard condescendant et hautain, leur différence et lui font comprendre qu'il n'est pas de leur monde. Michel ne l'oubliera pas. Pour l'instant, il rêve de devenir un grand joueur comme le capitaine du LOSC, l'international Jean Baratte. Il admire aussi Julien Darui, le gardien de Roubaix et de l'équipe de France, et celui qui va lui succéder, René Vignal, du Racing, le « gardien volant » comme l'ont surnommé les Anglais. Parfois, il rentre à la maison avec ses culottes déchirées, les genoux écorchés et des ecchymoses multiples. Baboucha le gronde. Peu importe, le sport a envahi brillamment son univers. Il ne pense plus qu'à ça, à une époque où, sans télévision, il se régale l'oreille collée à la TSF pour écouter la retransmission des grands matches du onze tricolore, les passages au sommet de l'Aubisque, du Tourmalet ou de l'Izoard des coureurs du Tour de France, et bien entendu les arrivées d'étapes. C'est aussi l'époque où la maison est égayée par les chansons de Lucienne Delyle, Charles Trenet, Line Renaud (*Mademoiselle from Armentières*), André Claveau, Georges Guétary et bientôt Luis Mariano.

Du côté de l'établissement scolaire Savary-Bouquet, en revanche, les nouvelles restent assez préoccupantes. Michel, admiré prodigieusement par ses petits copains pour ses dribbles déroutants balle au pied, occupe plutôt le fond de la classe parmi les bons derniers. Ses grands-parents s'en désolent. Comme ils ne comprennent pas grand-chose aux livres scolaires de Michel, écrits en français, celui-ci a tendance à jongler avec leur ignorance et à présenter parfois le livre de récitation – où il excelle – à la place de celui consacré aux sciences naturelles !

Pourtant un événement clé se produit l'année du certificat d'études.

« Quatre mois avant l'échéance, le directeur est venu nous annoncer solennellement en classe la liste des élèves dignes d'aller se présenter aux épreuves du certificat. Je n'avais pas la moindre chance, bien sûr, de figurer parmi les heureux élus. Mais le directeur a aussi précisé qu'il y avait une ouverture possible pour trois candidats libres. À la surprise générale, j'ai immédiatement levé le doigt tout en assurant triomphalement et sans complexe que je réussirais à atteindre le but. Alors, je me suis mis immédiatement à bosser comme un fou à la maison, tout en ciblant les sujets généraux qui me paraissaient essentiels, voire prioritaires.

Mes grands-parents n'en croyaient pas leurs yeux. Une fois encore, à l'étonnement général j'ai été reçu, et premier de mon district ! Quelle fierté pour moi en entendant les commentaires admiratifs des gens du quartier ! Quelle leçon aussi à tirer. J'ai bien réalisé alors que pour réussir dans la vie il fallait se fixer des objectifs élevés et s'y tenir avec une conviction absolue. Penser aussi un peu moins au jeu. Bref, accepter les sacrifices. »

À cet instant de l'histoire, la maman de Michel va jouer un rôle capital dans l'avenir de son fils. Non, elle ne supporte pas l'idée qu'un jour son petit homme pourrait, avec une équipe de mineurs, glisser vers les entrailles de la terre et passer des journées entières ployé dans l'obscurité un pic à la main à décrocher des blocs de charbon « Non, Michel, jamais ça !, lui a-t-elle dit peu avant d'émigrer vers Paris avec son compagnon. Je ne veux pas que tu y laisses ta vie. » Elle a son plan en tête pour « sauver » son fils.

Michel va donc échapper à la mine mais aussi aux brumes du Nord, porté par une vague nouvelle qui le propulse doucement dans l'adolescence tout en changeant d'univers. Il va apprendre bientôt à dompter d'autres événements. Sa maman et Paris lui tendent les bras. Il a quatorze ans. L'heure est venue de quitter ses grands-parents. Les adieux à la gare de Libercourt sont déchirants avec Baboucha qui l'a conduit au train, même si Michel, certes très pâle, reste paisible.

Quel bouleversement ! Cette scène laissera longtemps dans sa mémoire une empreinte indélébile. Mais il sait que la vie devant lui doit tenir toutes ses promesses. Il ne peut en douter, même s'il est envahi par une sourde inquiétude.

# Premières foulées, premières amours

Aujourd'hui, le fil encore fragile de sa toute jeune adolescence semble relié à un câble qui glisse majestueusement le long d'une poulie bien huilée. Rien à voir avec celui de la mine !

Pour l'instant Michel Jazy vit dans la capitale, au 34 de la rue Rodier. Il occupe avec sa maman, son beau-père et sa sœur un appartement minuscule, sans eau courante ni toilettes ! La vie n'est pas facile. Après son certificat, Michel a donc arrêté ses études. Sa maman a estimé qu'il devait désormais travailler. Mais, pendant plusieurs semaines il a végété à la maison, mobilisé par des tâches domestiques. Il a quand même effectué une première tentative infructueuse du côté d'une petite imprimerie, boulevard Malesherbes, où on lui promettait d'apprendre un métier.

« Ma mère travaillait comme serveuse au *Vieux Gaulois*, le quartier général favori des journalistes et ouvriers typo de L'Équipe, rue du Faubourg Montmartre, raconte Michel. Le chef d'atelier, Roger Roux, avait convaincu maman que typographe serait un excellent job pour moi. En fait, j'ai dû toucher une fois seulement le composteur, qui assemble les caractères d'imprimerie sur le marbre. On m'envoyait constamment faire des livraisons de cartes de visite, de cartons d'invitation et on surveillait impitoyablement la promptitude de mes "courses". Je n'ai jamais touché un centime ! »

Nous sommes en 1952. Adieu l'imprimerie. Ou plutôt au revoir. Bonjour l'ascenseur capitonné du Bridge Club de Paris. Au rythme d'une bonne centaine d'allers-retours quotidiens, Michel navigue allègrement entre le hall d'entrée, donnant sur l'avenue de la Grande-Armée, et le septième étage, sorte de terre promise réservée aux accros d'un sport cérébral pour gens sélects et huppés.

Du jour au lendemain, par la grâce de sa mère et de sa tante Janine, directrice du Bridge Club, Michel, quinze ans et demi, parisien depuis quelques mois, se retrouve avec fierté aux commandes d'un vaisseau singulier qui n'a rien de spatial mais dont il assure royalement les navettes permanentes et aériennes à petits coups vifs de l'index droit sur les boutons blancs du tableau frontal. Il arbore régulièrement et sans se forcer un sourire angélique. Dans son uniforme marron toujours impeccable avec son drôle de calot rond à élastique sous le menton, ses gants blancs et ses souliers vernis, il lui arrive parfois de penser à l'un de ses héros préférés de bande dessinée, Spirou, dont l'uniforme de groom, lui, est rouge comme chez Maxim's.

À l'image de son alter ego, Michel ne manque ni de malice ni d'esprit d'à-propos. Il est surtout d'une politesse exquise avec les messieurs dignes, parfois en smoking, qui sans se gêner lui envoient sous le nez leurs volutes de fumée de cigare. Il se montre aussi très galant et empressé avec ces belles élégantes parfois en fourrure grand chic, colliers de perles, bijoux et diamants scintillants, qui posent souvent sur lui un regard tendre. Manifestement, Michel ne les laisse pas indifférentes…

« Bonjour, madame ! Bonjour, monsieur ! » Oui : bienvenue à bord pour un voyage express de quelques secondes seulement. Michel accueille toujours ses passagers avec une courtoisie exemplaire et selon le rite convenu. « J'ai reçu tout petit une belle éducation, dit-il : respect des grandes personnes, respect de la hiérarchie et des valeurs morales. » Parfois ils lui décochent un léger sourire. Mais il y a aussi ceux qui se montrent franchement distants, voire fâcheux et méprisants. Rapports insolites car Michel se trouve constamment mêlé à des bribes de conversations surprenantes, à des assauts d'amabilité, des confidences chuchotées, mais aussi quelquefois à des chamailleries entre ces hôtes éphémères qu'il dévisage timidement, sans jamais savoir comment se terminent les conciliabules une fois la grille ouverte à l'étage ou au rez-de-chaussée.

Tout là-haut, en tout cas, au septième étage, le grand salon du Bridge Club de Paris étale ses fastes. Il est immense, resplendissant avec ses lustres flamboyants, ses boiseries, ses miroirs impeccablement entretenus et sa quarantaine de tables de jeu entourées de chaises vers lesquelles, les jours de grands tournois, les bridgeurs convergent avec une joie complice.

Il y a aussi le coin bar. Là, des gens distingués au langage précieux viennent siroter leur drink dans des sofas moelleux et s'engagent dans des conversations intimes ou des discussions enflammées. Ils parlent avec emphase de leur virtuosité stratégique au bridge ou commentent l'actualité de l'époque, l'arrivée au pouvoir du général Eisenhower, le mariage en vue de la divine Brigitte Bardot avec Roger Vadim, l'approche des Jeux Olympiques d'Helsinki pour lesquels Alain Mimoun a des ambitions. Dans une salle voisine se trouve l'« espace golf », un site quasi unique dans Paris. Il s'agit d'un practice d'une quarantaine de mètres, équipé de six tapis, où les golfeurs expédient d'un swing alerte la petite balle blanche dans les filets. « Là, dit Michel, je me régale. Dès que j'ai un moment de répit, j'accours pour regarder, très intrigué et admiratif, les golfeurs. Le geste est ample, beau et limpide. Cela me donnera plus tard envie de m'y mettre à mon tour ! »

Ainsi se rend-il tous les matins dans les beaux quartiers par le métro, pour ses quatorze à quinze heures de travail quotidien à raison de six jours et demi de présence hebdomadaire. En prime de sa noble mission concernant l'ascenseur, il est également prévu au tableau de ses réjouissances quelques tâches ménagères le matin : « Je dois passer l'aspirateur dans la grande salle de jeu, nettoyer les cendriers… »

Son temps libre se concentre le dimanche après-midi. Il le consacre au football. Michel est content malgré tout. Même s'il ne perçoit qu'un salaire dérisoire, rapporté à sa mère comme pour la rassurer, lui prouver sa valeur. La tristesse du départ, l'éloignement de ses grands-parents, la nostalgie de son enfance à Oignies se sont enfin atténués. Il se sent plus léger, voire plus important dans cette fonction de groom-liftier en un haut lieu branché de la capitale où il côtoie des gens mondains, des célébrités du Tout-Paris qui de son point de vue mènent sûrement « la grande vie ».

Il se souvient d'une scène assez cocasse : « J'ai vu s'engouffrer dans mon ascenseur trois femmes aux formes plutôt avantageuses et dépassant les cent kilos. Je me suis tout à coup retrouvé presque coincé entre deux d'entre elles, le visage au milieu de leurs poitrines. J'étais rouge comme une pivoine ! Je ne pouvais plus respirer ! Elles riaient aux éclats et s'amusaient fort de mon émoi. J'ai bien sûr reconnu immédiatement les fameuses Peter Sisters, trois stars américaines du show-business à l'affiche de l'Olympia. Mes copains étaient morts de rire quand je leur ai raconté ma mésaventure ! »

Michel se souvient aussi d'un beau goujat qui, un soir, avait égaré dans l'ascenseur son portefeuille contenant quelques liasses de billets, représentant une somme à donner le vertige : « Il est revenu complètement affolé le lendemain avant d'apprendre, soulagé, que j'avais remis son bien, en lieu sûr, à la direction. En guise de récompense ce généreux monsieur m'a offert… un paquet de bonbons ! »

Michel se déclare prêt à affronter toutes les épreuves de la vie. D'ailleurs, après avoir maudit Paris, « sorte de planète inconnue et gigantesque », dit-il, où il n'a accepté de mettre les pieds qu'avec une méfiance calculée, il a gagné sa place dans une bande d'excellents copains au square Saint-Pierre, près de chez lui, juste en bas du Sacré-Cœur. Les railleries sur son accent du Nord n'ont plus cours. Il a laissé dire. Mais Michel a serré les poings plus d'une fois quand on se moquait méchamment de lui en l'appelant avec mépris « le Ch'timi ».

« À partir du moment où ils ont accepté que je vienne taper avec eux dans la petite balle en caoutchouc et où j'ai affiché une certaine virtuosité, j'ai gagné leur respect et leur amitié, raconte-t-il. Il faut dire qu'on passait des heures entières à jouer, avant mon premier job à l'imprimerie. Ils voyaient bien aussi que je courais beaucoup plus vite qu'eux. Comme ce jour où, m'étant amouraché de la petite amie du chef de bande, magnifiquement consentante, j'ai été pris en chasse par plusieurs d'entre eux qui menaçaient de me tabasser. Ils courent toujours ! »

Michel sent bien qu'il détient en lui un don supérieur pour la course à pied. Il l'a souvent testé instinctivement à la faveur d'escalades échevelées vers la place du Tertre, en haut de la Butte Montmartre. Mais si, au pied du Sacré-Cœur, il continue à rêver à de glorieux sommets sportifs, ceux-ci sont collectifs et footballistiques. Il a signé une licence au Stade Français. S'il se contenterait pour l'instant d'un rôle de ramasseur de balles au Parc des Princes pour être derrière les buts de « l'éblouissant » René Vignal, gardien du Racing et du onze de France, il s'imagine un jour en footballeur professionnel.

Mais voilà qu'une drôle d'idée a germé dans la tête de l'un de ses copains du square Saint-Pierre. Gérard Marzin s'est pris d'amitié pour Michel. Il est son aîné de deux ans. Marzin est surtout un authentique athlète, qui s'est détourné du football de rue pour se lancer sur les pistes. Licencié au CO Billancourt, il est sous la coupe d'un certain René Frassinelli, ancien champion militaire de 400 m, secrétaire de police passionné d'athlétisme et ami personnel de Joseph Poulenard, autrefois entraîneur de Sera Martin, recordman du monde du 800 m, et de Jules Ladoumègue, recordman du monde du 1 500 m et du mile mais aussi du 1 000 m et du 2 000 m.

« Marzin est champion d'Île-de-France cadets de cross-country, raconte Jazy. Il a appris par un dirigeant de son club que s'il parvient à faire inscrire dix athlètes dans le challenge La Première Foulée, organisé par *Paris-Presse-l'Intransigeant*, il peut gagner un survêtement. Tout naturellement, il s'est tourné vers sa bande du Sacré-Cœur. Et me voici un beau matin, avec quelques autres, à Meudon, au stade Marcel-Becq qui appartient à la Régie Renault. J'ai quitté depuis quelque temps mon job de groom pour aller dans une nouvelle imprimerie, en face de chez moi, chez Petit et Rousseau où, cette fois, j'apprends réellement le métier tout en préparant un CAP. Pour tout dire, la course à pied ne m'attire pas spécialement. Marzin voit les choses différemment et il connaît mon impétuosité. Il me recommande d'ailleurs de rester prudent au départ de La Première Foulée. Il me montre aussi un certain Michel Cottard, qui a été troisième au Championnat de France de cross et en impose déjà avant la course par sa tenue superbe : maillot, short, pointes, vraiment la grande classe ! "Surtout celui-là, tu ne le suis jamais !", m'adjure Marzin. En fait, j'étais complètement insouciant. Je faisais confiance à mon souffle, à ma fougue et même à cette vieille paire de pointes Mercier qui m'avait été prêtée avec une seule pointe devant et derrière ! Il y avait deux cents mètres de plat d'abord puis une descente légère sur six cents mètres, une montée de deux cents mètres. Trois boucles. En tout, trois kilomètres. Je me suis quand même méfié au départ puis mon tempérament a pris le dessus. Dès la première descente, j'étais derrière Cottard. Il semblait surpris. Il l'était encore plus dans la montée.

"Qu'est-ce que tu fous là !", me lance-t-il.

Il accélère furieusement. Je reste accroché à lui. Alors il s'énerve et me lance : "Fais ton boulot !"

« J'ai compris. Je ne suis pas une mauviette. Je passe vivement en tête. Et quand je me retourne… il est à soixante mètres. Finalement je gagne avec deux cents mètres d'avance ! Je suis qualifié pour la finale régionale la semaine suivante ! »

Michel commence à se poser des questions. N'est-il pas touché par une sorte de prédestination qui pourrait lui permettre de gravir des montagnes ? Il sent grandir en lui une ambition, sans mesurer encore ce qu'elle recouvre. Il a gagné cette course pratiquement à sa main, sans aucun entraînement. Il n'a souffert qu'au retour à la maison, quand il a fallu descendre les marches du métro : « À reculons, tellement mes muscles étaient douloureux. Et, l'après-midi, j'avais un match de foot avec le Stade Français. J'ai été cloué sur place par une crampe terrible. Certains ont jasé en disant que j'avais trop dansé la veille ! »

La finale parisienne se déroule au stade Pershing, dans le bois de Vincennes. Michel craint de ne pas avoir récupéré mais il s'impose encore. La grande finale nationale est en vue pour janvier, au bois de Boulogne, juste à côté de l'hippodrome de Longchamp. Michel a acheté *Paris-Presse-l'Intransigeant,* où son nom est déjà apparu deux fois en tête des classements, photos à l'appui. Il se sent un peu tourneboulé par cette mini-gloire naissante, plutôt inattendue.

Son premier supporter, l'ami Marzin, l'incite alors à venir voir comment se passe l'entraînement au CO Billancourt. Deux nouvelles victoires hivernales suivent, au Mans et dans le cross du club, à Boulogne. Le grand rendez-vous attendu est fixé au 2 janvier 1953. C'est la finale nationale de La Première Foulée. Frassinelli n'a qu'une parole pour son jeune protégé : « Fais ta course comme tu le sens, mais pars rapidement et évite surtout la bousculade et les coups de pointes, classiques sur les premiers hectomètres. Tâche de te placer dans le groupe de tête. Essaie de t'y maintenir le plus longtemps possible… »

Ces paroles de sage, Michel ne les oubliera jamais… Il a abordé ce rendez-vous capital avec une certaine appréhension. Sur la ligne du départ, où se sont regroupés près de trois mille concurrents, y compris des adultes, il a pourtant le regard affûté. Sa détermination est absolue.

Il suit point par point le plan de Frassinelli. Sa fraîcheur en course l'étonne mais sa dépense d'énergie affole un peu son coach. Seul un Grenoblois l'accompagne finalement dans son cavalier seul, un certain Argelès dont il apprendra ensuite qu'il a été champion cadets scolaires sur 1 000 m en 2'39". Michel passe la ligne d'arrivée en vainqueur sous le mitraillage des photographes. Il ressent pour la première fois intensément ce qu'on appelle « l'ivresse de la victoire ». Le lendemain, sa photo dans *Paris-Presse*, lui paraît géante. En plus, on parle de lui comme d'un espoir à suivre, même s'il doit se montrer plus économe de ses efforts.

À la maison aussi, la vie change. Sa maman est venue le voir courir au bois de Boulogne. Fière de lui, elle semble vouloir s'impliquer davantage dans cette aventure, d'autant qu'elle a eu des échos favorables du côté des journalistes de *L'Équipe* qui la côtoient au Vieux Gaulois, notamment de Gaston Meyer, le « pape » de l'athlétisme. Quant aux filles du quartier, elles ne regardent plus Michel de la même façon depuis « qu'on parle de lui dans les journaux ». Le regard d'une brunette un peu secrète se fait plus tendre. Elle s'appelle Irène. Michel jusque-là a vainement tenté de l'attirer au *Moulin de la Galette* pour aller danser.

Mais une certitude le gagne : il a soif de nouvelles conquêtes en cross. Il ne se voit pas encore en porte-flambeau de l'athlétisme français, mais son imagination galope. Et les victoires s'enchaînent dans les épreuves cadets de cross, à Mézidon – d'extrême justesse – et ailleurs. Huit de suite ! Michel se sent pousser des ailes sans se croire pour autant invincible.

Le grand Championnat de France de cross, à Vincennes le 6 mars 1953, est là d'ailleurs pour le ramener à d'autres réalités. Le favori en cadets, jugé imbattable, est un athlète d'origine marocaine, Lahcen Benaissa. « Le fait est que je n'ai rien pu faire contre lui, explique Jazy. Je suis parti vite. Je savais que les Marocains avaient pour habitude de se ménager en début de course. Mais, à deux mille cinq cents mètres de l'arrivée, il est revenu en trombe sur moi. Je me suis senti faiblir. Il m'a mis trois cents mètres dans la vue. À l'arrivée j'étais mort, deuxième, effondré et en pleurs. Frassinelli a voulu tout de suite me réconforter en me disant : Tu es le premier des métropolitains ! »

Une vague de découragement cependant l'emporte. Juste le temps de constater que la « star » Alain Mimoun a subi le même sort que lui en seniors face à Abdallah, et Michel annonce catégoriquement à son coach : « Pour moi, c'est bien fini la course à pied. Trop dur ! Je ne suis pas fait pour ça ! » Frassinelli ne le prend pas au mot. Il réalise que Michel, encore trop fragile, est en fait saturé.

« Je ne te demande pas d'abandonner le football, lui dit-il, mais reviens me voir au stade Marcel-Becq en avril pour la saison estivale. Il faut quand même que je sache ce que tu as dans le ventre sur la piste. »

Et Jazy revient pour une première expérience cuisante. Le chrono de 3'18" au kilomètre est décevant. Sauf pour Frassinelli, qui a bien vu que Michel est allé beaucoup trop vite dans les premiers cinq cents mètres.

« J'entre alors dans un cycle d'entraînement spécifique, explique Michel. René Frassinelli a bien expliqué à ma mère que je dois désormais éviter de me disperser. Les tests s'enchaînent sur 1 000 m en vue des Critériums nationaux du 6 juillet à Colombes, et me voici déjà à 2'42" le 17 juin, sur la fameuse piste de Jean Bouin où Jules Ladoumègue a réalisé autrefois de grands exploits. "Frassi" ne s'était pas trompé dans ses prédictions. Tout se confirme dans le stade mythique de Colombes, le 6 juillet 1953 : je deviens champion de France cadets devant Misplon et Argelès, en 2'39". J'étais particulièrement heureux de cette victoire car c'était mon premier titre national, dès ma première apparition sur la fameuse cendrée de Colombes. »

Michel Jazy se souvient aussi qu'un jour René Frassinelli a organisé un 3 000 m au stade Géo André, à côté du Parc des Princes, pour évaluer encore ses moyens sur une distance supérieure. Il y avait en lice des seniors et des juniors, dont le numéro un national, Lelaidier. Michel a gagné. Mais l'entraîneur de Ladoumègue, en bord de piste, très admiratif, a aussi lâché ce conseil à "Frassi" : « René, vous avez un bijou entre les mains, ne le gâchez pas ! Faites-le courir à l'avenir avec des athlètes de sa catégorie ! »

L'été va passer tranquillement. Michel pense déjà à la saison de cross. Frassinelli estime que son jeune poulain fougueux ne doit pas trop en faire lors de sa première année juniors (18 ans). Il va bientôt aborder la « reine des distances » du demi-fond, le 1 500 m. Il engrange tout de même, pendant les frimas, six victoires en cross. Mais il abandonne dans le Cross de *l'Humanité* suite à une erreur de parcours. Et il ne participe pas au National.

Quatre événements marquent cette première année juniors, forcément délicate. D'abord, la radiation temporaire de René Frassinelli. Avec quelques dirigeants de la Ligue de Paris, le coach a prêté son concours aux organisateurs du Cross de *l'Humanité*. Or le Cross de *l'Huma* est organisé par la FSGT [1], une fédération considérée comme dissidente à l'époque et avec laquelle il est interdit de collaborer. Le

**(1)** Fédération sportive et gymnique du travail.

CO Billancourt est lui aussi radié. La Fédération française ne plaisante pas avec ce qu'elle considère comme une trahison. Au terme de sa suspension, "Frassi" est recueilli par le CA Montreuil, où Michel le rejoint logiquement, non sans avoir revêtu provisoirement la tunique noire des « individuels » (sans licence de club). Et voilà comment le CAM, par la grâce d'une décision de justice fédérale qui ne le concerne pas, devient l'écrin d'un pur diamant.

Deuxième événement, Michel progresse chronométriquement au 1 500 m, passant de 4'18" en mai à 4'9" en juillet, aux Championnats de Paris. Mais, surtout, il s'empare du record de France juniors du 1 000 m en 2'32" à Jean-Bouin, en octobre.

Troisième événement, il porte pour la première fois le maillot de l'équipe de France juniors le 28 juillet, contre la Belgique.

Quatrième événement, invité le 30 mai à disputer un 300 m juniors organisé dans le cadre d'un match international qui se déroule à Colombes, et dans lequel Frassinelli l'a engagé pour tester sa vitesse, Michel assiste en bord de piste au record du monde d'Emil Zatopek sur 5 000 m (13'57"2).

« Un choc, forcément. J'avais vu des photos, des images filmées au cinéma de celui qu'on surnommait "la locomotive tchécoslovaque". Zatopek était déjà quadruple champion olympique ! Je connaissais parfaitement son style à l'énergie, avec des jambes merveilleuses, mais aussi son visage défiguré par l'effort. Je ne pouvais imaginer cependant qu'il puisse être déjà dans cet état limite dès les premiers mille mètres, poussant l'héroïsme jusqu'au bout pour maintenir cette cadence frénétique. En mon for intérieur, je me disais : "Impossible : il ne pourra jamais terminer !" En fait, j'ai réalisé à quel point la notion de souffrance pouvait s'attacher à la tentative d'un grand record. C'était sublime et un peu angoissant… »

Pour Michel, l'avenir se dessine de façon sereine. Dès sa deuxième année Juniors, en 1955, il est champion de France du 1 500 m, en 4'3"6. Il améliore les records de France juniors du 1 000 m en 2'31"1, et du 1 500 m en 4'0"2 lors d'un match contre les juniors allemands. La FFA l'a qualifié pour les Championnats de France seniors à Colombes. Michel est éliminé en série après avoir mené toute la course ! Un certain Michel Bernard gagne la série et devient champion de France le lendemain.

Jazy ne le sait pas encore mais, un an plus tard, en 1956 à l'occasion des JO de Melbourne, il sera lui du voyage, contrairement à Michel Bernard. On ignore alors qu'entre petits compromis, vraies incompréhensions, mauvaise conscience, dettes morales et violents orages se trame dans le paysage du sport français une rivalité du type Anquetil-Poulidor qui va aiguillonner la carrière des deux champions et exciter tous les médias.

# Mimoun, le guide olympique

En ce début de saison estivale 1956, Michel Jazy, sans se projeter encore trop loin dans l'avenir, s'apprête déjà à croiser sur les pistes le regard aigu et charbonneux de Michel Bernard, qu'il surnommera plus tard avec malice « le Chinois d'Anzin ».

On n'est pas encore entré dans le tumulte d'une rivalité qui va faire le régal des médias, mais le feu couve déjà. Doucement.

Bernard, vingt-quatre ans, numéro un officiel du 1 500 m français, est assez jaloux de son territoire. Il a compris que Jazy, le jeunot, régulièrement présenté dans les gazettes comme « un futur crack », pourrait très vite devenir un rival encombrant.

Jazy, lui, n'a pour sa part qu'une préoccupation majeure: répondre à l'attente de son coach, René Frassinelli. À vingt ans, Michel se contente de camper sereinement à la lisière d'un avenir qui se dessine plutôt favorablement. Il regarde en tout cas scintiller à l'horizon les premières lueurs olympiques, celles des JO de Melbourne. Jolie carte à jouer !

Tout cela passe par une révolution personnelle. Après un bel avertissement au National de cross où, au lendemain d'une nuit un peu dissipée il ne s'est classé que cent vingt-quatrième, Michel, à la demande de Frassinelli, s'est imposé une nouvelle règle de vie ! Il ne lorgne plus du côté des jolies filles. Il n'ira plus danser, ni fêter avec ses copains la Sainte-Catherine dans les grandes maisons de couture, Dior ou Givenchy. D'ailleurs, il a choisi Irène pour en faire son épouse. Oui, une autre vie commence.

À vrai dire, en cette saison olympique 1956, Michel s'est d'abord fait oublier en prévision d'une journée de sélection déjà importante, le 4 juin à Jean Bouin, première étape avant les rendez-vous internationaux contre la Belgique, la Finlande puis les décisifs Championnats de France.

La hiérarchie du 1 500 m est dans un premier temps parfaitement respectée. Lors de cette journée de sélection, Bernard l'emporte normalement devant Jazy en 3'51" ; Michel va pouvoir fêter sa première cape contre la Belgique. Il est heureux. Mais, sous la pluie, la tactique mise au point fonctionne mal. Bernard ne termine que troisième. Sous le coup de la déception, il lâche quelques mots malencontreux à l'encontre de ses deux partenaires, Jazy, cinquième, et Bontemps, sixième. À ses yeux, ils se seraient comportés comme des « rigolos » !

La semaine suivante, le stade olympique d'Helsinki est envahi par une foule enthousiaste de quatre-vingt mille personnes et une pluie bien serrée, bien nordique. Le tandem Jazy-Bernard affronte le redoutable duo Salsola-Salonen (la saison suivante, le 11 juillet à Turku, les deux Finlandais battront conjointement le record du monde du 1 500 m en 3'40"2). « On ne voyait pas la piste, on ne voyait pas la pelouse, raconte Jazy. Notre épreuve était le clou de la rencontre. Michel Bernard a pris la course à son compte, partant sur des bases très élevées. Mais il s'est fait battre in extremis par Salsola, ce qui l'a mis en colère. Quant à moi, "embourbé" sur la piste détrempée, incapable de suivre le rythme, j'ai fini bon dernier ! » Nouveau mouvement d'humeur de Bernard. Il estime que Jazy ne lui a été d'aucune utilité.

Et voici Colombes, les Championnats de France. La confiance affichée par Bernard est totale. Il a battu trois fois Jazy. Mais ce dernier a soigné sa forme et réussi à l'Institut national des sports, devant l'entraîneur du sprint, Joseph Maigrot, des tests chronométrés extrêmement probants en vitesse. Ils indiquent que, dans une course au finish avec Bernard, sa vitesse terminale sera redoutable. À la veille des Championnats, il s'est permis de plaisanter devant certains journalistes en assurant : « Quoi qu'il arrive, Bernard me battra ! »

Bien entendu, il n'en pense pas un mot. Seul ennui de dernière heure, René Frassinelli ne sera pas là en bord de piste : il est cloué au lit par une grippe.

À l'heure de la finale, en milieu d'après-midi à Colombes, Michel Bernard laisse entendre qu'un « partage des responsabilités avec Jazy, pour assurer le train, serait le bienvenu ».

Il n'en sera rien. Quelques instants avant que les coureurs prennent place sous les ordres du starter, un allié providentiel se présente à Jazy. Il s'agit de Michel Stefani, sympathique athlète du Stade Français : « Si tu veux battre Bernard, lui dit-il, suis-moi. Je mènerai vivement les cinq cents premiers mètres. »

Le fin coureur stadiste s'acquitte brillamment de sa tâche avant de céder le commandement à Bernard. Le train ralentit quelque peu. Jazy choisit alors d'attaquer fièrement au 1 000 m (2'33"4). A priori, c'est un coup de folie. À moins qu'il ne se sente vraiment costaud. D'abord surpris et même légèrement lâché, Bernard revient vigoureusement dans le dernier tour sur les talons de Jazy. Il l'attaque une fois, deux fois, trois fois dans la ligne opposée. En vain ! Dernier virage. Jazy tient bon. Dernière ligne droite. Ultimes assauts de Bernard. Mais le Nordiste se met à grimacer. Il lâche prise.

Jazy a été souverain. Il irradie de bonheur. Il est champion de France du 1 500 m ! Il pense aux gros titres du lendemain. Il pense à Jules Ladoumègue, autrefois premier coureur au monde à passer sous la barre des 3'50". Michel a enfin franchi cette limite en réalisant 3'49"8. « Jazy : l'héritier de Jules Ladoumègue ». Le slogan qui circulait déjà dans les salles de rédaction parisiennes illumine, pour de bon cette fois, les unes de plusieurs journaux. Quant à Bernard, il sent bien que quelque chose lui échappe sournoisement.

Les premières comparaisons s'imposent entre les deux Michel. Elles renvoient les images contrastées du type « recto verso », comme l'écrira plus tard le journaliste Benoît Heimermann. L'un est aimable, rieur, assez charmeur, un brin moqueur et gouailleur ; l'autre est plus teigneux, parfois bougon et renfrogné avec son côté redresseur de torts, mais il est aussi un drôle de combattant : « Mon modèle, avoue Bernard, c'est Bayard, le chevalier sans peur et sans reproche ! »

Jazy, tout en se méfiant de ce tapage, éprouve comme une fierté légitime, et même une joie pure à la vue d'une notoriété qui prend joliment forme. Devenir « une idole des jeunes » à une époque où cette marque commence à s'appliquer plutôt aux vedettes du show-business ne lui déplairait pas. Mais, pour l'instant, il est confronté à ses obligations militaires. Ce que la plupart des chroniqueurs ignorent à l'époque, c'est que Michel n'est français à part entière que depuis quelques mois seulement.

« J'ai même porté le maillot de l'équipe de France juniors, en 1955, en étant polonais, explique-t-il. Étant né à Oignies je croyais, avec ma mère, que j'avais la double nationalité. En fait, non ! À l'approche de mes vingt ans s'est donc posé le problème épineux du service militaire. J'ai été averti par courrier que je devais partir sous les drapeaux en Pologne ou prendre la nationalité française. Les formalités ont donc été accomplies. Je pensais bien entendu faire mon service au Bataillon de Joinville, où étaient regroupés les meilleurs sportifs français. »

Les choses ne se déroulent pas aussi simplement. Le jour où il est sacré champion de France, Michel se retrouve dans la peau d'un… déserteur !

« Normalement, explique-t-il, j'étais censé me présenter à Carpiquet, près de Caen, pour faire mes trois mois de classes qui démarraient… le week-end des Championnats de France 1956. Je n'y suis allé que le lundi. J'avais pris soin d'emmener quelques journaux avec moi. L'adjudant m'a sermonné. Il m'a fait raser les cheveux. Il m'a confirmé que j'étais bien considéré comme déserteur. Jusqu'au moment où le colonel, alerté, m'a convoqué dans son bureau :"Super, votre course de dimanche, m'a-t-il lancé en riant. Je crois que vous allez maintenant rendre de grands services à la France et à notre équipe nationale. En attendant, je ferais bien un petit footing avec vous !" »

Restent cependant les trente mois à accomplir sous les drapeaux ! Bel atermoiement entre la base 117 de l'armée de l'air, où il a été affecté normalement, et le Bataillon de Joinville où il n'est inscrit… nulle part.

« Un gag, explique Michel. Je n'étais finalement sur aucune liste. Dans un premier temps, j'ai été détaché au titre de la préparation olympique pour Melbourne et appelé pour les Championnats du monde militaires en cross et sur piste. L'affectation au Bataillon de Joinville est devenue officielle début 1957, après les JO. Je bénéficiais d'une certaine liberté. On m'a même dispensé au dernier moment du défilé sur les Champs-Élysées, le 14 juillet. Pourtant, un lieutenant a voulu m'épingler huit jours en constatant que je n'avais pas rapporté le soir même du défilé les souliers qu'on m'avait remis à cet effet. C'est alors que le commandant Lacroix a suggéré que je vienne dormir le soir à la caserne. En fait, grâce à lui j'ai continué de bénéficier d'un régime de faveur dans la journée afin de m'entraîner le matin au bois de Vincennes. L'après-midi, trois ou quatre fois par semaine, je retrouvais sur la pelouse de l'INS mes copains footballeurs du BJ : Wisniewski, Zymzack, Maryan, Boutet, les frères Tylinski… »

Retour à l'été 1956. L'atmosphère du demi-fond français va changer en même temps qu'un fameux coup de théâtre va tout bouleverser. Pour constituer sa sélection olympique des JO de Melbourne (22 novembre au 8 décembre, hors saison donc !), la FFA a prévu une double revue de détail de ses troupes lors de la Journée du souvenir, le 23 septembre à Jean Bouin, puis du match Italie-France à Florence, le 13 octobre.

Le chassé-croisé Bernard-Jazy a continué après les Championnats de France : Bernard, 3'49"2, devant Jazy à trois secondes lors de France-Allemagne-Roumanie ; Jazy, 3'50"2, devant Bernard à quatre dixièmes lors de Pologne-

France. À Jean Bouin, bien que quatrième du 1 000 m, Jazy a dominé Bernard. À Lyon, contre l'Italie, bien que deuxième derrière Baraldi, Jazy brûle encore la politesse à Bernard pour trois dixièmes : 3'50"7 contre 3'51". Ce jour-là les sélectionneurs, sans complexe, avaient imposé un minimum olympique qualificatif de 3'46" qui n'avait pu être atteint !

Le dilemme est déchirant. Qui représentera le France sur 1 500 m à Melbourne ? C'est au bénéfice d'une bourse de l'éducation nationale que Michel Jazy est finalement retenu avec six autres espoirs. Michel Bernard, écarté, est consterné. Il reviendra sur cet épisode douloureux quelques années plus tard dans son autobiographie la *Rage de courir*[1] : « J'ai eu le sentiment d'être victime d'un règlement de comptes, un vrai coup de poignard dans le dos. Là-bas, quelque part dans un bureau de Paris, des messieurs intouchables avaient rayé d'un trait mon nom d'une liste puis quitté la salle de réunion l'âme en paix… En moi la révolte grondait ! »

Dès lors, Michel Bernard se sent le héros martyr de « tous les sans-grade, tous ceux que la vie et le sport n'ont pas gâtés, ceux qui ne connaissent que l'usine, le travail à la chaîne et qui m'aiment bien ».

Bienveillance pour Jazy, mépris à son égard ! Bernard, écœuré, va s'installer dans sa solitude de Nordiste, persuadé que Michel Jazy est maintenant porté par le parisianisme. Pour lui, l'heure a sonné de mener farouchement ses propres combats.

Michel Jazy est franchement navré à l'égard de son rival et réalise bien que pour Bernard cette éviction de la sélec-

**(1)** Avec Noël Couëdel, Éditions Calmann-Lévy.

tion olympique est déchirante. Aujourd'hui encore, il parle « d'injustice, car Bernard avait fait ses preuves et possédait un potentiel justifiant largement la confiance des sélectionneurs. Je ne me rendais pas encore compte que cela allait empoisonner nos relations. Il me semblait assez clair cependant qu'on avait fait le choix d'un jeune talent parisien de vingt ans plein de promesses alors que Michel était un provincial estimé, besogneux, âgé déjà de... vingt-quatre ans. Et cela n'avait aucun sens ! »

Les routes des deux Michel vont donc se séparer provisoirement. À l'approche du rendez-vous de Melbourne, à l'autre bout du monde en Australie, un autre athlète va prendre le relais et s'installer momentanément avec omniprésence dans l'univers quotidien de Michel Jazy. Alain Mimoun s'est pris d'affection pour Michel, dont il admire l'audace juvénile. Michel lui-même l'appelle avec respect et malice « le Vieux », comme tous les athlètes qui le côtoient en équipe de France ou le croisent à l'INS et s'amusent de son petit côté comédien authentique toujours tourné vers sa bonne logique. Le Racingman, à bientôt trente-six ans, court toujours « à perdre Alain », comme le dessinateur humoristique de *L'Équipe*, Dero, (Robert Decremp) l'a croqué un jour dans l'un de ses plus fameux dessins. Mimoun, « le second d'Emil Zatopek » aux JO de Londres 1948 et d'Helsinki 1952, vient de remporter son quatrième Cross des Nations en mars 1956, au Royal Ulster Balmoral de Belfast (Irlande), et certains l'encouragent à tenter la grande aventure du marathon aux JO de Melbourne. Mimoun croit en sa bonne étoile. Il dit souvent : « On naît champion dans le ventre de sa maman ! »

De son vrai nom Ali Mimoun O'Kacha, Alain Mimoun, originaire d'El-Telagh, en Algérie dans l'Oranais, est arrivé en métropole pour s'engager en 1939. Il ne manque ni de bravoure, ni de panache. Il a fait la fameuse campagne de Monte Cassino en 1944, avec le troisième régiment des tirailleurs algériens (bataille reconstituée dans le film *Indigènes*). Blessé, il a failli être amputé d'une jambe. Il a été décoré à quatre reprises. Après la guerre, il a été serveur au restaurant du Racing Club de France à la Croix-Catelan.

Mimoun songe secrètement au marathon de Melbourne. Il se dit : « Michel Theato a remporté le marathon olympique à Paris en 1900. El Ouafi a été sacré au marathon d'Amsterdam en 1928, vingt-huit ans après. J'ajoute vingt-huit ans et nous sommes en 1956. Je serai peut être bien le troisième champion olympique français au marathon ! »

Mais Mimoun est très superstitieux. Il affirme à la ronde qu'il disputera en priorité le 10 000 m à Melbourne ; le marathon n'est qu'une simple éventualité. Il est aussi très croyant. Il effectue chaque année un pèlerinage à Lisieux afin de vénérer sainte Thérèse. Il vient de se marier et son épouse attend un bébé.

Au moment du départ vers Melbourne, « le Vieux » est venu amicalement près de Michel Jazy pour lui dire sur un ton protecteur, comme s'il voulait tracer aussi le chemin de sa vie : « Petit, dans l'avion tu peux te mettre à côté de moi. J'ai un certain nombre de choses à te dire. On aura le temps de se parler. »

Le voyage vers Melbourne est interminable avec une première escale à New York, une deuxième sur la côte ouest des États-Unis, à Los Angeles, et une troisième à Honolulu sur l'île d'Oahu dans l'archipel d'Hawaii. À Los Angeles, une halte prolongée de quarante-huit heures a été programmée. Alain et Michel partagent la même chambre. « Et là, raconte Jazy, je vois bien qu'Alain exerce une sorte de fascination, de magnétisme sur moi. Sa manière incisive de parler, son regard ardent, ce bon sens, cette logique implacable pour parler de tout, son exigence, son professionnalisme pour aborder sa vie d'athlète, l'entraînement, la compétition, le soin apporté à l'équipement, à la diététique, tout cela me subjugue. Je sens qu'il y a chez lui des rites à observer mais aussi une passion, un amour de la course à pied et du maillot de l'équipe de France qui dépassent tout ce que j'avais pu connaître jusqu'alors. Je lève les sourcils, je l'écoute religieusement comme un petit garçon intimidé. Je réalise qu'il m'apprend énormément et qu'avec une telle force de caractère on peut aller loin. »

Dès le premier soir à l'hôtel, Mimoun passe de la parole à l'acte avec cette proposition inattendue : « Avant de t'endormir, prépare tes trainings et ton short. Je ne sais pas si tu as vu, mais dans cet hôtel les couloirs sont immenses. C'est là que nous ferons le footing matinal puisque nous ne pouvons aller sur un stade. Réveil à 5 h 30 ! L'entraînement, c'est sacré ! On ne saute pas un entraînement. Il faut y aller chaque jour si on veut préserver l'acquis. »

À New York, déjà, à l'aéroport Mimoun avait amusé tout le monde en sacrifiant à une séance de footing devant le regard éberlué du personnel au sol, des équipages et des voyageurs !

L'anecdote peut faire sourire mais, aux yeux de Michel, Mimoun incarne toutes les vertus du sérieux dans la réussite. Après avoir vu Zatopek à Paris « tenter l'impossible » lors de son record du 5 000 m, il sait ce que veut dire « lutter pour l'honneur ». Il va saisir un peu plus à Melbourne ce que signifie « tenir ses promesses ».

Pour Michel, en effet, cette première expérience olympique est avant tout un apprentissage. « Je l'effectue au contact des autres athlètes et sous la tutelle de Mimoun, avec qui je partage également la chambre au village olympique, raconte-t-il. Sur le stade d'entraînement, je vois tourner de grands champions dont les noms illustrent les palmarès. C'est le cas d'Istvan Rozsavolgyi, qui s'est approprié en août le record du monde du 1 500 m en 3'40"6. Mais on dit qu'il est arrivé en Australie très perturbé, comme la plupart de ses camarades hongrois. Après l'insurrection à Budapest, la répression du Kremlin et des chars soviétiques a été impitoyable. Il y a encore le Tchécoslovaque Stanislas Jungwirth, qui va devenir l'année suivante le premier coureur à casser la barre des 3'40" avec un spectaculaire chrono à 3'38"1. Je vois aussi le champion olympique sortant du 1 500 m, à Helsinki, le Luxembourgeois Josy Barthel, le Néo-Zélandais Halberg, le Norvégien Boysen, l'Allemand Richtzenhain qui prendra la médaille d'argent en finale. Ils sont tous dans ma série qualificative du 1 500 m. Autant dire qu'avec mon record personnel à 3'49"8 je n'ai pas la moindre chance de me qualifier face à des gens dont le niveau se situe entre 3'40" et 3'43". Comme me l'ont demandé René Frassinelli, resté à Paris, et Alain Mimoun, je me bats de toutes mes forces et j'égale mon record personnel. Je termine septième ! Pas de quoi avoir honte. Je prépare l'avenir. »

Il n'y a que Mimoun en fait pour avoir rappelé à Michel qu'il ne faut jamais se contenter d'être simplement à son niveau aux Jeux Olympiques et que « bien participer, c'est se surpasser ! ».

Depuis son arrivée à Melbourne, « le Vieux » n'est plus tout à fait le même d'ailleurs. On le sent nerveux. Il se montre parfois véhément avec l'encadrement et ses copains de l'équipe de France. Il est devenu complètement maniaque avec ses entraînements. Il se lève à 5 heures et part s'entraîner à 7 heures. Michel l'accompagne plutôt l'après-midi dans ses footings. Le 10 000 m est l'une des première épreuves du programme de l'athlétisme, Michel se rend au stade suivre l'entrée en lice de son « tuteur ». Finale directe.

« Ce jour-là, raconte Jazy, Alain a couru à sa main. Il s'est classé seulement douzième. Certains témoins ont pu penser qu'il était cuit. Moi, je savais déjà qu'il allait courir le marathon. Il ne voulait pas forcer. Ce 10 000 m d'anthologie est surtout resté dans ma mémoire comme l'une des courses les plus brutales auxquelles j'ai assisté. La manière dont le Soviétique Kuts a terrassé son grand rival, l'Anglais Gordon Pirie, d'abord sonné par des attaques renouvelées et meurtrières puis mis proprement K.-O. à trois tours de la fin, m'a marqué à jamais. »

Mais l'image exaltante qui illumine son séjour se dessine le 1er décembre à 17 h 37 précises, quand Alain Mimoun, vêtu de sa tunique bleu de France ornée du dossard 13, pénètre triomphalement dans l'enceinte du Cricket Ground de Melbourne sous l'ovation phénoménale de cent mille Australiens. « L'éternel second de Zatopek » remporte le marathon, la plus prestigieuse épreuve de fond aux Jeux. *La Marseillaise* retentit dans le stade olympique.

« Depuis la mi-course, il était en tête. Comme tout le clan tricolore rassemblé dans les tribunes, j'avais peur qu'il craque, raconte Jazy. Le pointage au tableau lumineux montrait que le Yougoslave Mihalic pouvait revenir. Mais Alain a été héroïque. Un Français champion olympique ! Quel bonheur en moi ! J'étais ébloui, très ému. Une fois arrivé, Alain a attendu son vieux complice Zatopek. Après avoir franchi la ligne en sixième position, le colonel de l'armée tchécoslovaque s'est mis au garde-à-vous devant lui et l'a salué !

Quel hommage de sa part ! C'était fort… Le soir, nous nous sommes retrouvés au réfectoire avec Alain pour le dîner. Il y avait un tableau noir sur lequel il était écrit : "Vive Mimoun ! Vive la France !" J'ai ajouté à la craie pour le taquiner, alors qu'il ne sentait plus ses jambes après ses 42,195 km sur le macadam : "Série du marathon, premier Mimoun. Finale après-demain !" »

« Ce soir-là, Alain m'en a raconté encore et encore sur sa vie, son enfance, la guerre, sa carrière. C'était comme un accomplissement parfait. Sa petite fille était née la veille de sa victoire au marathon. Il avait voulu aussi gagner pour elle. Pour qu'elle s'appelle Olympe ! »

Michel a contemplé avec envie la médaille d'or du glorieux aîné. Grâce à lui, il a réalisé aussi ce qu'était la grandeur de la France et ce qu'elle peut représenter aux yeux du monde.

# Les « chinoiseries » de Bernard

Oui, à l'aube de l'été 1957, ça commence à sentir sérieusement le soufre dans les relations Jazy-Bernard.

Michel Jazy est revenu des JO de Melbourne avec des souvenirs plein la tête. Il pense que son heure est proche et que l'Olympe se rapproche. Michel Bernard, lui, rumine en solitaire, dans son coin, à Anzin. Le «jeune Jazy», tellement photogénique avec son visage d'ange qui caresse les étoiles, ne chercherait-il pas à lui piquer la place ?

Dès le retour australien de l'équipe de France, Bernard, dans le rôle du banni, a décroché son téléphone pour prévenir le directeur technique national, René Mourlon : « C'est bon, je ne vous en veux pas trop pour ma non-sélection aux JO. Sachez que très bientôt vous allez entendre parler de moi sur la piste ! »

Il révélera plus tard dans son livre, *la Rage de courir* : « À l'entraînement, je sautais alors les barrières et franchissais les obstacles avec toute ma rage. Je pensais aux autres barrières, invisibles celles-là, et pourtant plus difficiles à franchir, qui dressent les hommes les uns contre les autres… »

Alain Mimoun lui apporte une forme de soutien : « Le Nordiste sait souffrir car il sait ce qu'est la vie dure », dit-il. Bernard rêve de revanches éclatantes. Et, pour cela, il convient assez vite de faire vaciller le « mythe Jazy », de stopper l'ascension d'un rival déjà paré de tous les dons par une presse quasi unanime ! Ainsi la logique du petit jeu qui consiste à se faire peur se met-elle en place. Bernard l'avouera bientôt : « Avec Jazy, nous sommes faits pour nous combattre. »

Il décide de modifier radicalement sa préparation. Il a moins l'œil fixé sur le chronomètre à l'entraînement. Il découvre près d'Anzin les bienfaits, la sérénité paisible de la course en sous-bois dans la belle forêt de Raismes - Saint Amand, au milieu des chênes et des hêtres, sur les sentiers de terre qui serpentent entre les fougères. Avec toujours cette obsession en tête : redevenir le numéro un du 1 500 m et, si possible, atteindre les 3'46"… avant Jazy. C'est au dixième près le record de France du stadiste Patrick El Mabrouk, cinquième en finale du 1 500 m des JO d'Helsinki en 1952, tout près du champion olympique, Josy Barthel.

La rivalité aiguë qui se dessine entre « les deux Michel » va durer en fait dix ans ! Elle répond, selon Gaston Meyer, à cette bonne logique : « Chaque champion exceptionnel se suscite un rival. »

Il est vrai que Bernard, le « métallo d'Anzin », va y mettre du sien en parfait jusqu'au-boutiste qu'il est. Dans un subtil portrait publié en 1962 dans *Paris-Match*, Jean Cau le comparera à une sorte d'Ignace de Loyola, un « moine-soldat », un évangéliste prêt à tous les sacrifices pour mener sa croisade, sanctifier une foi aveugle en la course à pied… et ses propres possibilités. Au fil d'une description savoureuse, il dessine la silhouette d'un Bernard erratique avec

« une tête cireuse sur un corps carcasse, des yeux sombres où ne se lit qu'une passion, des cheveux noirs : c'est une araignée mystique ». Décrivant son style de course un peu rugueux avec cet étrange rictus sur le visage, Jean Cau ajoute : « Il retrousse nerveusement les lèvres sur ses grandes dents en une sorte de hennissement douloureux. »

Après l'obstacle raté de Melbourne, Michel Bernard ne ressemble pourtant pas à un « cheval cabré ». Il piaffe plutôt d'impatience. Il voudrait bien revenir au grand galop !

Hélas !, à l'été 1957, quelques pierres du temple vont lui tomber dessus. Quatre fois, il affronte Michel Jazy. Et Jazy gagne quatre fois, dans les matches internationaux contre la Grande-Bretagne, contre la Norvège et la Finlande (match à trois), contre l'Allemagne, comme peu auparavant lors des Championnats de France à Colombes. Là, ils ont joué au chat et à la souris à la faveur d'une course tactique achevée médiocrement en 3'58"2, certes victorieusement pour Jazy… mais sous les sifflets d'un public fort mécontent du spectacle ! Cette fois, le « Chinois d'Anzin » commence à rire jaune. Amer et en colère, il lâche : « C'est fini : je ne mènerai plus jamais une course ! » La presse jase. Les esprits s'échauffent.

Jazy-Bernard : deux talents, deux tempéraments. Un Nordiste, un néo-Parisien. « Je reconnais que pour la presse il y a là un sujet en or, une aubaine, raconte Michel Bernard dans *la Rage de courir*. D'un côté, le méchant bougon ; de l'autre, le chérubin, le petit prince de la piste, le jeune premier. Sur ce scénario rêvé, il suffit de broder, de fignoler, d'interpréter. On ne va pas s'en priver. L'opinion se passionne. Voici la naissance d'un couple célèbre. Voici leur mariage, leurs querelles, leurs scènes de ménage, leurs jalousies, leurs réconciliations… Ainsi naît une légende. »

Michel Jazy, avec le recul, admet cette évidence en soulignant un paradoxe : « À l'époque des matches internationaux, qui galvanisent le public et les médias, je me retrouve avec Bernard sous le maillot de l'équipe de France en position de partenaire... mais aussi de rival au plan national. Au fil du temps, je vais prendre goût à ce drôle de jeu, entretenu par un environnement partisan de chaque côté, parfois un peu pervers aussi, avec pas mal de persiflage, le tout repris en chœur par les médias à grands coups d'articles. Bref, une rivalité parfaitement comparable à celle d'Anquetil et de Poulidor à la même époque. Cette situation est alors sûrement plus supportable pour moi que pour Bernard. Elle ne m'empêche pas, en tout cas, de dormir la nuit. D'abord, j'ai acquis assez vite la conviction que je suis meilleur que lui. J'ai pris un ascendant psychologique. Il le sent et ça l'exaspère. Je le reconnais : dans chaque course qui désormais va nous réunir, et quelle que soit sa position, je suis le plus souvent sur ses talons au moment décisif, quand tout s'emballe. Aucun doute : le plus rapide des deux dans la ligne droite, ce sera moi ! Je dois simplement soigner mon relâchement avant d'attaquer et surtout éviter de me crisper afin de mieux faire parler ensuite ma pointe de vitesse. Dans un sens, ma tactique est bien celle du marquage, ce qui ne m'empêche pas aussi de le relayer quand même. En fait, Michel a la science du train. Moi, j'ai le finish, l'arme maîtresse du demi-fondeur. Néanmoins, je me méfie de Bernard car il possède une hargne et un courage exemplaires, ajoutés à de fameuses qualités naturelles qui vont aussi faire de lui l'un des meilleurs mondiaux, on va le voir aux JO de Rome. À ce titre il impose respect et admiration, d'autant qu'il ne bénéficie pas de grandes facilités pour s'entraîner à cause de son travail à l'usine. Peu importe : je le sens toujours farouchement déterminé par rapport à ses ambitions personnelles et par rapport à moi. Quel tempérament ! Son instinct revanchard alimente en plus cette fragile certitude que la chance va un jour lui sourire, bref tourner à son avantage, et lui permettre de redevenir le leader… »

Au cœur de cette année 1957, tandis que leur relation s'assombrit, surgit pourtant une éclaircie. Les deux pur-sang vont être associés ponctuellement et très fraternellement sous le maillot bleu dans un mile d'anthologie sur les terres britanniques, au cœur du sanctuaire de White City, à Londres, envahi par la grande foule. L'événement a lieu le 3 août, peu après le double titre de Jazy aux Championnats du monde militaires à Athènes, sur 800 m et sur 1 500 m.

« Là, on s'est vraiment mis d'accord pour mener une vie impossible aux deux Anglais, Everett et Berisford, explique Jazy. Michel Bernard prend d'emblée la tête. Je le relaie. Notre forcing piège les Anglais. Ils halètent dans notre dos. Je devance finalement Michel juste sur la ligne. Fous de joie, Alain Mimoun, alors capitaine de l'équipe de France et victorieux du 10 000 m, ainsi que le lanceur de javelot Michel Macquet se précipitent pour nous embrasser. On est vraiment fiers, le public semble affligé. Ce n'est pas habituel pour les Anglais, une telle humiliation de leurs coureurs chez eux ! Ils nous acclament mollement. La presse britannique le lendemain va saluer notre exploit. »

La cote du demi-fond français, grâce au tandem des « frères ennemis », ne cesse en tout cas de grimper… même si depuis le 12 juillet le paysage du 1 500 m international est bouleversé. Le mur des 3'40" au 1 500 m vient d'être abattu, et de quelle façon, par le Tchécoslovaque Stanislas Jungwirth : 3'38"1 ! À l'époque le demi-fond européen, extrêmement brillant, reste tout-puissant au plan mondial.

Ce coup de tonnerre de Jungwirth s'est produit juste un mois après le premier grand exploit chronométrique de Michel Jazy, qui a partiellement douché les velléités offensives de Michel Bernard. Marcel Hansenne s'intéresse de plus en plus près à la progression du jeune Jazy. Il ne peut contenir d'ailleurs son enthousiasme :

« Bientôt, au lieu de s'accrocher à la foulée des meilleurs milers mondiaux, ce sont ceux-ci qui s'accrocheront à la sienne, écrit-il dans *L'Équipe*. Je ne crains pas d'affirmer que Jazy est en puissance un coureur de 1 500 m en 3'35". La route à parcourir est longue encore mais, quand toutes les conditions auront été réunies, il les battra tous… »

Le 8 juin 1957, Michel Jazy, à la veille de ses vingt et un ans, s'est installé dans le gotha des grands du 1 500 m, à la faveur du Memorial Kusocinski à Varsovie : « C'est la deuxième fois que je me rends dans la capitale polonaise, où je me sens aussi un peu chez moi, raconte Michel, et j'en éprouve une joie réelle. Compte tenu de la valeur des engagés, dont Jungwirth fait partie, René Frassinelli a pensé sérieusement que je pouvais descendre à 3'45". Il a évoqué l'équation trois fois 1'15" lors des trois 500 mètres. "C'est jouable !", a-t-il lancé en essayant de me convaincre.

« Trois jours avant Varsovie, j'ai dû monter une garde de nuit au Bataillon de Joinville. Le lendemain, le test médical passé avec le docteur Andrivet à l'Institut national des sports indique une certaine fatigue générale. Il m'est déconseillé d'aller à Varsovie. Personnellement, j'ai trop envie de me frotter aux ténors mondiaux et à Jungwirth. Et je ne me préoccupe guère du tableau de marche "de rêve" établi par "Frassi". Un seul impératif : suivre les meilleurs, m'accrocher le plus longtemps possible. Pour tout dire, à l'arrivée, assez loin de Jungwirth vainqueur en 3'42", je suis plutôt déçu par ma quatrième place. Le tableau électronique annonce 3'44". Je ne réalise même pas sur l'instant que j'ai battu de deux secondes le record de France d'El Mabrouk. J'ai bel et bien pulvérisé mon record personnel. Me voici dans une nouvelle dimension.

« Mis en confiance, je m'engage sur le 3 000 m le lendemain et je bats encore un record de France, en 8'12"4. Dans l'avion du retour sur Paris, je me dis : "Bernard pourra sans doute améliorer le record du 3 000 m, mais jamais celui du 1 500 m !" Et là, je me trompe. Bernard, dans la semaine qui suit, réagit déjà en s'appropriant le record du mile en 4'5"8 à Glasgow. Quinze jours après, il fait exploser comme prévu le record du 3 000 m en 8'4"6 à Tourcoing. Quant au record du 1 500 m, il se l'appropriera deux ans plus tard, en 1959, en 3'42"2 ! »

Cette fois, tout est éclatant. La grande valse des records « à toi, à moi » est lancée. La saga Bernard-Jazy promet d'être joyeusement animée. Michel Bernard n'est pas près de renoncer : « Je préférerais mourir sur place plutôt que de céder », dira-t-il. Le Nordiste est frondeur, il veut riposter. Il a révisé à la hausse tous ses objectifs chronométriques. Il possède suffisamment d'arguments « frappants » pour surprendre.

Lors du match contre la Finlande et la Norvège à Colombes, le 22 septembre, il est peut-être battu d'un cheveu par Jazy mais est crédité du même temps : 3'46"2. Le 6 octobre, en revanche, le torchon brûle. Michel Jazy remporte brillamment le 1 500 m de France-Allemagne en 3'43"6 et améliore son record de France. Michel Bernard est troisième en 3'47"3.

« On s'est entendus pour contrer les Allemands, explique Jazy, mais Michel n'en a pas profité. Il se pose des questions, forcément. D'autant que les titres flambent à nouveau sur mon nom… »

Entre les deux Michel le courant ne passe pas très bien. Jazy n'a pas oublié que, lorsqu'il est devenu champion de France du 1 500 m la première fois, à Colombes en 1956, Bernard lui a serré la main sans grande conviction, le regardant à peine : « Il ne m'avait encore jamais battu, a nuancé Bernard. Je ne m'étais pas méfié. J'étais surtout furieux après moi ! »

En équipe de France, ils ne mangent pas à la même table. En revanche, les footings de veille de match étant collectifs, ils sont foulée dans foulée avec Guy Texereau, Robert Bogey et quelques autres. « On se paye alors de sacrées séances de train au rythme de la compétition, précise Jazy. On ne se raisonne pas. Quand je fais des démarrages, Michel répond immédiatement et relance encore plus fort l'allure. Bref, on se flingue aussi à l'entraînement ! »

Porter le maillot de l'équipe de France est alors pour Michel Jazy un bonheur suprême, une fierté : « L'amour du maillot bleu avec l'écusson du coq dépasse tout ce que l'on peut imaginer à cette époque, où l'argent n'existe pour ainsi dire pas en athlétisme. Le maillot nous est remis en début de saison lors du premier match et on le garde tout l'été. À l'époque, ma mère m'a aussi confectionné un short de soie bleu avec une petite bande brodée en tricolore. C'est mon short fétiche, que j'arbore aussi à l'entraînement. Lors de mes premières apparitions en équipe de France, certains rigolent à la vue de ce short et me surnomment même “la danseuse”. En fait, dès mon jeune âge ma mère a toujours veillé à ce que je sois bien habillé. J'aime ce qui est esthétique. Cela se traduit naturellement dans mon style de course. Je suis conscient que ma foulée est belle, mon style élégant et efficace. On le disait aussi de Jules Ladoumègue. Il s'était inspiré de l'allure des chevaux de course. Alors, c'est vrai en ce qui me concerne : mon style tranche assez nettement avec celui de Michel Bernard… »

Il y a aussi des réflexions qui tranchent, tandis que les deux antagonistes aiguisent leurs épées. Michel Bernard, face à la presse, maintient cependant une ligne de conduite très respectable : « J'ai la même volonté que Jazy, le même désir ardent de tout donner et, comme lui, je suis un gagneur. J'aime autant que lui la victoire… qui est avant tout une victoire sur soi-même. »

Mais la situation se dégrade car, Michel Bernard l'admet sincèrement, il se lasse de voir que régulièrement « Jazy lui règle son affaire dans la ligne droite » alors qu'il a mené l'essentiel de la course : « Si je fais la tête, n'est-ce pas un peu normal ? », lance-t-il.

Jazy est forcément plus détendu : « J'avoue que je suis de plus en plus motivé par cette rivalité et, d'un autre côté, elle n'entame pas mon influx nerveux. Grâce à elle, j'aurais plutôt tendance à recharger les accus. Mais, en définitive, je ne poursuis qu'un but suprême : me hisser au plus haut dans la hiérarchie internationale. »

En 1958, avant que ne soit lancée « l'opération Jazy » de *L'Équipe* (voir chapitre 6) et tandis que l'athlétisme français se dote d'un nouveau patron exceptionnel, Robert Bobin, Michel, s'il est une nouvelle fois sacré champion de France, laisse pourtant apparaître une certaine vulnérabilité. Il se montre assez décevant aux Championnats d'Europe, à Stockholm, où il termine dixième de la finale en 3'45"4. Un autre événement surtout ébranle ses certitudes : l'apparition du phénomène Herbert Elliott, dont les 3'54"5 au mile et les 3'36" au 1 500 m, en août, annoncent avec fracas un règne sans partage à deux ans des Jeux de Rome. L'Australien semble planer. Les premiers doutes assaillent Jazy, à peine rasséréné par un nouveau record de France en 3'42"5 lors de France - Grande-Bretagne à Colombes.

Il va bientôt replonger dans la vie civile après avoir quitté le Bataillon de Joinville en novembre. Et la mise en place immédiate du projet Jazy est sûrement la bienvenue, encore qu'elle ne donnera pas tous les résultats escomptés en 1959. Michel, en effet, souffre au printemps d'un mal mystérieux que les professeurs consultés ne parviennent pas à identifier. Une douleur tenace à un pied l'empêche de s'entraîner normalement. Ainsi n'est-il pas prêt pour le rendez-vous des Championnats de France à Colombes. Michel Bernard arrive, lui, en super forme. Il gagne le 5 000 m et, le lendemain, profite de l'erreur tactique de Jazy à la sortie du virage pour empocher aussi le titre du 1 500 m (3'44"6 contre 3'45"2). Michel Jazy est amer.

Les cinq records de France battus au cours de l'été sur 800 m (1'48" puis 1'47"9), 1 000 m (2'20"6), 1 500 m (3'42"1) et mile (4'1"8) n'effacent pas la déception née de plusieurs échecs en meetings et matches internationaux. Puis, si sur 1 500 m il a répliqué positivement à l'assaut victorieux de Bernard, ce dernier s'est vengé en lui chipant celui du 1 000 m. Michel, « titillé » par certains journalistes, lâche d'ailleurs comme une boutade à propos de Bernard : « Ne veut-il pas aussi me prendre le record du 800 m ? »

Gaston Meyer, dans les colonnes de *L'Équipe*, ne s'inquiète pas d'une saison 1959 qui n'a pas comblé toutes les espérances. Il parle « de saison transitoire et de préparation en vue des JO de Rome ». Cela dit, hormis aux Championnats de France, Michel Jazy a toujours été devant Bernard dont les incursions fréquentes sur 5 000 m pourraient, selon son rival, « indiquer qu'il cherche aussi son salut sur la distance supérieure ». Michel Bernard en tout cas se sent regonflé à bloc. Il a déjà prévu de prendre trois mois de congé sans solde afin de mieux préparer son premier grand rendez-vous olympique à Rome, où il espère faire mieux que Jazy.

Au cours des quatre saisons à venir, de 1960 à 1963, les passes d'armes vont continuer de se succéder en cross et sur piste. Michel Jazy précise : « Si Michel Bernard est dans la même course que moi, je ne cours plus de la même façon ! À l'arrivée, nous perdons certainement des dixièmes précieux. Mais je tiens à préciser qu'il n'y eut jamais d'altercations directes entre nous. »

Quelques hauts faits d'armes méritent d'être commentés :

– JO de Rome 1960 (voir plus en détail, dans le chapitre 7) : Bernard tente un formidable coup d'audace qui sera à l'origine du record mondial d'Herbert Elliott, en 3'35"6. Jazy, médaille d'argent, pulvérise le record de France (détenu depuis juin par Bernard en 3'42"1) avec un chrono à 3'38"4. Bernard est seulement septième.

« On voit une photo où exténué, à l'arrivée, je m'accroche à son épaule et je lui tiens le cou, confie Jazy. Il a suivi son plan, il n'a pas été payé de ses efforts. Michel Bernard était dans une forme rayonnante. Il avait déjà dans les jambes une série et la finale du 5 000 m, plus la série gagnée au 1 500 m en écœurant l'Allemand Valentin. En montant sur le podium, je le jure, j'ai pensé à lui. Il aurait mérité lui aussi d'être sur le podium… Il aurait fallu qu'il coure différemment. Il est, hélas ! revenu de Rome très marqué et, comme il l'a dit, les mains vides et le cœur gros. »

– France-Finlande, à Colombes le 25 septembre 1960 : trois semaines après la mémorable finale de Rome, les deux hommes se lancent dans un incroyable sprint. Ils terminent sur la même ligne devant les Finlandais, en 3'42"8. Bernard prend une revanche symbolique. Il n'a pas abdiqué !

« C'était seulement quelques jours après les JO, se souvient Michel. Bernard m'a-t-il volé la vedette devant l'enthousiaste public de Colombes, encore sous le coup de notre 1 500 m de Rome et de ma médaille d'argent ? Non, sincèrement, non ! Le plus important était de réussir le doublé sur 1 500 m pour contribuer à la victoire de l'équipe de France sur la Finlande. Elle fut d'ailleurs superbe : 114 à 98. Je dois dire qu'après les JO je m'étais pas mal dispersé en festivités diverses. J'avais tout de même gagné le 800 m le premier jour du match. Lui avait renoncé à courir le 5 000 m le samedi et il y eut du tirage avec Robert Bobin. Michel Bernard, c'est clair, s'était spécialement préparé pour gagner le 1 500 m contre les Finlandais… et pour me battre ! Pour être franc, il n'avait que ça en tête ! Dans le sprint final, il m'a gentiment embarqué vers les couloirs 4 et 5, risquant une disqualification. Sur le moment, j'étais un peu fâché par la mésaventure mais je reconnais que je n'étais pas assez fort ce jour-là pour faire le crochet nécessaire à l'intérieur. Après la course, cela a été un peu tendu entre Bernard et les journalistes. Puis on a fait la fête avec l'équipe de France victorieuse. Dans un sens, j'étais assez content pour lui… »

– Championnats de France de cross au Tremblay en 1961 : Michel Bernard s'impose. Jazy termine neuvième à plus d'une minute, alors que le mois précédent il avait surclassé Bernard à Gien.

« Michel Bernard était toujours meilleur crossman que moi, explique Michel. Plus également coureur de 5 000 m-10 000 m, donc plus à l'aise sur les longues distances du cross, notamment les douze kilomètres du National. J'ai eu un point de côté, sans doute d'origine alimentaire. Sa victoire fut incontestable. »

– Championnat de France de cross au Tremblay en 1962 : Michel Jazy succède à Bernard, qui finit quatrième.

« Les conditions m'étaient plus favorables par beau temps. Dans ce cas, ma foulée pouvait mieux s'adapter à la configuration d'un parcours de cross. J'avais plus de répondant », dit Jazy.

– Championnats d'Europe à Belgrade en 1962 (voir chapitre 8, « Les années Bobin »). Michel Jazy devient champion d'Europe du 1 500 m. Michel Bernard est cinquième du 5 000 m.

« Il y a eu des interrogations sur mon état de forme à l'approche des Championnats d'Europe, qui ont eu lieu en septembre, se souvient Michel. J'ai beaucoup couru et battu les records du monde du 2 000 m, à Charléty, et du 3 000 m, à Saint-Maur, en juin. Mais j'étais confiant, sûr d'avoir franchi un nouveau cap. Je me suis imposé nettement au 1 500 m devant le Polonais Witold Baran. Quant à Michel Bernard, il a choisi le 5 000 m où il était excellent. Je crois qu'il aurait dû se lancer beaucoup plus tôt et à fond sur cette distance qui lui convenait mieux. »

– International de cross-country à Saint-Sébastien en 1963 : Michel Bernard renonce à la sélection après une remarquable tournée en salle aux États-Unis (records d'Europe au 2 miles et au 3 miles, titre américain à la clé). L'équipe de France manque de 3 points le titre par équipes. Sur le coup de la déception, Michel Jazy, qui a terminé pieds nus à la dix-huitième place à cause d'une chaussure déchirée, regrette l'absence de Bernard et déclare : « Robert Bobin devra choisir. Je ne serai plus en équipe de France quand Bernard y sera ! »

« Je reconnais que pour moi l'équipe de France c'était sacré, dit-il aujourd'hui. C'était une réflexion de dépit dans un contexte donné, à un instant précis et sous le feu des questions un peu orientées des journalistes. »

– La grande réconciliation, aux Championnats de France à Colombes le 28 juillet 1963 : à l'initiative de Jean Wadoux, les trois favoris s'entendent pour effectuer une course à vive allure. Wadoux mène le premier tour, Bernard le second. Jazy prend le relais et, devant un public ébloui, il fonce vers la victoire et le record d'Europe en 3'37"8. Bernard est deuxième en 3'38"7, Wadoux troisième en 3'41"7. Tous les trois améliorent leur record personnel ! C'est l'euphorie dans le stade. Sous d'énormes ovations, les trois hommes effectuent ensemble un mémorable tour d'honneur.

« Quel grand jour pour l'athlétisme français, pour le demi-fond français et pour nous trois, commente Jazy. Il résulte d'une envie commune de réaliser quelque chose d'extraordinaire et de répondre aux espoirs du public. L'idée est partie de Gaston Meyer dans *L'Équipe*. Elle a été relayée à Colombes, par Jean Wadoux. Il est venu me voir avant le 1 500 m. Il est allé voir Bernard. Impensable : soudain la concorde s'est installée, l'entente cordiale ! Tout s'est déroulé comme prévu. Devant les caméras de la télévision et sous un soleil éclatant, ce fut une course d'équipe exceptionnelle, comme sans doute il n'y en avait jamais eue en France. Bernard est repassé en tête des 1 100 mètres aux 1 250 mètres. C'est lui qui a fourni le plus gros effort… en jouant sa carte. J'ai abattu la mienne en attaquant à 250 mètres du fil. C'était beau, c'était grand. Aujourd'hui encore, je me dis que Bernard n'a jamais été aussi fort ! »

– Étés 1965 et 1966. C'est l'époque de la paix des braves, de la sagesse et de la fraternité. Michel Bernard aide

Michel Jazy dans certaines de ses tentatives contre les records du monde. Il prouve son altruisme à l'occasion du fameux mile du 9 juin 1965, à Rennes, au bout duquel Jazy améliore le record du monde en 3'53"6 :

« Ce jour-là, raconte Michel, Bernard a eu un comportement exemplaire en voyant que la mise en place du tableau de marche, deux heures avant la course, posait un énorme problème. Qui allait mener ? Michel Kervéadou était prévu jusqu'aux 880 yards. Mais après ? Voyant que j'étais très préoccupé par cette difficulté majeure, il s'est porté volontaire pour relancer ensuite l'allure, avant que Jean Wadoux n'assure le dernier relais. Et Bernard était encore bien là à mes côtés pour faire le tour d'honneur. Je n'oublierai jamais ! »

Ainsi, pendant dix ans, les joutes Jazy-Bernard furent-elles passionnantes et passionnées. Au bout du compte, Michel Bernard a relevé qu'il avait battu Jazy dix fois dans sa carrière : deux fois en cross et huit fois sur piste. Il lui a aussi dérobé dix fois ses records de France, du 1 000 m au 3 000 m.

« Notre rivalité nous a obligés à nous surpasser, à faire toujours mieux que nous ne pensions pouvoir faire », écrit-il dans *la Rage de vaincre*, avant de remercier Michel « pour tant de combats, tant de belles choses vécues ensemble ».

Michel Jazy avoue aujourd'hui avec la même sincérité : « Ce fut une bénédiction de Dieu qu'on naisse à la même époque pour courir ensemble. On a attiré le grand public dans les stades, fait briller les couleurs de nos clubs (AS Anzin et CA Montreuil) et celles de l'équipe de France. Nous avons réalisé de grandes performances et fait progresser le demi-fond français. Je n'ai plus qu'amitié profonde, affection et admiration totale envers Michel Bernard ! On s'est tiré une belle bourre. On s'est fait une belle vie ! » Aux yeux du grand public, leurs duels ressemblent à une aventure épique et savoureuse, incontestablement plus douce pour Jazy. Quand il développait sa foulée céleste de « prince charmant de la piste » et souriait à l'arrivée, les photographes accouraient, les journalistes le cajolaient et la foule scandait « Vas-y Jazy ! ». Michel Bernard, chevalier au grand cœur, trop souvent confiné dans le rôle de l'empêcheur de tourner en rond, mijotait dans son infériorité relative et jamais acceptée, sa souffrance incomprise d'athlète peu aidé mais en quête d'absolu. Refusant de baisser la tête, il était toujours prêt à se battre avec « les moyens du bord », une générosité folle, une énergie admirable et parfois héroïque comme à Rome. Il a eu son clan, ses partisans, ses phantasmes de champion ambitieux, pour tout dire « une belle vie d'athlète », comme l'affirme Jazy.

Devant l'histoire, Michel Bernard, multiple recordman et champion de France, corecordman du monde au relais 4 x 1 500 m, reste aussi l'homme d'une « cause sacrée », celle du sport français. C'est avec noblesse qu'il tenta d'arriver tout là-haut, au sommet, entouré de respect et sans doute aussi d'amour.

# *L'Équipe* lui donne des ailes

En cette belle journée d'automne 1958, Michel Jazy a pris sereinement le chemin du 10, rue du Faubourg Montmartre. Il sait qu'il se trouve à un moment charnière de sa prometteuse carrière. Marié depuis le 17 octobre 1957 à Irène, tout jeune papa d'une petite fille prénommée Pascale depuis le mois de février, il vient d'achever ses obligations militaires au « B.J. ». Aujourd'hui, Gaston Meyer l'attend au siège de *L'Équipe* pour lui faire une proposition capitale. Un plan prometteur se dessine, il va éclairer joliment l'horizon olympique de Michel.

Dans la courette traversée furtivement, il a longé les fenêtres du Vieux Gaulois où sa maman a longtemps travaillé autrefois comme serveuse. Il a pensé à elle bien sûr, mais il aussi jeté au passage un regard sur la voiture rutilante de Jacques Goddet, le grand patron, que Jean Farge, son chauffeur attitré, brique toujours consciencieusement dans l'attente de l'un des rendez-vous express de « Monsieur Jacques » dans Paris. Michel a le cœur battant. En pénétrant dans ce « saint des saints », il se sent à la fois envahi d'une émotion légitime et d'un réel bonheur : « Combien de fois suis-je venu me planter, comme beaucoup de Parisiens à l'époque, devant la façade de *L'Équipe*, rue du Faubourg Montmartre, pour suivre sur un immense tableau les péripéties et les résultats des étapes du Tour de France !, confie Michel aujourd'hui. Combien de fois aussi ai-je rêvé et vibré à la relation des grands événements sportifs contés dans *L'Équipe*, alors que la télévision existait à peine ! »

Il reconnaît qu'il se sent intimidé au moment d'approcher la première fois Gaston Meyer, « grand rédacteur en chef », apprécié pour ses chroniques, ses éditos et sa connaissance encyclopédique du sport. Heureusement, René Frassinelli l'accompagne. Puis Marcel Hansenne et Robert Parienté, qu'il connaît déjà très bien, sont également conviés à ce rendez-vous historique qui doit sceller l'accord sacré dans la perspective des Jeux de Rome.

Au fond de la cour, Michel pousse la lourde porte en fer forgé derrière laquelle trône une surprenante copie de statue antique mêlant deux lutteurs assez dénudés, qui va rester à la grande joie de plusieurs générations de reporters une sorte de « statue de la liberté », de guide symbolique vers les hauts lieux de leur passion journalistique.

Il faut maintenant gravir l'escalier de marbre qui s'élève vivement vers les trois étages. Au premier : l'administration, le service publicité et l'immense bureau où gouverne « Dieu le père », Jacques Goddet. Au deuxième, voici la rédaction avec ses corridors étroits, ses bureaux métalliques gris, répartis face à face dans des pièces exiguës qui affichent leur identité : football, cyclisme, rugby, athlétisme, « BHV » (basket-handball-volley)… Ici, ce n'est pas le confort moelleux, le luxe du *Figaro* ni les dorures de *Jours de France* aux Champs-Élysées. Le revêtement au sol est constitué d'un vieux linoléum marron plutôt crasseux. La peinture sur les murs n'est pas non plus très fraîche. Pourtant, il y a cette ambiance habituelle et chaleureuse qu'on retrouve dans toutes les rédactions parisiennes, véritables ruches bourdonnantes vivant au rythme de l'actualité.

Au troisième étage, c'est l'atelier de composition avec ses ouvriers du Livre en blouse grise ou bleue ou en salopette, s'activant eux aussi dans la bonne humeur. Il y a là également les machines à couler le plomb, le marbre pour assembler les « formes », une atmosphère caractéristique avec l'odeur forte et prenante de l'encre d'imprimerie.

Michel a finalement patienté très peu de temps dans le hall d'attente aux canapés de skaï rouge attenant au bureau du rédacteur en chef, un espace plutôt austère, seulement agrémenté de petites vitrines murales de verre exposant quelques trophées sportifs glorieux, comme le dossard 13 d'Alain Mimoun victorieux au marathon des JO de Melbourne, un fameux souvenir pour Michel. Enfin l'un des deux immenses et lourds battants de bois noir, ornés d'une large poignée dorée en forme ovale, s'ouvre, ainsi que la deuxième porte capitonnée. Visage affable et sourire accueillant, Gaston Meyer apparaît dans l'entrebâillement.

« Entrez Michel, je vous attends », lui lance-t-il sur un ton protecteur.

Et voici Michel pour la première fois de sa vie face à cet homme que personne au sein de la rédaction, hormis les rédacteurs débutants, n'appelle « Monsieur » mais « Gaston », tout simplement. D'une courtoisie exemplaire, Gaston Meyer n'est pas adepte du costume-cravate. Il porte plus volontiers le pantalon de velours et une chemise lainée gris anthracite, façon gentleman-farmer attaché à une certaine élégance. Le maître à penser de l'athlétisme français dissimule derrière ses lunettes la bonté personnifiée et vous couve d'un regard d'une grande profondeur humaine. La parole est ronde. Il a l'autorité d'un sage qui, au milieu de la fumée de ses cigarillos, expose une image toujours rassurante, celle d'un homme tranquille, authentique, sans faux semblants et que rien ne paraît troubler.

« Je ressens alors à son égard une confiance immédiate et absolue, raconte Michel. Devant lui, je me tais, je le regarde comme la statue du Commandeur. Je l'écoute attentivement et, en même temps, je me rends compte que mes mains tremblent quelque peu. »

L'athlétisme est la religion première de Gaston Meyer. Bien que chargé de la gestion magistrale d'un quotidien multisports de réputation mondiale, où deux rubriques (football et cyclisme) accaparent l'essentiel de la pagination, Gaston Meyer se flatte de célébrer généreusement et avec une délectation non feinte la noblesse et les vertus du premier des sports olympiques.

À ses yeux, aucune équivoque possible : l'athlétisme, au nom de l'éthique pure et de son histoire, doit bénéficier d'un traitement de faveur ! Il lui accorde de réels privilèges et une place conséquente dans les colonnes du journal. Mais Gaston Meyer a aussi l'amour passionné de son métier, de ses collaborateurs et personne n'ignore « ses activités clandestines » du petit matin. Généralement premier arrivé à la rédaction, il file directement vers la salle des télex afin de découper les dépêches d'agence de la nuit et d'y faire son choix. Gaston est aussi attaché à l'art des petits riens. De retour à la solitude feutrée de son bureau, il redevient stagiaire, s'employant alors à réécrire ou modifier consciencieusement au stylo-plume certaines informations dignes à ses yeux de figurer dans les colonnes du journal.

« L'opération Jazy » ? Depuis quelque temps, il ne pense plus qu'à cela, Gaston Meyer. Parce qu'il a dirigé autrefois un club d'athlétisme (le Club Athlétique Français) et conseillé déjà de grands athlètes comme les frères Vernier ou Marcel Hansenne, ancien recordman du monde du 1 000 m. Son expérience, ses compétences en demi-fond font référence et la trajectoire de Michel Jazy l'intéresse au plus haut point. Il s'en est d'ailleurs confié à son « protégé », Marcel Hansenne, devenu l'une des belles plumes de *L'Équipe* : « Jazy a du caractère, de la volonté, du talent. Il est jeune. Je pense qu'il sera prêt pour les Jeux de Rome en 1960 et susceptible d'y réaliser de grandes choses. »

Lors des Championnats d'Europe 1958, à Stockholm, où Michel a un peu « coincé » dans la finale (10e), il y a eu débat entre les « ténors » de l'athlétisme de *L'Équipe*. Robert Parienté, le premier, a suggéré : « Si Michel Jazy peut entrer au plus vite dans une structure aménagée et bénéficier de conditions idéales pour se préparer, il va concrétiser les espoirs placés en lui. » L'idée a alors fait son chemin…

À *L'Équipe*, on a fêté tout au long de l'année 1958 une certaine renaissance du sport français. En Suède, les Bleus de Raymond Kopa et Just Fontaine ont tiré de jolis feux d'artifice. Ils ont été éliminés seulement en demi-finales de la Coupe du monde par le prestigieux Brésil d'un gamin de dix-sept ans nommé Pelé. En Afrique du Sud, le quinze de France, sous la conduite de Lucien Mias, s'est aussi couvert de gloire à la faveur d'une tournée triomphale qui a incité Denis Lalanne à écrire son best-seller : *le Grand Combat du quinze de France*. Depuis l'avènement en 1957 d'Alphonse Halimi, champion du monde, la boxe connaît aussi un net regain de popularité. Quant au cyclisme, il a trouvé en Jacques Anquetil, vainqueur du Tour de France

1957, le digne successeur de Louison Bobet tandis que Roger Rivière vient d'accaparer le record de l'heure sur piste.

L'athlétisme, si cher à Gaston Meyer, n'est pas en reste. Robert Bobin s'apprête à prendre les manettes de la direction technique nationale de la FFA (février 1959). Du côté des athlètes, autour de quelques anciens comme « le Vieux » Mimoun ou Victor Sillon, on parle aussi de Jocelyn Delecour, Claude Piquemal, Michel Bernard, Michel Macquet, Guy Husson. Et, parmi les étoiles naissantes, Jazy fait l'unanimité :

« Michel Jazy sera le porte-drapeau de la relance !, confirme Gaston Meyer lors d'un échange téléphonique avec René Frassinelli. Si vous êtes d'accord, nous allons l'aider. »

Comment ne serait-il pas d'accord ?... Pour Jazy, c'est une aubaine. L'annonce publique et très circonstanciée de l'opération sera effectuée dans les colonnes de *L'Équipe*. Il convient en effet de ne pas enfreindre les règles et de ménager certaines susceptibilités, en l'occurrence le milieu de l'athlétisme, les pouvoirs sportifs, le monde de la presse. Et de ne pas oublier que tout athlète olympique reste soumis au diktat d'un amateurisme encore pur et dur.

Aussi, même si le statut proposé à Michel Jazy semble comporter quelques privilèges, se décline-t-il sous la forme d'un vrai contrat de travail recouvrant une activité professionnelle quotidienne et parfaitement respectée.

Le 29 octobre 1958, Gaston Meyer annonce donc lui-même son projet à la une de *L'Équipe* dans un titre à rallonge assez fréquent à l'époque. Ce titre s'étale sur trois colonnes en haut de page, à côté du titre principal sur cinq colonnes réservé à trois des héros rémois de la campagne de Suède, Just Fontaine, Roger Piantoni et Jean Vincent. L'« opération Jazy » est ainsi dévoilée :

« *L'Équipe* suggère en vue des Jeux de 1960
PRISE EN CHARGE
PAR DES ENTREPRISES
d'un champion présumé de classe olympique.
Notre journal a décidé de se charger de la préparation professionnelle et technique du "typo" Michel Jazy. »

Cette présentation sobre, voire pudique, a de quoi intriguer. Elle ne place pas en effet Jazy sous un éclairage particulier. L'information le concernant est imprimée en tout petits caractères (« bas de casse » en termes d'imprimerie), avec la précision « typo » qui n'est pas innocente. Elle correspond concrètement à la qualification professionnelle de Michel, qui est d'ailleurs passé par une formation à l'École Estienne. Cette présentation générale est à l'évidence volontairement orientée. Le titre principal, ce n'est pas anodin non plus, prend la forme d'une incitation lancée à d'autres entreprises susceptibles de s'inspirer du modèle de *L'Équipe* pour apporter leur contribution active au sport olympique français.

Déduction logique au vu de cette annonce : Gaston Meyer, porte-parole de l'ensemble de la rédaction en chef et de la direction (Jacques Goddet), place *L'Équipe* en avant-garde. Il s'affirme lui-même en éclaireur, en précurseur, « en visionnaire » selon Jazy.

À *L'Équipe*, en effet, le sentiment est bien que le sport de haut niveau, au cours de la seconde moitié du vingtième siècle, ne pourra plus se passer d'une coopération de plus en plus étroite avec des partenaires économiques, de grandes sociétés impliquées dans la dynamique de réussite. Celles-ci devront prodiguer un soutien nécessaire, bénéficiant en retour d'une image flatteuse favorisant leur stratégie en communication. Le sponsoring va naître bientôt, qui obligera à une révision déchirante par rapport à un amateurisme qui se démode. Dans les pays de l'Est, sous couvert d'amateurisme les orientations deviennent de plus en plus éclatantes. Les États totalitaires, sous l'influence du grand frère soviétique, souhaitent transformer leurs champions en modèles de société mais aussi en authentiques patriotes et propagandistes idéologiques. Devenus « athlètes d'État », ils sont totalement pris en charge afin de s'entraîner à plein temps, tout en bénéficiant de privilèges multiples, le tout sous couvert de postes honorifiques dans l'administration, l'éducation, la police, l'armée, les fédérations, qui sont autant d'emplois fictifs. Les pays occidentaux commencent à prendre conscience de ce déséquilibre. De plus en plus irrités, ils vont réagir et s'organiser.

À *L'Équipe*, ce bouleversement sur l'échiquier mondial du sport a déjà fait l'objet de quelques analyses. D'ailleurs Gaston Meyer, tout en développant largement dans son article du 29 octobre 1958 sa propre vision, déplore : « Le sport français n'a cessé de décliner depuis la reprise olympique de 1948, tout en se retrouvant isolé entre deux blocs. » Il expose sa théorie réaliste d'un changement indispensable et suggère déjà, en vue des JO de Rome, le recensement d'une centaine de talents dignes d'être aidés sans tarder dans la perspective du rendez-vous italien. Au bout de sa très longue démonstration, il en arrive enfin à l'information majeure : la mise en place d'un « plan Jazy » :

« Nous avons donc décidé, dans le cadre même de notre profession, de nous intéresser à un véritable espoir olympique 1956.

« Nous avons choisi Michel Jazy parce qu'il est typographe. Le recordman de France pédestre du 1 500 mètres fera partie de notre personnel ouvrier.

« Nous lui donnerons non seulement la facilité de se perfectionner dans son travail, qui demeure l'objectif social essentiel, mais encore les possibilités techniques les plus complètes afin que s'épanouissent des qualités physiques qui l'ont conduit à 3'42"5 au 1 500 m quasi naturellement.

« Nous agissons évidemment en plein accord avec le CA Montreuil, club de Michel Jazy, et avec René Frassinelli, son entraîneur, lequel l'a suivi pas à pas depuis ses débuts comme cadet, il y a six ans, et qui reste la cheville ouvrière de l'organisation mise sur pied. »

Michel Jazy a été informé du projet avant d'être reçu à *L'Équipe*. Il est parfaitement conscient qu'une chance exceptionnelle s'offre à lui. Un cadre est donc fixé. Gaston Meyer en est le leader et le planificateur ; Marcel Hansenne sera l'accompagnateur complice, le conseiller spirituel ; le docteur Andrivet s'occupera du suivi médical ; Maurice Rousseaux veillera à la préparation physique ; Adrien Josié sera le masseur attitré. Des stages sont prévus. Les horaires seront parfois aménagés à l'atelier de composition de *L'Équipe*, où Michel va être affecté plus spécifiquement au premier magazine sportif couleur du groupe : *Sport et Vie*.

« Attention, précise Michel, il s'agit bien d'un travail réel : cinq heures par jour et six jours sur sept. Tout est ordonné par le chef du personnel et aussi supervisé par le Syndicat du Livre, qui ne laisse rien au hasard. Pour accompagner mon embauche, j'ai dû me mettre en règle d'ailleurs avec cet organisme corporatif… donc prendre la carte de la CGT. »

L'objectif fixé par Gaston Meyer a été validé par Jacques Goddet et justifié par une sorte de contrat d'objectif « moral » : « Michel doit se situer parmi les six premiers du 1 500 m des JO de Rome en 1960. Deux ans plus tard, en 1962, il doit être champion d'Europe à Belgrade. »

« Mais en sortant du bureau de Gaston Meyer, confie Michel, une question me hante. Quelle va être la place de René Frassinelli dans ce système ? Pendant six ans je m'en suis remis complètement à lui. C'est un homme intègre et généreux. Je l'estime et le respecte au plus haut point. Je lui dois tout. René m'a rassuré tout de suite. Il reste présent à mes côtés. Ce plan lui convient. Il croit en ses chances de succès.

« Alors ma vie change. Les journées passent vite. L'ambiance est agréable à l'atelier de composition de L'Équipe, où Roger Roux m'a accueilli. J'adore mon travail, notamment avec un type vraiment sympa : Poiriaux. Tout le monde s'active avec une conscience incroyable. Souvent les blagues fusent, et ça picole un peu ! Pas moi en tout cas ! Le midi, je déjeune dans un petit restaurant où se retrouvent les gens du journal, rue Bergère. Ma vie familiale est harmonieuse. Mes entraînements se déclinent sur le rythme suivant : trois fois par semaine, entraînement en groupe au bois de Vincennes ; trois à quatre fois par semaine, entraînement à Marly-le-Roi avec Marcel Hansenne. Je cours en moyenne trente à trente-cinq kilomètres par jour. C'est ce que pratique déjà à l'époque Herbert Elliott, le nouveau recordman du monde du 1 500 m et du mile. Ron Clarke va aller plus loin, comme Emil Zatopek qui bouclait jusqu'à quarante-cinq kilomètres chaque jour…

« Je sais que mon expérience intrigue le ministère des Sports. Parfois je redoute de ne pas être à la hauteur des événements. Les critiques fusent de part et d'autre. *L'Humanité* ne regarde pas cette opération d'un très bon œil : “Pourquoi Jazy et pas Bernard ?”, demande Yann Le Floch. Certains journaux craignent que j'accorde l'exclusivité de mes déclarations à l'organe de presse qui m'a accueilli. On me surnomme bientôt « le fils de Gaston ». Dans l'entourage de Michel Bernard aussi, ça rouspète pas mal. On me traite d'"athlète protégé !". Je ne m'en formalise pas ! »

Michel Bernard, lui, va utiliser le terme « dorloté ». Mais, dans un sens, cela ne peut que l'inciter à mettre un peu plus d'ardeur à son entraînement. Puis il va faire croire à l'approche des Championnats de France, programmés le 26 juillet 1959, que seul le 5 000 m l'intéresse, alors qu'il se prépare secrètement aussi pour le 1 500 m. Il entend simplement « mettre en échec une entreprise collective », comme il l'avouera plus tard, donc battre Jazy devant un public de Colombes en ébullition. Il va jouer sa carte de coureur solitaire sans aucune aide et qu'on prétend faire passer « pour l'empêcheur de courir en rond ».

À Colombes, cela donnera effectivement, au milieu d'une belle effervescence dans les tribunes : 1. Michel Bernard, 3'44"6 ; 2. Michel Jazy, 3'45"2. Un résultat qui déclenche une volée de titres à sensation dans la presse du lendemain, quelques doutes aussi dans le « clan Jazy » car la « machine à succès » peut connaître quelques ratés ! D'autant que Michel a vu sa préparation très retardée au printemps. Il a même été stoppé au mois de juin par une douleur à une cheville que les médecins ne sont pas parvenus à identifier (tendinite ?) et qui a disparu comme par enchantement.

Mais globalement, tout se déroule dans le calme et la sérénité. Gaston Meyer a fixé une ligne pragmatique : « Pas de résultats fracassants à attendre dès la première année de fonctionnement de notre structure. L'année test sera l'année olympique, 1960 ! »

Les résultats internationaux ne sont peut-être pas spectaculaires, en termes de grandes victoires, mais Michel progresse et fait tomber des records de France que Michel

Bernard s'efforce d'améliorer (voir chapitre 5 : Les « chinoiseries » de Bernard).

En attendant, Michel Jazy s'est rendu dès le mois de décembre 1958 à Fribourg, en Allemagne, afin de passer quelques tests et découvrir les secrets d'un attelage mondialement connu, celui de l'entraîneur Waldemar Gerschler et du professeur Reindell.

Ils sont les « maîtres du fractionné », de « l'interval-training », une méthode d'entraînement exclusivement pratiquée sur la cendrée, à base de répétitions de séries intensives et chronométrées sur des distances courtes. Ce type d'entraînement a fait ses preuves avec Rudolf Harbig, prodigieux recordman du monde sur 400 m et 800 m juste avant la guerre, et avec Josy Barthel, champion olympique du 1 500 m en 1952.

Mais Jazy et son entourage sont un peu sceptiques, et l'expérience tourne court. Michel trouve cet entraînement « contre nature ». En plus, il n'a guère apprécié le commentaire restrictif du professeur Reindell. S'appuyant sur des tests scientifiques, il a lâché un « *Nicht gut !* ». Il estime que le cœur de Michel est celui d'un athlète insuffisamment préparé.

À Fribourg, Jazy a rapidement prévenu Marcel Hansenne : « Certains aspects de cette méthode sont sans doute valables, mais je ne veux pas devenir une sorte de robot mécanique programmé sur cartes perforées ! »

Autre expérience, autre décor, autre perception l'été venu, à Volodalen au nord de la Suède, chez Goesta Olander.

« À Volodalen, raconte Jazy, on s'est retrouvés presque à l'autre bout du monde, sur une autre planète, dans un site paradisiaque où on capte le souffle magique de la nature. Tout est lumière, enchantement, un vrai retour aux sources.

C'est là, au cœur d'une forêt de sapins, de bouleaux, non loin du cercle polaire, que Goesta Olander, sorte de patriarche de la course à pied, a fait construire un chalet et quelques dépendances. Il y vit avec sa femme. Il a créé dans ce site touristique un centre d'entraînement afin d'y accueillir les athlètes, mais aussi d'autres sportifs comme les grands spécialistes suédois du ski nordique ou le champion du monde de boxe poids lourds Ingemar Johansson. Volodalen est surtout le royaume des coureurs car, dans ce cadre majestueux où l'air est d'une pureté incroyable, Goesta Olander, avec sa " méthode naturelle" a façonné déjà quelques as du demi-fond suédois, notamment Gunder Haegg dans les années 1940. Il est vrai que toutes les conditions sont réunies pour se sentir heureux ici : altitude de cinq cents mètres, lacs, forêts, terrains variés et sols de tous types, c'est-à-dire selon les endroits souples, durs, avec de la mousse, du sable fin ou mouillé, des aiguilles de pins, des dunes. À Volodalen, j'ai vraiment rencontré pour la première fois une plénitude extraordinaire, le bonheur de courir sur des parcours aménagés, la sensation de faire corps avec la nature. Olander partait d'ailleurs de ce principe que tout être humain, s'il veut s'épanouir sur Terre, doit marcher et courir en pleine nature exactement comme les animaux en liberté. »

Michel Clare, ancien athlète, autre grande plume de L'Équipe, a écrit de son côté après avoir découvert lui-même Volodalen : « On y retrouve le mythe grec du géant Antée qui avait besoin du contact de sa mère, la Terre, pour recouvrer toutes ses forces. »

Là, Michel effectue un séjour quasi idyllique : « Nous sommes partis avec Robert Bogey, Michel Bernard, Pierre-Yvon Lenoir, Abdou Seye, l'entraîneur du Stade Français

Marcel Schmitt… Irène a pu m'accompagner. Notre séjour a été pris en charge par les Suédois qui nous ont demandé, en échange, de participer aux meetings de Göteborg puis de Gävle. Michel Bernard en a profité pour me reprendre d'abord le record du 1 500 m en 3'42"2, puis celui du 1 000 m en 2'20"1 (avec Lenoir). C'est dire si Bernard est remonté en cette année 1959 où, avec "mon profil de médaille", je semble bénéficier de toutes les faveurs.

« Cela dit, même si Michel Bernard se montre alors en pleine forme, le jour où il bat le record du 1 500 m à Göteborg j'améliore moi-même, en premier, le record historique de Marcel Hansenne au 1 000 m (ancien record mondial en 2'21"4) avec 2'20"6. Un mois après, je mettrai aussi un point d'honneur à reprendre le record du 1 500 m avec 3'42"1 lors d'un autre meeting à Göteborg, où je prendrai la troisième place derrière Dan Waern et Stefan Lewandowski. Le lendemain, j'ajouterai le record du 800 m en 1'48", sur la même ligne que Pierre-Yvon Lenoir. C'est dire si le grand air de la Suède est vivifiant ! »

À Volodalen, Jazy, Bernard, Bogey, Lenoir ont retrouvé, dans un climat de grande fraternité, des forces nouvelles grâce à cette « méthode naturelle » de Goesta Olander. L'influence de cet entraîneur ermite est déjà mondialement connue. Gaston Meyer et Marcel Hansenne, depuis leur tournée suédoise de 1945, ont entretenu régulièrement avec lui des relations plus que courtoises. Une grande amitié les lie. Percy Cerutty, l'entraîneur d'Herbert Elliott, qui pratique déjà les montées de dunes à Portsea en vue du renforcement musculaire des jambes, est venu lui aussi consulter le « stratège génial de Volodalen ». L'Australien détient maintenant les records du monde du mile en 3'54"5, depuis le 6 août 1958 à Dublin, et du 1 500 m en 3'36", depuis le

28 août 1958 à Göteborg ! « Je n'ai jamais ressenti ailleurs une telle impression d'équilibre mental et de force en moi, confirme Jazy. Nous avons des parcours chronométrés sur des sentiers forestiers comme celui sur huit cents mètres, à proximité d'un centre équestre, où il faut au bout de quatre cents mètres contourner un tronc d'arbre en le ceinturant avec le bras. Michel Bernard y a dépassé le meilleur temps de Marcel Hansenne. Il y a aussi cette étonnante séance sur un étang asséché, recouvert d'une mousse profonde, où on s'enfonce pieds nus jusqu'à mi-tibia pratiquement. Goesta Olander nous y emmène pour une sorte de musculation naturelle qui améliore la souplesse et l'élasticité de la foulée, notamment après des séances de vitesse.

« Il lui arrive aussi de nous proposer une randonnée d'oxygénation de deux heures sur le plateau d'Ottjalett, à mille trois cents mètres d'altitude, au terme de laquelle seul le "Savoyard" Robert Bogey parvient à suivre le rythme de marche plutôt active imprimé par le septuagénaire suédois.

« Avec Olander, tout se passe dans la bonne humeur. Il inspire la sympathie. Il est jovial, généreux. Les repas sont pris en commun et le soir il ne dédaigne pas, en guise de "pousse-café", un petit verre de cognac. C'est nous qui avons apporté le cognac à la demande de Gaston Meyer. En définitive, l'expérience est tellement enthousiasmante qu'avec Marcel Hansenne il est prévu de revenir là-bas l'année suivante, avant les JO de Rome. Puis nous allons tenter de reconstituer un "petit Volodalen" dans la forêt de Marly, où on s'entraîne déjà depuis le début de l'année. Michel Bernard envisage une formule similaire dans sa forêt de Raismes. »

Dès le retour en France, à Marly, Marcel Hansenne, avec le concours de René Frassinelli, s'efforce de faire travailler

Michel Jazy dans « la ligne Olander » et sur certains points clés. Il a remarqué que Michel manque un peu de puissance dans ses démarrages en compétition. « Il faut donc répéter les séances de course en côte, multiplier les changements de rythme, les accélérations, former ainsi une musculature plus réactive, se souvient Michel. Parfois, un grand ami de Marcel Hansenne, le célèbre vulcanologue Haroun Tazieff, vient se joindre à nous. Sur leur parcours favori de Marly, nous avons ainsi baptisé le "cratère Tazieff" une cavité naturelle. »

Pour Jazy, le « compagnonnage » avec Marcel Hansenne se révèle clairement source d'équilibre. Marcel est un homme jovial, drôle, un séducteur qui joue aussi souvent la carte de la dérision. Michel ne se gêne pas pour entrer lui aussi gaiement dans ce petit jeu de la réplique moqueuse. En fait, tous deux partagent la même gourmandise de la vie, des bons plats et des bons mots. Bref, une complicité enjouée les réunit. Marly est ainsi devenu pour eux une sorte de jardin secret où ils cultivent les recettes du bonheur. C'est là aussi que le grand dessein olympique de Rome va prendre forme, dans cette ambiance souriante que Marcel apprécie au plus haut point : « Une des périodes les plus exaltantes de mon existence sportive », avouera-t-il dans son ouvrage *Du sport plein la tête*.

C'est donc sans surprise que, un jour de grand beau temps à Marly et pratiquement parvenu au terme d'une séance ardente et euphorisante, Marcel, essoufflé, s'arrête tout net, comme frappé d'une magnifique certitude : « Tu sais Michel, tu as les 3'38" dans les jambes, j'en suis sûr maintenant ! Si avec ça tu n'es pas sur le podium des Jeux de Rome, alors c'est que je ne connais plus rien au demi-fond ! »

Une vérité simple et belle à partager, au nom d'une amitié fidèle, sous un ciel particulièrement bleu et radieux, comme celui qui éclaire souvent Rome…

# Rome, sa déesse, son géant, sa médaille

L'été triomphe sur Rome en cette fin août 1960 et rien ne saurait le troubler. Tandis que l'avion de la délégation olympique française glisse doucement dans les airs et effectue sa longue descente vers l'aéroport de Fiumicino, Michel Jazy jette instinctivement par le hublot un regard panoramique sur la Ville éternelle. Impossible de repérer un seul des monuments historiques de la cité romaine noyée dans une chape de brume. Selon les prévisions météo, la chaleur risque d'être encore plus accablante dans les jours à venir.

Michel ressent une bouffée de bonheur à l'idée de disputer les Jeux Olympiques une deuxième fois, après Melbourne, et de découvrir enfin la fameuse ville aux sept collines qui baigne depuis toujours dans sa lumière d'éternité. Ironie du sort : Rome qui, il y a des siècles, a conquis Athènes et fait interdire les Jeux Olympiques grecs – jugés trop païens – s'apprête aujourd'hui à célébrer chez elle l'olympisme dans une incroyable ferveur populaire.

Place au « plus beau spectacle sportif du monde » sous l'œil des caméras de télévision. Grâce à l'Eurovision, les JO vont être retransmis pour la première fois en direct sur le Vieux Continent.

Dans l'avion, l'ambiance a été joyeuse. Les athlètes tricolores ont surtout échangé leurs impressions, leurs espoirs, leur joie d'aller aux Jeux, effleurant à peine les sujets brûlants d'une actualité assez agitée en ce milieu d'été 1960. Le général de Gaulle prépare le référendum sur l'Algérie, Cuba est tombée dans le camp soviétique, Nikita Khrouchtchev, au Kremlin, cogite son opération coup de poing, John Fitzgerald Kennedy rêve sereinement d'accéder à la Maison Blanche et l'Afrique se décolonise…

Michel Jazy ne reste pas indifférent à ces événements mais, dans l'immédiat et cela va de soi, deux dates cruciales le préoccupent en priorité : samedi 3 septembre, séries du 1 500 m ; mardi 6 septembre, finale du 1 500 m. Tout s'ordonne déjà autour de ces deux rendez-vous.

En attendant, au moment où l'avion d'Air France touche le sol italien, Michel sait déjà qu'il va partager sa chambre avec le nouveau champion de France du 3 000 m steeple, Guy Texereau, un pince-sans-rire à l'humeur joyeuse. Il s'en réjouit. En revanche, l'arrivée au village olympique est agitée. Beaucoup de délégations se sont présentées en même temps que les « olympiques français ». L'attente en pleine chaleur est pénible. Il faut accomplir les formalités d'accréditation, puis recevoir les « passes » des logements.

Le village olympique apparaît au premier abord très convivial. Bordé par les pavillons des quatre-vingt-quatre nations participantes, il a été aménagé dans la partie nord de Rome, à proximité immédiate du Tibre. Les résidences qui vont héberger les athlètes de toutes les délégations reposent sur pilotis ! Le site s'annonce plutôt agréable pour les « olympiens » avec ses espaces verts, ses vastes allées qui serpentent harmonieusement entre les immeubles. Heureuse surprise : un semblant de fraîcheur apparaît à l'heure du soleil couchant, qui embrase d'une lumière dorée basiliques et dômes de la capitale apostolique.

Un vent léger renforce cette sensation, hélas !, fugitive : « Cette première nuit au village va être le reflet fidèle des suivantes, confirme Jazy. La chaleur s'installe. Alors on dort quasi nus sur nos lits. Les fenêtres sont largement ouvertes. Puis la vie nocturne au village s'avère assez bruyante. Impossible de trouver le sommeil. À l'évidence, certains ne sont pas stressés à l'approche des compétitions. Les juke-box fonctionnent, il y a un dancing. Ça chante et danse gaiement ! Place à la fête olympique chez ceux qui sont là surtout pour participer ! Les mêmes, j'imagine, ont dû se précipiter pour recevoir la bénédiction papale de Jean XXIII sur l'esplanade de la place Saint-Pierre, la veille de l'ouverture des JO. Moi, je suis resté… dans ma bulle, si je peux dire ! En fait, on ne m'a informé de rien. Je le regrette. Comme quatre-vingt-dix-neuf pour cent de Polonais d'origine, compte tenu de mon éducation catholique j'aurais bien aimé découvrir le Vatican dès mon arrivée. Je suis tout aussi impatient de voir le Colisée, où se déroulaient dans l'Antiquité les combats de gladiateurs dont j'avais vu au cinéma des reconstitutions spectaculaires… »

Mais, pour Michel, le plus beau palais de lumière qui va l'accueillir à Rome n'a pas été bâti par un empereur ni décoré par Raphaël ou Michel-Ange : c'est le Stadio Olimpico. Il se dresse à ciel ouvert dans le domaine verdoyant du Foro Italico, au milieu des pins géants. Il contient cent mille places et si, à la veille des épreuves, on ne sursaute pas encore aux coups de feu des starters, il est possible du haut des gradins d'entendre tinter au loin les cloches qui se balancent aux campaniles des églises. La religion est présente partout à Rome et c'est bien « l'homme en blanc » du Vatican, Jean XXIII, qui tel un bon sacristain a ouvert symboliquement, au son des trompettes, les portes de l'Olympe. Il a ensuite passé les clés du royaume à un autre pape, l'austère Avery Brundage, président du CIO, un personnage pas spécialement angélique !

Place donc à la cérémonie d'ouverture, au défilé des athlètes, au serment, à l'allumage de la flamme, à l'envol majestueux des colombes déployées en éventail vers l'azur. Bien des prouesses sont à prévoir qui vont émerveiller le monde. Surtout en athlétisme, avec – en dehors du 1 500 m dont il va être question – une succession d'exploits historiques pour Harmin Hary au 100 m, Livio Berruti au 200 m, Otis Davis au 400 m, Peter Snell au 800 m, Al Oerter au disque, Abebe Bikila au marathon, Rafer Johnson au décathlon et avec, chez les femmes, le triplé 100 m-200 m-4 x 100 m de Wilma Rudolph.

La délicieuse athlète noire a été comparée d'entrée par le romancier chroniqueur Antoine Blondin à une « Gigi tropicale, la seule à savoir s'entourer du fil de l'histoire », c'est-à-dire du fil de soie qui barre la ligne de ses arrivées triomphales.

« Ah ! Wilma, s'exclame Michel, quelle beauté ! Une beauté divine, une vraie déesse, une reine, “la gazelle noire”… Je ne la vois jamais, dans la journée, traverser en survêtement le village olympique mais, depuis l'arrivée de la délégation américaine, ceux qui l'ont déjà aperçue au stade d'entraînement en parlent avec admiration. Je vais bientôt le constater par moi-même : elle a un charme fou, la cambrure de reins d'un mannequin, de longues et belles jambes, une élégance rare, un visage doux, rieur, un regard de velours, des cheveux courts… Elle offre l'image sublime de la séduction féminine. Cette révélation, je l'ai eue en fait… au dancing du village olympique où on m'avait dit qu'elle venait fréquemment le soir. Je l'ai entrevue en effet plusieurs fois s'abandonnant langoureusement dans les bras d'un superbe athlète noir américain lors de tendres slows, la tête dans le creux de son épaule. Le plus drôle, c'est que les premières fois où je les ai aperçus ensemble, je ne savais pas de qui il s'agissait. J'avais simplement remarqué ce couple magnifique, assorti, captant automatiquement le regard. Ils semblaient vraiment très intimes. Ensuite, seulement, je vais apprendre qu'il s'agit de la belle Wilma, bientôt reine du sprint, et de… Cassius Clay, qui sera couronné quelques jours plus tard champion olympique de boxe en mi-lourds. Oui, c'est bien lui, Cassius Clay, futur Muhammad Ali, reconverti plus tard à l'islam après avoir refusé de partir au Viêt Nam faire son service militaire. “Ali” va devenir l'immense star que l'on sait, régnant pendant près de quinze ans sur les rings du monde entier !

« Quand je l'ai revu, trente-six ans plus tard, méconnaissable, tout tremblant au moment de tendre si difficilement le bras et la torche olympique pour allumer la vasque des JO d'Atlanta, en 1996, cela m'a fait un choc terrible. Il était dramatiquement affaibli par sa maladie de Parkinson. J'ai été saisi d'émotion au souvenir de l'homme incroyablement beau et rayonnant que j'avais connu à Rome en 1960, dans la splendeur et la plénitude de sa jeunesse. Il n'avait alors que dix-huit ans. »

Durant ses deux premières journées au village olympique, Michel va méthodiquement organiser ses entraînements avec René Frassinelli, en tenant compte de la chaleur. Ils ont déniché, avec Bogey et Bernard, un endroit calme pour les footings quotidiens. Depuis son titre de champion de France conquis dans la facilité à Colombes en 3'42"2 (un 1 500 m disputé sans Bernard qui a choisi le 5 000 m) et sa belle victoire sur le Hongrois –devenu apatride– Laszlo Tabori à Fontainebleau, Michel a senti monter en lui une certaine confiance et l'a annoncé : « Je suis dans la meilleure forme de ma vie. »

Il ne peut contenir cependant cette anxiété qui l'étreint régulièrement à l'approche des grands rendez-vous : « Cette peur irrépressible ne peut s'effacer qu'au départ de mes courses et seulement après le coup de pistolet, avoue-t-il. Elle est normale chez un athlète ambitieux qui nourrit des rêves justifiés par un investissement énorme à l'entraînement et des sacrifices. Marcel Hansenne m'a parlé un jour d'un Suédois qui, avant une série aux Jeux de Londres en 1948, est allé s'enfermer dans les toilettes… pour n'en ressortir qu'après l'arrivée de la course ! Cela m'a impressionné. Dans un sens, c'est exactement ce qu'on peut éprouver quand la peur vous saisit : une envie de vous échappe !

« Je sais donc à l'avance que le jour de la finale, si je me qualifie, il ne faudra plus tenter de m'approcher, encore moins me parler. J'aurai une boule dans l'estomac. Je ne mangerai pratiquement plus, sinon sous la forme d'une collation rapide, du café au lait, des tartines beurrées. Sur 1 500 m, j'ai recensé au moins douze athlètes ayant les mêmes rêves que moi. La plupart abordent les Jeux avec des records personnels meilleurs que le mien. Parmi eux, il y a Michel Bernard qui m'a pris le record de France en 3'42" (pour un dixième) lors du France-Belgique du 19 juin à Anvers, en terminant dans la foulée de Roger Moens. Bernard ? Je le considère comme un concurrent dangereux. Il va le prouver… Puis j'ai appris qu'il y aurait trois séries au 1 500 m et neuf qualifiés seulement pour la finale. C'est simple : dans ma série je dois terminer dans les trois premiers ! »

Alors, quand les journalistes viennent au village le sonder amicalement sur ses ambitions réelles, Michel tient le même discours : « Ici, personne ne pense à moi, personne ne me craint. Voilà la réalité ! Dans le meilleur des cas, si je vais en finale je serai peut-être dans les six premiers. De toute façon, j'arriverai derrière l'Australien Herbert Elliott et le Suédois Dan Waern. Mais le Hongrois Istvan Roszavolgyi, champion d'Europe en titre, et l'Allemand de l'Est Siegfried Valentin, qui vient de battre le record du monde du 1 000 m, s'annoncent aussi redoutables. Concernant Elliott, aucune équivoque possible : lui, c'est un géant, il est intouchable ! »

Le fameux « syndrome Elliott » est donc déjà bien présent à l'esprit de Michel. Un complexe « paralysant », regrettera plus tard Marcel Hansenne, persuadé que Michel, en sautant psychologiquement du 1 500 m au 5 000 m en vue de Tokyo 1964, a plus ou moins escamoté la concrétisation de son potentiel sur la reine des distances, le 1 500 m.

Avant Rome, Michel a réuni toutes les informations sur l'Australien qui, dès l'âge de vingt ans, au cours de l'été 1958, a fait « claquer » deux saisissants records du monde : 3'54"5 au mile et 3'36" au 1 500 m. Elliott est un super athlète que Gaston Meyer a présenté dans *L'Équipe* comme un phénomène de l'envergure de Rudolf Harbig. « Il possède quinze ans d'avance sur son époque », a-t-il affirmé.

Antoine Blondin, dans son style imagé, a déjà offert quant à lui un surnom à Elliott : « L'avaleur de sable ». Une image choc, mythique, a en effet parcouru le monde grâce aux journaux. On y voit un vieil homme aux cheveux argentés, mince et alerte, gravissant vigoureusement une dune de sable, torse nu, genoux haut levés. Ce sorcier « messianique », que l'on va appeler bientôt le « sorcier de Portsea » (lieu où il vit avec son épouse dans une maisonnette en bord de mer), entraîne dans sa foulée un jeune homme également torse nu, tout aussi déterminé sous le soleil ardent et en plein vent. Le tandem que forment le coach australien Percy Cerutty – un ancien postier ! – et son jeune prodige, lancés à pleine vitesse dans de folles escalades des dunes sur le littoral australien du Pacifique, a déjà défrayé la chronique. Leur exercice favori intrigue les experts du demi-fond. Il est considéré comme l'une des clés majeures de leur réussite.

Elliott, s'il aime également s'entraîner plus souplement sur la pelouse d'un golf, doit se plier à une discipline de fer. Ainsi l'hiver, malgré le froid, prend-il fréquemment des bains dans l'eau glacée avant ses footings quotidiens. L'été venu, afin de mieux apprivoiser la douleur, Cerutty l'incite parfois à se coucher sur les galets brûlants de la plage ! Comme Goesta Olander à Volodalen, il estime que c'est au contact de la nature et presque ramené à un état semi-sauvage que l'athlète va éprouver non seulement du bien-être mais aussi s'aguerrir, dominer ses pulsions comme ses peurs.

Elliott est déjà considéré en 1960 comme un phénomène unique, même s'il s'est montré discret pendant un an en 1959, année durant laquelle il est parti poursuivre ses études en Angleterre, à Cambridge. Il a pris momentanément quelques distances avec la vie ascétique imposée par Cerutty. En Angleterre, on l'a présenté comme « le nouveau Bannister ». Mais, nuance par rapport au briseur historique du mur des 4 minutes au mile en 1954, Elliott va semble-t-il anesthésier l'ensemble de ses rivaux tant il survole de haut son sujet. Herbert Elliott, en tout cas, a débarqué à Rome avec son étiquette « d'homme invincible ». Depuis ses débuts en course à pied, aucun de ses adversaires en Australie et dans le reste du monde n'est parvenu à le devancer sur 1 500 m ou sur le mile. Fils d'un épicier de Perth, il a raconté que son désir de devenir un jour champion était né lors des JO de Melbourne, en 1956. Il a été subjugué par le formidable et pathétique 10 000 m olympique, véritable course d'anthologie opposant le Soviétique Vladimir Kuts à l'Anglais Gordon Pirie. Deux ans plus tôt, Herbert a également été ébloui par le record du monde du mile de son compatriote John Landy, premier à effacer des tablettes Roger Bannister, « icône » de la discipline. John Landy a été entraîné par Percy Cerutty. Et ce dernier, intéressé par le profil d'Herbert Elliott, lui a proposé de le rejoindre à Portsea. L'année suivante, en 1957, il est devenu déjà champion d'Australie sur 800 m et 1 500 m. En 1958, ce fut l'explosio : records du monde au 1 500 m et au mile !

À la veille des éliminatoires du 1 500 m, Elliott, comme Jazy, ne veut plus voir personne. Michel a fait venir à Rome sa femme Irène, invitée par le Club Méditerranée dont le village-vacances a été installé à une trentaine de kilomètres de la capitale. Elliott aussi a souhaité que sa femme soit à ses côtés à Rome. Il la retrouve chaque jour pour éliminer son stress. Car ce « tueur implacable » est aussi un tourmenté, un introverti, un superstitieux.

Elliott et Jazy ne se sont jamais croisés au village olympique ou sur le stade d'entraînement. Michel l'avoue humblement : « L'Australien ne me connaît pas. Il m'ignore royalement. Son coach, rencontré en 1958 à Stockholm, lors des Championnats d'Europe, m'avait dit alors : "Vous n'êtes plus un enfant maintenant. Faites preuve de personnalité !" Mais, à Rome, il ne m'a pas reconnu ! Puis je n'ai encore jamais vu courir Elliott. Je sais simplement qu'il gagnera de toute façon le 1 500 m des Jeux. »

Le samedi 3 septembre, Michel va être fixé. Il se trouve dans le tunnel qui fait office de chambre d'appel quand se déroule la première série du 1 500 m.

« J'essaie de me concentrer sur mon épreuve, qui approche, mais je ne peux m'empêcher de regarder la fin de course d'Elliott. Un cavalier seul. J'ai franchement l'impression qu'il fait calmement son footing. Aucun effort apparent. Pourtant, le temps final est de 3'41"4. Dans ma tête, je fais vite la différence avec mon record personnel : 3'42"1. Il a terminé au train, les autres étaient au sprint ! Roszavolgyi est deuxième en 3'42" et l'Américain Burleson troisième en 3'42"2. Ils vont en finale. "

Une énorme surprise survient dans la deuxième série avec l'élimination de l'Allemand Valentin !

« Il a complètement explosé sous l'effet du forcing de Michel Bernard, qui a couru d'une manière sidérante au lendemain de sa septième place en finale du 5 000 m », explique Jazy. Michel a mené de bout en bout, trouvant même les ressources suffisantes pour accélérer dans la ligne droite et contrer le retour de ses poursuivants. Il est premier en 3'42"2. L'Américain Grelle est deuxième en 3'43"9 et le Norvégien Hamarsland troisième en 3'44"4.

Au tour de Jazy maintenant : « J'ai juste eu le temps de voir passer Elliott devant moi et de constater qu'il a les jambes assez velues comme mon copain Gilbert Iundt, ce qui me fait sourire intérieurement. Mais je pense surtout à l'échec de Valentin, preuve que la défaillance guette aussi les meilleurs. Puis je me dis que Michel Bernard a fait très fort pour se qualifier et qu'il est déjà, lui, en finale. J'ai lancé la course. Puis Lewandowski a pris la tête. Dan Waern, réputé bon finisseur, a voulu attaquer à la cloche et je me suis installé immédiatement dans son sillage. Voyant ma qualification assurée, j'ai relâché volontairement à vingt mètres du fil. Le Suédois l'emporte en 3'43"9. Je réalise 3'44"9 et le Roumain Vamos, que j'ai toujours battu, est troisième, dans le même temps. Mission accomplie ! »

Neuf ! Ils sont neuf concurrents dans la finale du 1 500 m, le mardi 6 septembre 1960. Le départ est fixé à 15 h 40. Le public du Stadio Olimpico est déjà chauffé à blanc après l'éclatant 400 m qui vient de se dérouler. En fait, le plus beau 400 m de l'histoire. L'Américain Otis Davis et l'Allemand Carl Kaufmann ont franchi ensemble la limite des 45", au terme d'un final à couper le souffle : 44"9 pour ces deux athlètes, la victoire à Davis ! Mais, le must du jour reste à venir avec la finale du 1 500 m.

À Gérard Edelstein, grand reporter à L'Équipe, Michel a confié la veille en aparté : « Tu sais, Gérard, j'aurais pu gagner ma série avec plusieurs mètres d'avance sur Dan Waern si j'avais voulu sprinter. Je n'ai rien dit à personne. En finale, il faudra courir en 55" dans le dernier tour pour me battre. Je suis prêt. »

Il est prêt et il a une pensée spéciale vers Michel Bernard : « Du coin de l'œil, je l'observe avant de rejoindre la ligne du départ de la finale. Il a le regard fiévreux. Il piaffe d'impatience. C'est clair : il va tenter le même coup qu'en série, partir en bolide. En fait, c'est pour lui la meilleure tactique possible s'il veut décrocher une belle place. Mais peut-il imaginer un seul instant qu'Elliott pourrait craquer comme Valentin ? Ça, vraiment, ce serait énorme ! Pourtant j'en suis sûr : Bernard va tenter le gros coup, façon quitte ou double. Je me retrouve derrière lui quand l'officiel nous guide solennellement vers la ligne afin de se mettre aux ordres du starter. Les clameurs du public romain déferlent sur nous. Sur le moment, je n'en mène pas large. Je suis dans un état second, à la limite de la panique. Je pense à Irène qui doit me suivre avec ses jumelles depuis les gradins. Voici l'heure H ! »

Le coup de feu claque. Les neuf finalistes sont lâchés et, comme prévu, Michel Bernard, prompt comme l'éclair, bondit en tête dans son style très caractéristique. Il entraîne d'une foulée autoritaire Dan Waern, Vamos, Elliott, Roszavolgyi et Jazy. Le défi est bien lancé par le « Ch'ti ». Quand il mène, il se transcende. Mais, en un sens, cette tactique convient aussi parfaitement à Jazy qui a rêvé d'un 1 500 m couru sur des bases élevées. Les positions vont rester inchangées jusqu'aux huit cents mètres, atteints en 1'57"8. Le moment est venu pour Elliott de se porter calmement mais fermement à la hauteur de Bernard pour le « tester ». Il est vite affranchi ! Bernard relance furieusement l'allure. Il sprinte même ! La foule ne peut contenir un « oh ! » d'étonnement. « L'acte de résistance » insensé du Nordiste va se prolonger sur près de cent cinquante mètres. Il refuse obstinément de céder le commandement à l'Australien ! Manifestement surpris, celui-ci maintient tout de même son pressing, sans s'énerver. Derrière eux, certains sont déjà en pleine débandade. L'un des favoris au podium, Dan Waern, ne semble pas au mieux.

« Moi, je me sens relativement facile, confie Michel Jazy, et même heureux intérieurement de voir que Bernard a drôlement secoué le peloton. J'essaie de courir le plus relâché possible. J'observe en même temps le rictus de Burleson et surtout celui plus prononcé de Dan Waern. Ils sont notoirement éprouvés. Je réalise qu'à ce rythme celui qui pourra souffrir le plus longtemps possible ira sur le podium. Vraiment le scénario idéal pour moi… et pour Elliott. Mais je n'imagine pas encore qu'on se propulse vers un record du monde. »

Aux mille mètres, Michel Bernard est éreinté. Sa foulée s'est rétrécie. Il s'est attaqué à une trop grosse cylindrée. Il a couru au-dessus de ses moyens. Il paye finalement son « coup de folie ». Il avouera son erreur : « Je me suis trompé. Elliott n'est pas un coureur comme les autres ! »

Assurément ! L'Australien est plutôt un dinosaure de la piste. Impérial, il est passé en 2'25"4 au kilomètre. Son accélération progressive est prévisible. Il n'a pas encore « estoqué » Roszavolgyi et Jazy, provisoirement accrochés à lui, ainsi que Waern et Vamos, moins à l'aise. Quelle foulée majestueuse, quelle aisance chez Elliott !

« Je me sens toujours bien et j'ai vu le temps de passage, explique Jazy. Là, plus de doute possible : le record du monde va sauter ! Elliott continue d'accélérer. Avec Roszavolgyi, nous sommes maintenant à fond. Il n'y a plus rien à faire contre l'Australien ! Je n'ai qu'une obsession en tête : tenir le plus longtemps possible. »

Elliott déclenche sa fuite en avant après la cloche. Il est imperturbable et dominateur. Il prend bientôt quinze mètres à ses deux poursuivants immédiats. Le one-man show est devenu saisissant après le passage en 2'54" aux mille deux cents mètres. En bas des gradins, son coach Percy Cerutty, très excité à la perspective d'un nouveau record du monde, agite une serviette blanche sur son passage.

« Et moi j'ai tout compris : Elliott est seul au monde ! Seul face à son exploit, avoue Michel. Nous sommes à notre maximum avec Roszavolgyi. Quant à Dan Waern, il est légèrement lâché. Il ne me reste plus qu'à tenter de prendre la deuxième place. Ce serait extraordinaire ! À l'entrée du virage j'attaque donc sèchement Istvan Roszavolgyi pour le perturber en vue du sprint. Je m'attends à un contre de sa part. Je suis tout surpris : il ne réagit pas ! Je vais alors jouer seul mon va-tout dans la ligne droite, à l'extrême limite de mes forces. Ma tête dodeline. Je me retourne, deux fois, trois fois, cinq fois, pour mieux contrôler le Hongrois qui tente de revenir sur moi, sans oublier Dan Waern qui a retrouvé des forces. Il faut tenir, encore tenir malgré la brûlure que je ressens dans la poitrine ! Plus que trois foulées à accomplir à la mort et je me jette sur la ligne complètement exténué ! Elliott lui récupère déjà et salue le public. Il a battu le record du monde en 3'35"6. Fabuleux ! Je suis deuxième. C'est presque irréel. L'euphorie me gagne. Mon temps final importe peu sur le moment. Mais bientôt je réalise qu'avec mes 3'38"4 j'ai gagné presque quatre secondes sur mon record personnel (3'42"1) ! J'ai pulvérisé le record de France de Michel Bernard (3'42"), j'ai approché de trois dixièmes le record d'Europe de Tomas Jungwirth. Je suis le quatrième meilleur performeur de tous les temps ! C'est quand même géant. Moins cependant que pour Elliott, radieux et qui conserve son flegme habituel devant l'ovation de la foule qui a été hypnotisée. Il était si loin devant…

« Une fois la ligne franchie, j'ai manqué défaillir. S'il y avait eu trente mètres de plus à parcourir, j'aurais terminé les bras en croix sur la piste ! Bernard, lui, semble encore à peu près solide sur ses jambes. Il a les mains sur les hanches. Instinctivement, je m'accroche à lui. Je vois qu'il est sombre. Ses yeux sont plus noirs que jamais. Je crois qu'il ne m'a pas regardé. Il est désemparé. Il a peut-être réussi avec ses 3'41"5 un temps inférieur à son record de France…

mais il n'est que septième ! Cette injustice, je le conçois, lui est insupportable. Il a tout donné et c'est moi le héros tricolore du jour, moi récompensé par une médaille d'argent et ce superbe record ! »

À partir de ce jour, « l'ennemi intime » de Michel Jazy jouit à ses yeux d'une tout autre considération : « Mon respect est devenu immense pour son admirable course. Je sais que je garderai toujours en moi ce sentiment, sans ignorer qu'entre nous d'autres joutes se profilent ! »

Il a bien mérité aussi la reconnaissance d'Elliott, qui a amélioré de quatre dixièmes son record du monde du 1 500 m et l'a félicité pour son action d'éclat, comme Cerutty d'ailleurs.

À l'heure de la cérémonie du podium, un insolite petit manège se produit qui échappe à tout le monde. L'Australien, champion olympique, se tourne vers Istvan Roszavolgyi, troisième en 3'39"2, pour lui demander : « Quel est donc ce Français sur la seconde marche ? Tu le connais, toi ? »

Elliott, décidément, est bien sur une autre planète !

Le soir même, à Rome, la presse française est en effervescence, et c'est la fête au village olympique chez la délégation tricolore. En dépit de la super production d'Herbert Elliott, l'ascension de Michel a suscité un fol enthousiasme. Il a enfin réalisé une très grande performance, et ce dans le cadre grandiose des Jeux Olympiques. Il est évident que le sourire et le naturel de Michel Jazy vont faire chavirer un peu plus les Français, qui le chouchoutent déjà.

Jacques Goddet, dans un éditorial titré « L'expérience Jazy : l'exemple dédié au sport français », évoque bien entendu avec chaleur « l'opération Jazy » du 10, rue du Faubourg Montmartre. Pari réussi ! Il ajoute une petite note affective à ses propos en évoquant « la prouesse de notre cher petit Jazy». Robert Parienté souligne : «Il a rejoint symboliquement le prestigieux Jules Ladoumègue, dernier médaillé français sur 1 500 m, aux JO de Los Angeles en 1932 !». Gaston Meyer jubile : «Je le voyais à moins de 3'39", c'est fait ! Il doit maintenant inscrire les 3'35" dans ses projets.»

En France, les louanges se succèdent. On adore d'autant plus Jazy que ces Jeux de Rome tournent par ailleurs à la catastrophe nationale. Aucune médaille d'or sur l'ensemble des JO à l'heure du bilan final[1] ! Le célèbre dessinateur humoristique du *Figaro*, Jacques Faizant, va même croquer le général de Gaulle en survêtement, une valise à la main, volant au secours du sport français, avec cette légende : «Décidément, dans ce pays si je ne fais pas tout par moi-même !»

Alors, quelle aubaine que cette audace du tandem Jazy-Bernard dans le 1 500 m ! Elle a redonné un peu de fierté et du baume au cœur des Français. Michel, dans l'immédiat, tente de ne pas se laisser emporter par cet engouement. Il a surtout une furieuse envie de récupérer : «Enfin je vais pouvoir commencer à vivre», annonce-t-il même à Gérard Edelstein.

Vivre mais dans une nouvelle gloire, car les titres de la presse nationale flambent. Jazy est présenté comme «le Messie» qui doit entraîner l'athlétisme français à la conquête de nouveaux lauriers. Il est question de titre européen en 1962 à Belgrade, de grandes performances et, pourquoi pas, de records du monde dans les quatre années à venir.

**(1)** Cinq médailles (deux d'argent, trois de bronze) pour l'ensemble de la délégation française.

À l'atelier de composition de *L'Équipe*, ses copains l'attendent aussi pour fêter chaleureusement l'événement, le porter sur leurs épaules et entonner en chœur *À la santé du confrère !*, le chant de ralliement des ouvriers du Livre à l'heure des vins d'honneur. Joie immense, certes, mais aussi émotion comme celle exprimée publiquement par la maman de Michel qui reconnaît la tendresse qu'elle a toujours éprouvée à l'égard « d'un bon petit gars courageux, affectueux, qui la rend aujourd'hui si fière ».

À Rome, le lendemain de la finale, Marcel Hansenne s'est rendu au village olympique pour récupérer en voiture les deux Michel afin de les conduire à une réception organisée par le Club Méditerranée. En retrouvant Michel Jazy, il l'a pris familièrement par le cou pour le féliciter.

« Je crois que s'il avait pu me couvrir de baisers jusqu'au lieu du rendez-vous, il l'aurait fait, se souvient Jazy. C'est un souvenir précieux dans ma vie d'athlète, pour le bonheur partagé à ce moment précis avec Marcel que j'aime comme un frère, mais aussi avec Michel Bernard. En effet, tandis que la voiture se faufile dans les rues de Rome vers le rendez-vous, je réalise auprès de Bernard qu'un lien indéfectible désormais nous unit pour toujours, dont j'espère alors qu'il va logiquement submerger nos chamailleries passées. On a donné tellement de bonheur tous les deux aux Français ! C'est bien cela qu'il faut retenir. Ils étaient paraît-il des centaines sur les Champs-Élysées et dans beaucoup de rues de Paris, agglutinés devant les vitrines des magasins équipés de récepteurs de télévision en noir et blanc. Des cris de joie ont salué le panache de Michel Bernard et ma fin de course héroïque pour cueillir la médaille d'argent. Je pense aussi à Irène, qui m'a soutenu avec tant de dévouement, à René Frassinelli, mon coach fidèle et si précieux, à Maurice

Rousseaux, qui a amélioré ma musculature dans la salle de culture physique, rue Cardinet, à Adrian Josié, mon masseur, aux amis de mon club, le CA Montreuil. Je sais que l'aventure va continuer, mais chaque chose en son temps. »

Un match France-Finlande est programmé à la fin septembre. Michel Jazy ne s'en soucie guère. En revanche, « l'ami retrouvé », Michel Bernard, n'aurait-il pas encore un doigt posé sur la gâchette dans son rôle favori de « tonton flingueur » ?

# Les heures bleues de Colombes

« Allez la France ! Allez Jazy ! Allez les Bleus… »

Le samedi 24 septembre 1960, Colombes se prépare à une grande fête en tricolore. En guise d'épilogue, très excitant, d'une saison olympique illuminée par les récents exploits de Rome, France-Finlande constitue une affiche flamboyante. Pour Michel Jazy, on pourrait aussi parler de rendez-vous sentimental avec ses fans, qui se comptent désormais par milliers.

Deux semaines seulement se sont écoulées depuis la fin des Jeux. Les jours ont passé à une allure folle, et la vie de Michel a basculé. Happé par les honneurs, il est désormais prêt à jongler avec sa célébrité nouvelle et peut se permettre de tutoyer la France, qui s'est délicieusement éprise de lui. À Rome, Michel a été l'éblouissant dauphin d'un extraterrestre, d'un géant de la piste nommé Elliott. Du coup, certains n'hésitent pas à dire que Michel est le meilleur du monde… derrière Elliott. Sa cote de popularité est au zénith. *L'Équipe* s'apprête à le couronner « Champion des champions français » de l'année 1960. Cette popularité, il faut le reconnaître, a été largement accentuée par le phénomène télévision.

Avec sa chaîne unique en noir et blanc, la télé est en plein essor. Michel est aujourd'hui consacré super vedette du petit écran. Non seulement on a vu et revu le 1 500 m des Jeux Olympiques, mais le tout nouveau magazine sportif *les Coulisses de l'exploit* s'apprête aussi à célébrer la réussite du « champion enfant », comme le désigne familièrement le journaliste Roger Frankeur. À vingt-quatre ans, Michel a conservé un sourire très juvénile. Cela ajoute à son look assez charmeur.

Le revoir à la télévision, dans la dernière ligne droite de son 1 500 m olympique à Rome ou étincelant de joie sur le podium, la médaille d'argent autour du cou, ne lasse personne et, au contraire, enchante les foules. Michel essaie pour sa part de ne pas se laisser griser par cet élan affectif. Il devient quand même délicat pour lui de se hasarder dans les rues de Paris. Les gens se retournent systématiquement sur son passage et l'arrêtent souvent pour solliciter des autographes.

« Pour être franc, avoue-t-il, c'est bien agréable d'être reconnu ! »

En cette fin de septembre, voici donc l'athlétisme à nouveau sous les feux de la rampe avec le match contre la Finlande. Toute la presse en parle ! France-Finlande : c'est vraiment l'événement choc du week-end, l'une de ces belles affiches que Robert Bobin, nommé directeur technique national l'année précédente, entend offrir régulièrement, chaque été, au grand public et aux médias afin de dynamiser la politique de renouveau de l'athlétisme national. Son plan de restructuration a déjà reçu l'aval de Maurice Herzog, glorieux vainqueur de l'Annapurna et haut commissaire à la

Jeunesse et aux Sports. Il prévoit la formation des éducateurs et entraîneurs, l'aide aux clubs et aux ligues, des stages pour les jeunes espoirs et l'élite… et la mise en valeur de l'équipe de France grâce à des rencontres ciblées et spectaculaires face aux meilleures nations européennes. Cette médiatisation volontairement cocardière va aussi clairement dans le sens des futures « opérations commandos » envisagées par le colonel Marceau Crespin, chargé de la préparation olympique et de la relance du sport français.

Place aux « riches heures bleues de Colombes » pour un athlétisme tricolore rénové, dans le temple mythique qui accueillit les Jeux Olympiques en 1924, un stade qui vibre souvent aux exploits du quinze de France et du onze tricolore.

Dans son édition du samedi, *L'Équipe* a logiquement consacré un large bandeau en haut de la première page à France-Finlande, le jour même où le onze tricolore joue lui à Helsinki, en éliminatoires de la Coupe du monde : « Seye et Jazy en piste ». Le match revanche de 1958 contre les Nordiques s'annonce, il est vrai, croustillant. À la télévision, Raymond Marcillac, ancien champion de France du 400 m sous le maillot du Stade Français (1939 et 1944), est depuis trois ans patron du premier service des sports télévisés à la RTF. Il n'a pas lésiné sur les moyens pour faire « chauffer l'ambiance ». Il a délégué dans la semaine à l'Institut national des sports deux débutants de choix. Engagés au lendemain des JO, Robert Chapatte et Thierry Roland ont multiplié interviews et reportages sur quelques-uns des « Coqs » les plus talentueux de l'équipe de France comme Delecour, Piquemal, Seye, Bogey, Collardot, Macquet, Husson… Bernard et Jazy. Naturellement, deux longs directs sont programmés le samedi et le dimanche. Le succès populaire est assuré. Raymond Marcillac, micro en main, commentera les épreuves depuis le bord de la piste. On attend près de trente mille spectateurs chaque jour au stade Yves-du-Manoir !

Michel Jazy ne l'a pas caché : il est particulièrement heureux de fouler à nouveau la piste de Colombes. Il a spontanément donné son accord à Robert Bobin pour doubler 800 m et 1 500 m, « afin de marquer un maximum de points pour l'équipe de France ». Il a néanmoins précisé : « Je ne peux vous garantir, monsieur Bobin, que je vais m'aligner dans la meilleure forme de ma vie. J'ai tout de même assez nettement relâché ma préparation depuis les Jeux ! »

Michel Bernard, lui, s'est fait tirer l'oreille pour doubler 1 500 m et 5 000 m. Le 5 000 m est programmé le samedi et il voudrait aborder le 1 500 m du lendemain en pleine possession de ses moyens. Il a donc réclamé l'inversion de ces deux épreuves. Réponse négative de la FFA : le programme initial est maintenu ! Michel Bernard ne veut rien savoir et met sa menace à exécution ! Il annonce sèchement à Bobin qu'il ne disputera donc qu'une seule épreuve, le 1 500 m, le dimanche. Le clan nordiste, c'est clair, n'a pas rendu les armes. Le voilà à nouveau vindicatif.

La presse parisienne (que Michel Bernard suspecte de connivence avec Jazy) pose la question : faut-il voir dans ce nouveau coup de tête un geste d'humeur, une question d'honneur ou une tartufferie ?

Au retour de Rome, les deux Michel s'étaient pourtant séparés parfaits complices et dans un bel éclat de rire.

Bernard d'ailleurs s'est vite requinqué au lendemain de la déception de sa septième place aux JO. Quatre jours après son étonnant coup de force dans le 1 500 m, il s'est rendu en Norvège, à Oslo. Sur la piste du Bislet, il a remporté un merveilleux 3 000 m en 7'57". Record du stade (détenu par le fameux double champion olympique, Vladimir Kuts) ! Record de France ! Il a repris ensuite son travail à l'usine.

Pour France-Finlande, a priori, les deux Michel doivent s'entendre tactiquement afin de neutraliser leurs rivaux finlandais. Il faut prendre les deux premières places. Mais l'expérience prouve aussi que lorsque Jazy et Bernard se frottent l'un à l'autre, comme deux silex bien aiguisés, cela risque de faire des étincelles !

En ce samedi 24 septembre, Michel Jazy n'a dans l'immédiat qu'une idée en tête : gagner son 800 m face à Salonen, ex-recordman du monde du 1 500 m, et aller en même temps à la rencontre d'un public qui l'attend amoureusement pour l'ovationner.

Ce jour-là, le bonheur de Michel est double. Il habite depuis quelques mois un petit pavillon rue des Champarons, à Colombes, non loin du stade. Pour lui, le nom de Colombes est forcément lié au stade légendaire des équipes de France : « Je n'aurais jamais imaginé autrefois que je viendrais un jour fouler la piste ou trottiner avec le survêtement de l'équipe de France sur cette magnifique pelouse d'un vert éclatant, où ont évolué tant de footballeurs célèbres entrevus avec émerveillement, au cinéma, dans les actualités Pathé ou Gaumont. Colombes a réveillé en moi tellement de souvenirs d'enfance ! Sentir le public si fervent, si près de soi quand on court, est très euphorisant et donne l'envie de se sublimer.

« C'est ce que j'ai toujours éprouvé à Colombes, quand j'ai porté le maillot de l'équipe de France. Là, je ne pense qu'à donner le maximum, à offrir du plaisir au public, à communier avec lui, à justifier la confiance que l'on m'a faite en me choisissant pour défendre les couleurs de mon pays. « Depuis le pavillon de Colombes, où je suis venu m'installer avec Irène et ma première fille, Pascale – en attendant la venue de Véronique –, j'ai découvert avec surprise que le stade pouvait aussi palpiter en moi d'une manière inattendue et sympathique. Les jours de matches du quinze de France, par exemple, je perçois nettement, “à domicile” et en provenance du stade, les échos de certaines péripéties du Tournoi des Cinq Nations. Je les interprète. Je devine ce qui se passe, notamment quand Pierre Albaladejo – qui deviendra plus tard mon grand ami – réussit l'un des coups de botte magiques dont il a le secret. »

Le samedi 24 septembre, Michel, après une courte collation, quitte son domicile à 13 h 30 au volant de sa Floride blanche décapotable, achetée d'occasion, direction le stade de Colombes. Il a le cœur battant. Il sait que des milliers de spectateurs vont bientôt venir en procession. Quand il arrive, tout est encore très calme. Il se gare au parking, serre quelques mains et sacrifie alors à un rituel pour lui classique. Il se rend dans les vestiaires sous la tribune principale, pose son sac de sport sur un banc, s'allonge, penche sa tête sur le sac et fait le vide ! Il trouve en général assez facilement le sommeil :

« Je ne m'explique pas ce phénomène, reconnaît-il. J'ai le pouvoir de m'évader ainsi complètement et de me concentrer idéalement avant le départ d'une course importante. En fait, seuls deux événements majeurs dans ma vie d'athlète ont fait exception à la règle, et cela se comprend : la finale du 1 500 m aux Jeux Olympiques de Rome et la finale du 5 000 m aux Jeux de Tokyo, où j'ai très mal dormi la nuit précédent la course. »

Avant son 800 m, Michel va s'échauffer sur le terrain annexe, pieds nus sur la pelouse.

« Encore une recette signée Goesta Olander à Volodalen et que pratique aussi le Suédois Dan Waern. On ressent un bien-être étonnant. D'abord celui du contact avec le gazon souple sous la plante des pieds, ensuite un véritable délassement au moment de chausser les pointes avant de se mettre en piste. Pendant l'échauffement et avant d'entrer moi-même en lice, les réactions du public de l'autre côté de la tribune constituent un autre moment fort. Je sais ainsi déjà que le 100 m a été gagné par Jocelyn Delecour. C'est hyper motivant. Je réalise un peu mieux ce qu'il me reste à faire dans le 800 m, où je suis épaulé par Pierre-Yvon Lenoir. On est tous vraiment motivés ! »

Ce match contre la Finlande revêt une importance capitale pour l'ensemble des athlètes tricolores : « Il marque véritablement le début d'une ère nouvelle, car on a pris conscience aux Jeux de notre potentiel, explique Jazy. À Rome, le bilan général du sport français n'a pas été très reluisant. Cinq médailles seulement ! Mais l'athlétisme a eu, lui, un comportement honorable. En plus de ma médaille d'argent au 1 500 m, Abdou Seye a remporté la médaille de bronze du 200 m derrière Livio Berruti et Lester Carney, et aussi nous avons eu quelques finalistes. Abdou Seye, je le sais, a également à cœur de réussir un joli coup à Colombes. Ce match marque un tournant symbolique dans sa vie. Il va faire ses adieux à l'équipe de France à l'occasion des deux matches qui s'enchaînent, contre la Finlande puis l'Italie. Le Sénégal, son pays d'origine, vient d'accéder à l'indépendance. Seye : quel beau coureur ! On va le regretter. Je n'oublierai jamais l'élégance et la fluidité de son style. »

« Mais à Rome, poursuit Jazy, Christian Collardot aussi a réalisé un petit exploit en prenant la sixième place du saut en longueur avec 7,68 m, à deux centimètres de son record de France. Christian, c'est le boute-en-train de l'équipe. "Monsieur clarinette", car il ne se sépare jamais de son instrument. Aux Championnats d'Europe en 1958, à Stockholm, où les résultats ont été fort médiocres, un seul athlète français a eu les honneurs de la presse suédoise en photo dans *Expressen* : Christian Collardot… qui jouait de la clarinette dans la tribune des athlètes ! Lors des déplacements de l'équipe de France, en avion, c'est toujours lui également qui déclenche la volée de coussins. Cible préférée : Pierre Tonelli, le coquet président de la FFA qui a toujours un peigne à la main ! »

Christian a bien sûr prévu un nouveau gag pour France-Finlande. Il a décidé de jouer les touristes et de se présenter nonchalamment à la chambre d'appel, affublé d'un chapeau de paille ramené des Jeux, en tenant à la main une valise assez voyante ! Éternel taquin, il veut tester les capacités de réaction d'un dirigeant fédéral réputé rigide. La réprimande est immédiate quand il se présente rigolard et le nez en l'air : « Un peu de tenue, s'il vous plaît, monsieur Collardot ! », tonne le dirigeant fédéral passablement choqué. Christian ne se laisse pas démonter : « Un peu de respect, s'il vous plaît, monsieur ; vous ne voyez donc pas que vous vous adressez à un futur recordman de France ? »

Une heure plus tard, il s'élance pour son premier essai. Le sable gicle sous ses pieds lors de la réception dans la fosse. Le public rugit déjà de plaisir. Le petit drapeau du record de France est dépassé. Le moustachu du Stade Français lance un cri joie : 7,73 m ! Il va remporter la victoire ! « Pour Collardot, ce coup d'éclat répond au pacte passé entre nous tous à la veille du match, reprend Jazy. Il nous faut remporter la victoire à tout prix. Alain Mimoun lui-même, nullement ébranlé par sa quarantaine toute proche, a juré de faire le maximum dans le 10 000 m afin que l'on puisse effacer l'échec subi deux ans plus tôt à Helsinki. Le champion olympique ne désarme jamais... Quel exemple !

« Une certitude : nous prenons à l'époque parfaitement conscience de nos possibilités à l'échelle internationale. On avait déjà senti qu'un déclic se produisait à la fin de l'été précédent, quand nous avions dominé la Suède de six points à Colombes. Notre potentiel s'est élargi. Le demi-fond n'est pas seul. Michel Macquet (surnommé "Michel bras de fer"), au javelot, et Guy Husson, au marteau, figurent parmi les meilleurs du monde. Pierre Colnard et Pierre Alard, au poids et au disque, démontrent qu'on progresse aussi dans tous les lancers.

« Une anecdote concernant Guy Husson : c'est bien lui qui, en découvrant l'Acropole à Athènes à l'occasion d'un Grèce-France, en 1961, s'écriera avec sa grosse voix et en éclatant de rire : "Donnez-moi une demi-journée et ça suffit : avec mon marteau, je vous transforme la Madeleine en Acropole !"

« En fait, c'est surtout le sprint qui va tout changer. Il est en passe de devenir le meilleur d'Europe. Ses cracks sont Jocelyn Delecour, Claude Piquemal, dit "la Pique", en attendant Roger Bambuck, venu de Pointe-à-Pitre et que je vais surnommer pour blaguer "le pitre à pointes". Ils sont pilotés par Joseph Maigrot, dit "le Père Joseph", un vrai coach façon Olander ou Cerutty. Il a une approche humaine et naturelle de l'athlète. "C'est autant Elliott qui a fait Cerutty que Cerutty qui a fait Elliott", a-t-il dit après Rome. Rien de plus juste. Sa philosophie de l'entraînement se résume à ces quelques mots persuasifs : il faut favoriser l'instinct des athlètes et non les soumettre à des lois communes. Le rôle de l'entraîneur est de favoriser l'épanouissement de chacun. »

Joseph Maigrot va demeurer durant plusieurs olympiades l'homme clé du sprint français, une espèce de saint homme capable de réussir des miracles. Avec la complicité de Jocelyn Delecour, il fignole déjà une fusée à quatre étages, le 4 x 100 m qui va bientôt subjuguer le monde entier, y compris les dieux du sprint, les Américains. Mais ce grand maître de la vitesse tâte aussi un peu du demi-fond. Il entraîne Pierre-Yvon Lenoir. Il est à l'écoute de Michel Jazy, qui tente de le convaincre que l'entraînement en sous-bois est absolument capital.

Mais revenons à France-Finlande. Dès la première journée, la victoire tricolore se dessine clairement. Michel a remporté aisément son 800 m devant Salonen et Lenoir. Avant de se livrer à l'affectueuse vénération du public de Colombes, il a ressenti bien sûr une émotion particulière lorsque le speaker, Michel Marmion, de sa voix chaude a effectué la présentation des concurrents du 800 m. La clameur dans le stade a été phénoménale, presque incroyable, quand Michel s'est avancé en bord de piste pour faire son habituel petit salut de la main :

« Sur l'instant, j'en ai été ému jusqu'aux larmes. Je savais qu'ensuite il ne fallait surtout pas décevoir tous ces gens qui exprimaient si spontanément leur joie de me retrouver. J'ai tout donné dans le 800 m. »

Le lendemain, place au 1 500 m ! Jazy en est conscient, le mot reddition n'existe pas dans le vocabulaire du vaillant Michel Bernard. Un plan a été établi au dernier moment entre les deux Michel, juste avant d'entrer en piste : Bernard mènera le premier tour, Jazy assurera le deuxième, Bernard relancera au troisième et puis ce sera… chacun pour soi. La course se déroule comme prévu. Parvenu à trois cents mètres de l'arrivée, Bernard ne laisse pas Jazy prendre l'initiative, il force l'allure. Quand Jazy, sur les talons du Nordiste, tente un premier assaut dans le virage, Bernard se montre irréductible. Confirmation dans la dernière ligne droite, lorsque le coureur d'Anzin se décale même nettement sur la droite pour l'empêcher de passer.

« Nous faisons la ligne droite au coude à coude, raconte Michel Bernard dans *la Rage de vaincre*. Le public est en transe. Je gagne d'une poitrine... »

Crime de lèse-majesté ? Le public de Colombes est éberlué, littéralement sous le choc de ce final échevelé au terme duquel les deux hommes ont terminé sur la même ligne et dans le même temps : 3'42"8 ! Quelques sifflets fusent ! Michel Jazy, sur le moment, est interloqué. Quant à Bernard, sans en rajouter, il jubile intérieurement et repousse avec irritation les journalistes accourus vers lui. Cette victoire est bien celle à laquelle il rêvait après les JO. Il n'est tout de même pas un persécuteur acharné. À ses yeux, il n'y a rien d'irrévérencieux à juguler « un héros de Rome » !

« Le truc qui m'intéresse, ce n'est pas ce qu'on raconte dans les journaux, confiera-t-il au journaliste et ancien champion Guy Lagorce, mais ce qui se passe sur la piste ! »

Michel Jazy a bien réalisé que cette revanche de Bernard ne visait pas à proprement parler sa seule personne. « Mais, précise-t-il, sur le moment je n'ai pas apprécié que dans la ligne droite il m'ait baladé de la sorte, jusqu'au quatrième couloir. Ce n'était pas très loyal de sa part. Instinctivement, je l'ai prévenu : À la première occasion, je te ferai exactement la même chose ! »

En vérité peu importe cette péripétie, même si elle peut donner l'impression que la guerre entre les deux hommes n'est décidément pas finie. La France, grâce notamment au doublé du 1 500 m, va l'emporter brillamment, 114 à 98, sur la Finlande. L'ambiance est à la fête. Ce succès marque bien le coup d'envoi du renouveau escompté. L'athlétisme français prépare des lendemains qui chantent avec quelques leaders charismatiques :

« Une grande équipe de France est née, souligne Michel Jazy. Elle rêve de conquêtes, de victoires, de records. Et Robert Bobin est là pour catalyser cet élan assez irrésistible. »

En six ans, la France passera de la douzième à la quatrième place en Europe, à la cinquième dans le monde, avec un pic aux Championnats d'Europe à Budapest en 1966 (quatorze médailles), année marquée par les adieux internationaux de Michel Jazy. Cette embellie se poursuivra encore trois bonnes années avec Roger Bambuck, Jean Wadoux, Jean-Claude Nallet, Hervé d'Encausse, Colette Besson, Nicole Duclos et bientôt Guy Drut, Jack Pani, Jean-Paul Villain…

Quelques victoires prestigieuses s'enchaînent : en 1960, sur la Finlande (114-98) et l'Italie (222-209) ; en 1961, sur la Suède (108-104), la Norvège (124-88), la Grande-Bretagne (113-99) – ce qui ne s'était pas produit depuis 1945 – et la Grèce (124-87) ; en 1962, sur la Finlande (108-104) et l'Allemagne (113-98) ; en 1963, sur la Tchécoslovaquie (117-95), succès suivi d'un superbe match nul avec la Russie (106-106) sur lequel nous allons revenir ; en 1964, sur l'Italie (257-207), l'Espagne (110-101), la Suisse (129-83) et le Benelux (275-189).

Ces réussites répétées ont déclenché une belle vague d'enthousiasme, orchestrée par tous les grands médias. Toutefois, Robert Bobin n'est pas dupe : « Nous avons soixante-quinze mille licenciés à la FFA, l'Allemagne en compte dix fois plus ! Nous ne pourrons réussir éternellement des miracles avec quelques individualités exceptionnelles si l'éducation sportive et l'initiation à l'athlétisme ne suivent pas, ni si l'athlétisme n'est pas considéré comme un sport de base prioritaire à l'école. »

Dans *L'Équipe*, très tôt également, Robert Parienté a tiré la sonnette d'alarme en évoquant « des résultats prodigieux qui dépassent un peu les espérances. Le vent pourrait se mettre à tourner si les pouvoirs publics ne prennent pas les mesures nécessaires… »

Peu importe ! Robert Bobin, ancien recordman de France du triple saut, sélectionné olympique aux JO de Londres en 1948 et ancien entraîneur de l'US Métro (où il a conseillé quelques pointures comme Denise Guénard, Marthe Lambert ou Serge Grisoni), a épinglé dans son bureau de patron au siège de la FFA, boulevard Haussmann – et plus tard au 10, rue du Faubourg Poissonnière – cette maxime : « Les difficultés ne sont pas faites pour abattre, mais pour être abattues ! »

Robert Bobin est un Vendéen bon teint (né à Courlay, le 2 août 1920) qui a su s'entourer d'un collège d'entraîneurs nationaux de haute volée qui sont ses véritables disciples : Joseph Maigrot, Jacques Dudal, Maurice Houvion, André Daniel, Roger Thomas, René Frassinelli, Jo Malléjac, Albert Rivet, Régis Prost, William Fourreau, Jean-René Monneret… C'est un visionnaire, un travailleur inlassable qui en impose par son intelligence, son autorité, sa diplomatie, son enthousiasme, son instinct d'innovation. Il veut tout simplement hisser au plus haut le pavois tricolore tout en mettant le cap sur l'avenir. Plus tard, en 1970, ce créateur unique et grand meneur d'hommes sera même surnommé par la presse « Napoléon » au soir d'une retentissante victoire sur l'URSS, en demi-finale de la Coupe d'Europe, à Zurich !

Tel Napoléon, dont il connaît de A à Z l'œuvre complète, Bobin s'affirme en fait comme un excellent stratège pour aller de conquête en conquête. Bel exemple avec le « coup médiatique » qu'il monte en 1963 – avec la complicité de son ami et « conseiller privé » Robert Parienté, qui dirige la rubrique athlétisme et les sports olympiques à *L'Équipe* – sous la forme d'un match France-Russie à Colombes. La guerre froide bat son plein, le monde est sur une poudrière. Nikita Khrouchtchev multiplie les avertissements aux États-Unis. L'URSS est presque coupée du monde, mais les relations sportives sont maintenues. D'ailleurs, Valeri Brumel vient de battre le record du monde du saut en hauteur avec 2,28 m au stade Lénine à Moscou… lors du match annuel URSS - États-Unis !

« La Russie, ce n'est pas la grande URSS, mais il y a dans l'équipe de véritables stars comme le sauteur en longueur Igor Ter Ovanessian, surnommé "le Prince Igor", qui adore la France, Valeri Brumel et le lanceur de javelot Janis Lusis. Il y a encore de très nombreux leaders de la grande formation soviétique, raconte Michel Jazy. La rencontre suscite un engouement exceptionnel. Robert Bobin, grâce à Robert Parienté, savait que l'on pouvait contrer les Russes. De fait, dans l'ambiance enfiévrée de Colombes, on les a tenus en échec 106 à 106. Sur 1 500 m, avec Jean Wadoux, on a réussi le doublé. Michel Bernard, lui, a dû céder non sans lutte devant Tiurine dans le 5 000 m. Je me souviens aussi que Guy Guézille, dix-neuf ans, appelé au dernier moment pour remplacer Maurice Fournier à la hauteur, tremblait de peur avant d'affronter le grand Brumel. À la fin, les spectateurs nous ont réclamé un tour d'honneur. C'était fou ! Les athlètes russes et tricolores, euphoriques, se congratulaient, s'embrassaient et couraient en vagues sur toute la largeur de la piste en se tenant par la main. Nous donnions ainsi une sacrée leçon de fraternité humaine, tout en lançant un précieux message d'espoir en faveur de la paix dans le monde.

« Le soir, nous avons continué à faire la fête sur les bateaux-mouches. Brumel et Ter Ovanessian se sont déguisés en femmes avec des foulards autour de la tête ! On savait que le lendemain tous ces athlètes retourneraient dans leur grisaille en URSS, rêvant à un monde meilleur. »

Soufflait alors sur l'« équipe de France » un vent de passion contagieuse : « Robert Bobin nous a toujours galvanisés avant les grands événements, ajoute Michel Jazy. Il était régulièrement à notre écoute. Je l'ai réalisé dès nos premiers contacts. Peu après sa nomination, en février 1959, il a tenu à me rencontrer et s'est rendu un jour au stade Léo-Lagrange, près du château de Vincennes. J'avais effectué des séries de 200 m avec dix minutes de récupération. Il a voulu prendre mon pouls entre deux séries. Il avait l'air surpris de constater que mon cœur battait assez lentement avec quelques extrasystoles. Avec René Frassinelli, ils ont eu alors un court conciliabule. Sur le moment, cette démarche de sa part m'a intrigué. J'ai réalisé alors que cet homme devait être d'une rigueur absolue et qu'il ne laissait rien au hasard. Ensuite, il est venu suivre mon entraînement à Marly. Puis il m'a reçu dans son bureau pour la planification de la saison en annonçant déjà la mission "nationale" qu'il me confiait : "Michel, je compte sur toi pour tous les matches importants de l'équipe de France. Souvent, même, je te demanderai de doubler quand cela sera nécessaire. Mais il y a aussi de très grands projets à mettre au point avec toi." J'ai eu immédiatement avec Robert Bobin un contact d'une qualité rare, reposant sur la confiance, la fidélité et, au fil des mois, sur une complicité totale, une amitié profonde. J'aimais sa voix, sa prestance, son style direct, sa franchise, sa clairvoyance, sa haute compétence, bien entendu. Nous avons entretenu très rapidement des relations privilégiées. »

Robert Bobin est bien conscient en tout cas qu'il possède quelques joyaux dans son équipe, capables comme Jazy de réaliser des prouesses de niveau mondial. Selon lui le demi-fond, tel un phare lumineux, doit le premier éclairer l'horizon. Ainsi, au lendemain de Rome, trotte déjà dans sa tête l'idée de constituer un relais 4 x 1 500 m susceptible de tourner en moyenne à 3'46" en vue de s'attaquer victorieusement au record mondial des Allemands de l'Est (15'11"4).

Rendez-vous est pris dès l'année suivante, le 28 juin 1961 au stade Montbauron à Versailles.

La France n'a pas détenu de record du monde depuis les années 1930 chères à Jules Ladoumègue. Le « plan Bobin » a été habilement monté. Trois équipes de relais sont engagées et Michel Bernard (un peu réticent, mais sans faire de chantage sur le projet) se voit offrir le beau rôle. Il sera programmé en « vedette américaine » dans la position de dernier relayeur. C'est donc Michel Jazy qui, après Jean Clausse et Robert Bogey, placera son rival nordiste sur l'orbite du record du monde !

« Voilà un choix qui ne m'a pas choqué car je pensais aussi que Michel avait droit aux honneurs », souligne Jazy.

Des milliers de spectateurs se sont rassemblés dans l'enceinte du stade Montbauron. Le départ du 4 x 1 500 m est donné à 20 h 40. Jean Clausse assure un bon premier parcours en 3'49"3. Attention : la moyenne des Allemands de l'Est se situait à un peu moins de 3'48" ! Mais Robert Bogey, dans son style vif et souple, remet immédiatement les choses en place avec ses 3'45"1. Le relais français est largement dans les temps. La nouvelle impulsion donnée par Michel Jazy accroît la confiance : il réalise 3'44"4. La parole est à Michel Bernard, qui parachève avec maestria l'œuvre commune en 3'45"4. Et voilà les relayeurs français regroupés au centre du terrain qui sautent de joie devant un public ravi. Ils ont bel et bien pulvérisé le record du monde en 15'4"2, à la moyenne de 3'46" par relayeur ! C'est quasi ce qu'avait prévu initialement le patron !

En fin gourmet, Robert Bobin a dégusté ce mets royal à quelques encablures du château de Versailles. Il ne cache pas maintenant qu'il compte sur Jazy pour d'autres festins ! Simple comme l'œuf de Colomb : Michel devra s'attaquer à d'autres records pour que notre joie demeure !

# Roi d'Europe... et du monde

Aller plus haut ! Aller plus loin !

À l'aube de l'année 1962, le film culte à la gloire de Michel Jazy continue de se dérouler tranquillement dans la douce lumière d'une brillante renommée acquise aux JO de Rome. il est désormais dans l'attente des Championnats d'Europe à Belgrade, mais aussi de quelques fêtes nullement improvisées.

Champion le plus aimé des Français, il va se placer sous un éclairage nouveau. Il a de réels projets dans ses cartons. Sa volonté de s'imposer à un niveau supérieur est devenue plus visible. Tout est planifié pour une «*success story*» qui va le déposer, avec quelques sourires en plus, dans le champ des caméras.

L'année 1961 – c'était prévu par René Frassinelli et Gaston Meyer – a glissé en sourdine sans réelle action d'éclat, sinon le record du monde du 4 x 1 500 m, les records de France au 1 000 m et au 2 000 m, un doublé 800 m-1 500 m contre les Anglais, mais aussi quelques menus tracas avec le Suédois Dan Waern, qui le bat assez régulièrement en meeting mais ne va pas tarder à être disqualifié pour cause de professionnalisme. À la limite, avec le recul du temps l'événement le plus marquant pour Michel, en 1961, s'est sans doute produit en plein ciel ! Il n'oubliera jamais ce fameux voyage à Athènes, où l'équipe de France se rend afin d'affronter la Grèce :

« Ce fut la plus grande peur de ma vie, affirme-t-il. Après une escale à Rome et avant de rallier Athènes, notre Caravelle a été prise dans une véritable tornade. En une fraction de seconde, nous avons tous pensé que c'était fini ! L'avion allait fatalement partir en vrille, s'écraser au sol. Deux énormes trous d'air nous ont précipités dans une chute vertigineuse, interminable. Près de moi, le journaliste de télévision Loys Van Lee était livide, tétanisé comme nous tous. Certains ont crié. J'ai vu voler Michel Bernard à l'horizontale du quatrième au cinquième rang, car il s'était assoupi sans mettre sa ceinture de sécurité. Le steward, debout dans le couloir, a été projeté en l'air et sa tête a traversé en partie l'isolant du plafonnier. Nous avions les uns et les autres le visage et les vêtements maculés par les desserts, le café, le thé servis juste avant. C'était épouvantable. Puis, miracle, les secousses se sont atténuées, l'avion s'est stabilisé. Ouf ! Nous étions morts de peur… mais bien vivants. Et ce fut une explosion de joie dans l'appareil.

« On revenait de loin. Je me souviens que, une fois tous débarqués à d'Athènes, le colonel Crespin, assisté de Robert Bobin, s'est adressé brièvement à nous pour nous réconforter, assurant qu'avec un autre avion qu'une Caravelle d'Air France on y serait tous passés ! Je n'étais pas encore remis du terrible choc émotionnel. Je me suis vite précipité vers le bar de l'aéroport et j'ai avalé d'un trait deux ou trois petits verres de cognac qui m'ont remis d'aplomb !

« La nuit suivante a été calme, heureusement. Elle a effacé

ce cauchemar. Deux jours après, et comme si de rien n'était, Michel Macquet, lui, a fait preuve d'une stupéfiante solidité morale et physique, javelot en main. "Michel bras de fer", impérial, dont le record de France était alors de 83,36 m, performance de très haut niveau mondial, a expédié son engin bien plus loin que cette marque, nettement au-delà des 85 m, peut-être même au-delà du record du monde de l'Italien Carlo Lievore (86,74 m).

« Devant les officiels grecs médusés, son javelot a carrément traversé tout le terrain, rebondi, hors limite, de l'autre côté de la piste dans les gradins, sur une statue, avant de basculer vers la rue ! Vu la configuration spéciale de ce stade en forme de fer à cheval, construit pour les JO de 1896, avec sa piste presque ovale aux virages très étroits, il était impossible de déterminer précisément l'impact. Finalement, afin de pouvoir procéder à un classement, la distance de 83,42 m a été retenue, je ne sais plus trop comment, mais ce record n'a jamais été homologué. Quelle injustice pour Macquet ! Il a été privé d'un très grand exploit. En 1961, il tenait la forme de sa vie. Cette année-là, le grand magazine américain *Track and Field News* l'a d'ailleurs classé premier dans sa spécialité. Michel, hélas !, n'a jamais pu renouveler un jet aussi percutant. Pour les témoins de ce lancer prodigieux, c'est resté un fameux souvenir ! »

L'épisode d'Athènes a constitué, fin octobre, la clôture de la saison 1961. Puis l'hiver est passé, avec un titre national en cross-country, au Tremblay, et un chrono prometteur sur 1 000 m lors d'un France-Allemagne en salle (2'21"6), confirmant une belle apparition en salle sur la piste en bois de Los Angeles contre Jim Beatty.

Voici venir la saison estivale 1962, riche en promesses. En fait, Michel se prépare à enchaîner les courses, comme certains grands acteurs qui partent en tournée le font des représentations. Il brûle les planches, bat la campagne, il court les stades, accumule victoires et chronos. Il traverse une année fantastique qui épate ses fans. Une fois le rideau pratiquement tiré sur son été flamboyant, et avant ses quatre dernières apparitions en octobre, René Maupas en fera le bilan presque hallucinant dans *L'Équipe* : « Quarante courses, quarante victoires, deux records du monde (2 000 m et 3 000 m), un titre européen sur 1 500 m et tous les records de France du 800 m au 3 000 m améliorés en un seul été ! »

En cette année 1962, qu'il a préparée avec un soin particulier selon le schéma mis au point avec Frassinelli, Gaston Meyer et Marcel Hansenne, Michel est donc resté invaincu ! Maintenant que Herbert Elliott a définitivement raccroché les pointes, n'est-il pas devenu le grand leader du 1 500 m mondial ? Évidemment, mais il faut surveiller de près le Néo-Zélandais Peter Snell, inattendu champion olympique du 800 m, à Rome devant Roger Moens. Snell a frappé très fort lors de l'été austral : trois superbes records du monde en l'espace d'une semaine… sur des pistes en herbe. 3'54"4 sur le mile le 27 janvier 1962 à Wanganui, puis 1'44"3 au 800 m plus 1'45"1 au 880 yards le 3 février à Christchurch. Cette irruption spectaculaire de Snell sur le 1 500 m et le mile interpelle forcément Michel et son staff. Elle risque d'avoir une grande influence sur la suite de sa carrière, même si le Néo-Zélandais et le Français ne se rencontreront finalement jamais sur une piste.

« Sauf pour une photo symbolique, précise Michel, la veille du meeting d'Helsinki en 1965. Snell y courait le 800 m et moi le 5 000 m. On s'est serré la main. Il y avait avec nous Ron Clarke, Billy Mills et Bob Schul, qui jouaient aux cartes. Je peux en revanche assurer que Peter Snell ne se serait pas mesuré à moi aux JO de Tokyo si j'avais décidé de disputer le 1 500 m (voir chapitre 10). »

Comme par hasard, l'année 1962 coïncide également avec un regain de tension du côté des Flandres où Michel Bernard, dont la flamme est toujours entretenue par le grand quotidien régional la *Voix du Nord*, est claquemuré parmi ses sympathisants. Dans son rôle de combattant perpétuel, Bernard semble repris par ses vieux fantasmes de mal-aimé et de forte tête (voir chapitres 5 et 7). Le cessez-le-feu de Rome ne semble plus d'actualité.

Mais place au premier rendez-vous important de Michel Jazy, le meeting international du PUC, grande classique annuelle le 14 juin à Charléty. Il y a du record dans l'air sur 2 000 m. Officiellement, Jazy ne s'attaque qu'au record de France de Michel Bernard (5'4"), établi l'été précédent. Entre les deux compères, c'est donc toujours un peu la course-poursuite sur les tablettes nationales. L'hypothèse d'un record du monde a quand même été évoquée dans L'Équipe. Marcel Hansenne est de plus en plus impressionné par les progrès réguliers affichés à l'entraînement par Michel depuis le début de l'année. Le record du monde du 2 000 m paraît accessible. Il est détenu en 5'2"2 par le Hongrois Istvan Rozsavolgyi, l'homme qui a terminé sur les talons de Michel aux Jeux de Rome.

À Charléty, Raymond Marcillac, pressentant lui aussi un exploit, a fait installer ses caméras pour un direct à la télévision prévu dans le cadre des *Coulisses de l'Exploit*. « Secrètement, dans ma tête je pense sérieusement au record du monde », avoue Jazy.

Il est 22 h 40 quand les coureurs se rangent sur la ligne de départ. Le tableau de marche de Frassinelli prévoit un passage en 2'30" aux premiers mille mètres. Le Racingman

Edmond Bantegny, fan de Jazy, s'est proposé spontanément pour assurer le train. Il remplit parfaitement sa mission : 2'30"8. Michel prend alors les commandes sans même s'occuper de Michel Bernard. Il ne pense qu'à lui et à son chrono. Aux mille cinq cents mètres, atteints en 3'48", il est dans les temps de Rozsavolgyi. Il affiche une autorité nouvelle, cela se lit sur son visage et dans son allure. Sa foulée est plus puissante, plus efficace, un peu moins douce. On y décèle presque un peu de fureur.

« Il est devenu un conquérant, affirme Marcel Hansenne dans *L'Équipe*, il assume ses responsabilités. C'est un autre Jazy que l'on va découvrir tout au long de l'été. Je crois que les records de Snell ont dû déclencher chez lui une prise de conscience. Il a décidé de passer à l'offensive. »

La dernière ligne droite a été éblouissante. Michel Bernard est loin. Les flashes crépitent sur la ligne d'arrivée du 2 000 m. Jazy, le visage couvert de sueur, rayonne. Les haut-parleurs ont lancé la nouvelle : 5'1"6. Frassinelli s'est précipité pour étreindre son coureur. C'est le premier record du monde de Michel au plan individuel ! Les médias s'enflamment. Et ressurgit le nom de Jules Ladoumègue, dernier Français recordman du monde avec un mile en 4'9"2, le 4 octobre 1931.

Robert Parienté confirme dans *L'Équipe* : « Il n'existe actuellement en Europe aucun coureur, sinon le Polonais Baran, capable de soutenir sans craquer les changements de rythme de Jazy. »

Trois jours plus tard, le 17 juin à Varsovie lors du Mémorial Kusocinski, devant quarante mille spectateurs, Michel est au départ d'un 3 000 m international. Il se montre souverain face à plusieurs ténors européens comme le Polonais Kryszkowiak, l'Allemand de l'Est Hermann et un autre Polonais de grande réputation, Zimny. Il s'impose en 7'59"6. Le patron de l'athlétisme polonais, Jan Mulak, particulièrement admiratif, déclare : « Jazy valait 7'50". S'il se lance sur 5 000 m, je le vois aussi à 13'30" à Tokyo. »

Dans *L'Équipe*, Robert Parienté, témoin de cette course insuffisamment rapide dans sa partie initiale, est catégorique : « Si Robert Bogey avait pu venir à Varsovie, les Polonais auraient assisté chez eux à la chute d'un grand record du monde au 3 000 m. Michel est vraiment transformé psychologiquement. Il possède tous les atouts pour remporter son premier grand titre à Belgrade. »

Mais l'euphorie n'a pas gagné totalement le camp Jazy, même si l'idée de s'attaquer pour de bon au record du monde du 3 000 m fait son chemin. En attendant, le 21 juin à Charléty, il aide ses copains du CA Montreuil à s'emparer du record national du 4 x 1 500 m. Le lendemain, un débat très animé s'engage entre Gaston Meyer et René Frassinelli : « Michel ne court-il pas trop ? Est-il bien raisonnable de tenter un gros coup sur 3 000 m ? » La décision est prise, la tentative aura bien lieu. Il ne reste plus qu'à obtenir le feu vert de Robert Bobin et du comité directeur de la FFA. La date et le lieu sont immédiatement fixés : le 27 juin à Saint-Maur !

« Il faut oser », se justifie Robert Bobin en réponse à ceux qui lui reprochent de « vouloir faire du cirque avec Jazy ». Il ajoute : « C'est toute l'équipe de France qui va gagner en confiance. » Puis enchérit avec malice : « La politique de Caisse d'Épargne pour petits rentiers apeurés est dépassée ! »

Donc, rendez-vous à Saint-Maur, en banlieue parisienne. « C'est le cadre parfait pour le demi-fond, précise Jazy. J'y ai déjà battu, le 6 juin, mon record de France du 1 000 m en 2'19"3. Le site est charmant, très convivial avec ses pelouses soigneusement entretenues, ses parterres fleuris à l'entrée, ses hauts arbres, ses frondaisons, son air pur, cette sensation de plénitude et de calme. Saint-Maur est un écrin de verdure à la fois intime et chaleureux car, dans les gradins à l'ancienne et les pourtours, il est possible de rassembler jusqu'à dix mille personnes comme ce sera le cas le 7 octobre en fin de saison, lors de la Journée du souvenir, quand je battrai le record de France du 1 500 m en 3'38"3. Saint-Maur me rappelle les stades champêtres de la Suède, avec cette impression de courir en famille parmi des spectateurs qui peuvent presque vous toucher. »

Le 27 juin 1962, à deux mois et demi des Championnats d'Europe de Belgrade, Michel se prépare donc à exploiter une forme jugée « insolente ». Il va pouvoir s'attaquer sans le moindre complexe à un monument de l'athlétisme : Gordon Pirie et ses 7'52"8 au 3 000 m qui datent de 1956. Michel a toujours éprouvé un grand respect pour Pirie, noble figure du demi-fond anglais et recordman du monde également du 5 000 m en 1956.

« J'ai même couru avec lui à Trelleborg en Suède en août 1961, le jour où j'avais promis à Robert Bogey de l'aider à battre le record de France du 3 000 m. J'avais déjà couru dans cette réunion un 1 000 m. Après, j'ai mené presque les deux tiers de la course du 3 000 m avant de me retirer. Pirie, ce jour-là, n'était pas loin de son record du monde. Il a gagné en 7'54"8 et Bogey, deuxième, a pris le record de France en 7'56"2. »

Ce 27 juin 1962, la « jazymania » s'enclenche, pour le grand plaisir de centaines de milliers de téléspectateurs français. La course est même repoussée d'un quart d'heure à cause de la télévision. Il est 22 h 2 et la fraîcheur est progressivement tombée sur le stade quand les coureurs s'élancent sous l'impulsion d'un trio de tête chargé de la mise sur orbite du record : Jean Vaillant, André Prévostat, Edmond Bantegny. Les passages aux mille mètres en 2'36"6 et aux mille cinq cents mètres en 3'53"8 sont de bon augure. Mais Michel, dont l'allure est si belle, si fluide, se retrouve tout de même absolument seul à partir des mille six cents mètres. Il lui reste trois tours et demi à boucler, en solitaire. Heureusement, il possède quelques dixièmes d'avance sur le tableau de marche prévu par « Frassi » sur la base de 7'50" ! Michel dodeline un peu de la tête sans perdre de son élégance. Il semble résolu et sûr de lui. C'est un vrai bonheur de le voir lancé à vive allure avec sa longue foulée ample. Il est passé en 5'12" aux deux mille mètres, toujours follement soutenu par le public.

Dernier tour ! Au bord de la piste, René Frassinelli s'époumone avec ce qui ressemble à des sanglots dans la voix : « Tu l'as, mon petit... Tu l'as !... Bats-toi ! Bats-toi ! Tu le tiens... Tu le tiens !... « Michel jette ses dernières forces dans une ligne droite héroïque. Le public exulte. Le speaker clame le temps final : 7'49"2 ! Record du monde. Michel Jazy est le premier coureur sous les 7'50" au 3 000 m. Il semble épuisé et ne peut articuler le moindre mot. Puis il lâche enfin : « Ah ! ces deux derniers tours seul contre le chrono ; c'était terrible ! J'avais le public avec moi. Je lui dois tout, ainsi qu'à mes copains qui m'ont si bien aidé. »

« Prodigieux exploit de Jazy », va titrer *L'Équipe*. Gaston Meyer, qui au siège du journal, a préparé en nocturne l'édition du lendemain, n'hésite pas à écrire : « Moment émouvant entre 22 h 2 et 22 h 10. Le plus grand exploit athlétique jamais réussi par un Français, jeune typographe de *L'Équipe* et du CA Montreuil ! »

Dire que Jazy, après sa série de records de France et du monde, est désormais super favori des Championnats d'Europe à Belgrade relève de l'évidence. Après Saint-Maur, Michel a remporté le titre de champion de France… sur 800 m, puis survolé le 1 500 m du célèbre meeting de Zurich en 3'39"9. Il a également soigné sa vitesse sur 800 m avec deux records nationaux, à Fontainebleau (1'47"8) et à Thonon (1'47"2). Pour Belgrade, il a déjà désigné ses rivaux : le Polonais Baran, le Russe Savinkov, le Tchécoslovaque Salinger, les Allemands Eyerkaufer et surtout Harald Norpoth, qui est réputé pour son finish.

Michel affiche une belle sérénité : « Au village des athlètes, ce n'est pas très confortable. On dort à six dans des chambres très exiguës. Il y a une douche et des toilettes pour douze. Mais je m'accommode parfaitement de ce contexte. »

L'ambiance dans la « chambrée » est bonne, assurée par Guy Texereau qu'Antoine Blondin décrit comme un « petit bonhomme au visage aigu semblant s'être introduit par un trou de souris », ou comme « un bureaucrate facétieux de la mairie de Saint-Maur décidé à lancer son rond de cuir par-dessus les moulins ».

« Le plus difficile avant l'heure H, souligne Michel, c'est de maîtriser ses nerfs. L'attente est encore plus crispante quand on est donné favori et que la presse vous sollicite constamment. »

Michel a déjà pu « tester » en série Harald Norpoth : victoire en 3'47"7 contre 3'47"8 à l'Allemand. Parodiant un grand succès du chanteur Mouloudji *(Mon pote le gitan)*, il l'a surnommé « Norpoth le Gitan ».

Dimanche 16 septembre. Place à la finale du 1 500 m, à 18 h 15, juste après l'arrivée des marathoniens. Le stade Partizan « de l'Armée populaire » de Belgrade est plein.

C'est le dernier jour des Championnats d'Europe. Les nations abattent leurs dernières cartes. L'équipe de France est dans ce cas. Elle s'est montrée moins brillante que prévu malgré la médaille d'or surprise au 100 m de Claude Piquemal, devant Jocelyn Delecour, et la médaille d'argent de Denise Guénard au pentathlon. Autant dire que Jazy ne doit pas rater la plus haute marche…

Gaston Meyer est confiant. Pour lui, Michel vaut maintenant trois secondes de mieux que son temps de Rome (3'38"4). En fait, Michel n'a pas besoin de forcer son talent pour assurer une victoire confortable en 3'40"9. Norpoth s'est retrouvé hors jeu à la suite d'une bousculade. Il a heurté la lice à quatre cent cinquante mètres de l'arrivée, il a dû abandonner. Michel, plus habile, se comporte en vrai maître de maison.

« Nous nous étions entendus à l'échauffement avec mon ami polonais Witold Baran pour assurer un train soutenu, raconte-t-il. Convaincu que j'étais le meilleur et ne visant que la médaille d'argent, il m'a proposé ce pacte, sachant que le Russe Savinkov était décidé à mener le premier tour. Je devais relancer au deuxième tour et lui assurer le relais au troisième. Tout s'est déroulé comme prévu. Sur mon accélération à deux cent vingt mètres du but, Baran n'a pas insisté. Dans le virage, j'ai encore accéléré et fait la différence. La ligne droite m'a paru vraiment facile. J'ai terminé relâché, le sourire aux lèvres. Ma victoire a été tellement limpide que j'ai regretté de n'avoir pas couru également le 800 m pour une seconde médaille d'or. »

Au lendemain des Championnats d'Europe, Gaston Meyer, ébloui par cette domination totale, s'interroge : « Michel a su être en forme de mai à septembre, avec un léger ralentissement en juillet. Sa saison a été magistralement conduite et prouve qu'il ne faut pas croire en demi-fond à la théorie de la forme volontairement retardée. Michel aura-t-il l'occasion de tenter le plus grand des records avant la fin de la saison ? »

Voici donc Jazy au pied de la montagne sacrée ! Battre le record du monde de l'Australien Herbert Elliott, la question est devenue d'une actualité brûlante. Des chiffres sont même lancés par René Frassinelli, d'ordinaire très discret : « Michel doit se fixer désormais sur les 3'35" au 1 500 m et 13'25" au 5 000 m ».

Marcel Hansenne ne croit pas cependant que Michel puisse, dans les jours à venir, porter un assaut décisif aux 3'35"6 de l'Australien. Selon lui, le match France-Allemagne à Colombes, les 29 et 30 septembre, doit être l'objectif prioritaire. Un autre rendez-vous est prévu sur les terres de Michel Bernard, le 3 octobre à Lille, sur le mile. Il reste aussi la Journée du souvenir à Saint-Maur, le 7 octobre, avant de clore la saison. Là, ce sera bien le 1 500 m qui sera au programme. Michel a également prévu un 800 m à Limoux le 13 octobre (qui débouchera sur le record de France en 1'47"1), puis une petite tournée exhibition à la Réunion.

Avec France-Allemagne, voici le retour du feuilleton à succès Jazy-Bernard, dans le cadre d'un match qui passionne toute la France sportive. On attend chaque jour trente mille spectateurs ! Au début des années 1960, et quel que soit le sport concerné, les France-Allemagne demeurent des confrontations sensibles.

Au lendemain de Belgrade, Michel Bernard, encore déçu par sa cinquième place au 5 000 m, a regretté de ne pas s'être aligné sur 1 500 m. Dépité, il a même déclaré : « C'est fini ! Je ne disputerai plus jamais de matches internationaux ! »

Heureusement, il s'est ravisé. À la demande de Michel Jazy il a même accepté au dernier moment de doubler contre les Allemands. Il disputera le 5 000 m le samedi et le 1 500 m le dimanche. Jazy, lui, a opté pour le 800 m le samedi, avant de retrouver son vieux rival sur 1 500 m le lendemain. Les deux hommes ont fait chauffer l'ambiance dès le samedi en triomphant brillamment l'un et l'autre.

Les voici qui entrent solennellement sur la piste pour courir le 1 500 m. Jazy, tout sourire, marche en tête suivi des deux Allemands Norpoth et Eyerkaufer et de Michel Bernard. Leur arrivée est saluée d'une salve d'applaudissements aux cris de « Michel, Michel ! ». Le public, manifestement, compte sur eux pour donner le coup de grâce à une formation allemande passablement malmenée par la fougue tricolore depuis le début des épreuves. Le 1 500 m va combler l'attente générale. Les « deux Michel » réussissent un superbe doublé. Le public est aux anges. Il ovationne ses deux favoris. Les photographes aussi se régalent car, surprise totale, Michel Jazy et Michel Bernard se retrouvent dans les bras l'un de l'autre ! Qui aurait pu imaginer cela quelques jours plus tôt ?

Certes, Jazy s'est encore imposé en 3'45"3. Il a jonglé avec Norpoth, mais Michel Bernard a couru avec son cœur et son courage habituels, jusqu'à venir souffler in extremis la deuxième place au champion allemand. Il a terminé aussi fort que Jazy, en 3'45"7. C'est donc l'heure de la grande réconciliation. Il n'y a ni premier ni deuxième, mais deux vainqueurs ! Bernard est acclamé aussi fort que Jazy. Il en a les larmes aux yeux. Les deux Michel ont répondu à l'attente. Ils ont fait basculer le match. L'équipe de France – portée aussi par le triplé de Jocelyn Delecour sur 100 m, 200 m et 4 x 100 m, puis le record de France au disque de

Pierre Alard – s'impose avec 15 points d'écart. Les Allemands, décontenancés, quittent Colombes la tête basse.

Ce succès retentissant vient embellir un peu plus le palmarès exceptionnel forgé depuis trois ans par le « magicien » Robert Bobin ! Quant à Gaston Meyer, il profite immédiatement de l'aubaine de cette médiatisation pour relancer son projet de création d'une Coupe d'Europe bénéficiant de l'Eurovision.

Tout irait pour le mieux dans le meilleur des mondes si Michel Bernard n'était pas... Michel Bernard. Sur un nouveau coup de tête, le « Chinois d'Anzin » renonce au dernier moment à courir à Lille le mile censé nouer définitivement « l'entente cordiale ». Guy Lagorce (sous le pseudonyme de Lionel Schwartz) parle dans *L'Équipe* de « folklore nordiste ». Motif invoqué par Bernard : « Je n'aime pas qu'on me force. Le temps ne sera pas beau. En plus, mes amis belges ne peuvent pas venir et sachez que je suis solidaire des Belges. Pas des Français !... » En vérité, Bernard espérait battre à domicile le record de France du mile, et la présence de Jazy semble le vouer à la deuxième place. Les prouesses du tout nouveau champion d'Europe continuent de lui tourner les sangs.

La situation est grotesque. Venu en grand nombre au stade Grimonprez-Jooris, le public nordiste est prévenu au dernier moment. Lors de la présentation par le speaker, il siffle copieusement le nom de l'absent et applaudit chaleureusement Jazy. Celui-ci, malgré la pluie tenace et la piste en cendrée collante, ne déçoit pas : dans un temps de 3'59"8, il devient le premier Français à descendre sous la barre des 4' au mile.

Une fois la performance accomplie, Michel ne mâche pas ses mots et déclare : « Ce soir, c'était une affaire d'hommes. Michel a baissé de soixante-dix pour cent dans mon estime ! » Il reste trente pour cent à préserver ! Pour la petite histoire, signalons que, l'été suivant, Michel Bernard mettra un point d'honneur à améliorer (en 3'58"2) ce record du mile qu'il convoitait.

Bien sûr, Michel Bernard n'est pas là non plus le 7 octobre à Saint-Maur lors de la Journée du souvenir. L'été 1962 a été flamboyant pour Jazy. Il a amélioré tous ses records, du 800 m au 3 000 m, sauf celui du 1 500 m. Son meilleur chrono reste celui des JO de Rome : 3'38"4. Le temps est radieux sur la région parisienne. Dix mille personnes se sont rassemblées joyeusement dans les gradins. Le stade est transformé en ruche bourdonnante et impatiente. La course passera de nouveau en direct à la télévision. René Frassinelli a prévu un tableau de marche axé sur un temps final de 3'37". Officiellement, Michel Jazy ne s'attaque pas au record du monde de Herbert Elliott (3'35"6), mais plutôt au record d'Europe de Thomas Jungwirth (3'38"1).

Le départ est donné au milieu d'une belle effervescence. Aidé idéalement par Jean-Louis Rousselet, Gérard Vervoort et Robert Misplon, Jazy se retrouve cependant beaucoup trop seul à partir des mille mètres. Quand tout semble compromis, Michel ne lâche rien. Il a fière allure quand il passe en 2'55"1 aux mille deux cents mètres. On se frotte les yeux : oui, il est bien dans les temps du record du monde d'Elliott. Seulement, l'Australien avait terminé en bolide à Rome ! Michel pourra-t-il maintenir un tel rythme ? Hélas !, non. Bientôt, sa foulée devient plus heurtée, un vilain rictus se dessine sur son visage. On réalise qu'il paye sa débauche d'efforts depuis le début de la saison. Pourtant, son sprint final est étonnant ; il va vraiment à l'extrême limite de lui-même. Ce n'est pas suffisant. Quelques précieux dixièmes se sont envolés... « Je n'ai pu m'élever au-dessus de moi-même, avouera-t-il. Je me suis retrouvé seul trop tôt. »

La déception masque presque le formidable résultat, car le temps est somptueux. En 3'38"3, il établit un nouveau record de France, qui est également le meilleur temps mondial de l'année 1962 devant ceux de Jim Beatty, 3'39"4, et de Peter Snell, 3'39"8.

En 1962, Michel a accompli un festival de performances et de records. Maintenant, la préparation des Jeux de Tokyo mobilise les esprits.

Une fois passé l'hiver et l'épisode du Cross des Nations à Saint-Sébastien (relaté sur trois pages dans *Paris-Match*) quand, après avoir explosé une chaussure, Michel part à la dérive et termine pieds nus à la dix-huitième place, concédant sa première défaite depuis deux ans, il est temps de revenir aux choses sérieuses.

Il est convenu, avec ses entraîneurs, que 1963 sera une année de transition, une année test qui doit permettre de savoir si, dans l'optique olympique, le 5 000 m peut devenir une option valable. Une répétition générale est programmée dans le cadre du Mémorial Znamenski au stade Lénine, à Moscou le 2 juillet 1963.

Souverain, Jazy y améliore le record de France en 13'50"2. Il n'est pas question de pécher par triomphalisme, mais le fait est que Michel aime sincèrement cette distance : « Si j'étais né en Angleterre, où on est moins frileux pour lancer très jeune les athlètes sur les longues distances, j'aurais sans doute commencé plus tôt l'aventure du 5 000 m, dit-il. J'avais déjà effectué un essai lors de France-Belgique, mais dans de mauvaises conditions. À Moscou, j'ai eu d'excellentes sensations. L'idée du 5 000 m pour Tokyo, c'est vrai, prend forme. » En attendant, Michel se met encore et toujours au service de l'équipe de France, avec notamment les victoires sur la Tchécoslovaquie, la deuxième place tricolore au Match des Six Nations… derrière l'Allemagne puis le surprenant match nul contre la Russie (voir chapitre 8).

À titre personnel, il continue à l'occasion d'affoler les chronomètres. Le 18 mai à Madrid, il améliore le record de France du 1 000 m en 2'19"1. Le 6 juin, au stade Charléty, il améliore de deux dixièmes de seconde le record du monde du 2 miles (8'29"6, contre 8'29"8 à Jim Beatty).

Mais le must de son été sera incontestablement le 1 500 m des Championnats de France à Colombes, le 28 juillet (voir aussi chapitre 5). Le demi-fond français est en passe de s'affirmer alors comme le meilleur d'Europe, peut-être même du monde, car un nouvel espoir de grand talent vient d'éclore dans le Nord, qui s'appelle Jean Wadoux. Garçon attachant et à l'intelligence fine, « Jeannot », qui a tout juste vingt et un ans, semble promis à des chronos dignes de ceux de Jazy au 1 500 m. Il s'est placé à son tour sous la coupe de Gaston Meyer. Ce dernier devine un brillant avenir chez ce jeune homme prometteur, qui mène aussi de brillantes études en vue d'entrer dans la fonction publique.

« Gaston Meyer, à l'époque, pense déjà que Jean Wadoux réussira des chronos de valeur mondiale et supérieurs aux miens. Il est littéralement subjugué par sa facilité d'allure », note Jazy. À la veille des Championnats de France, le patron de la rédaction de *L'Équipe* a tout simplement demandé à Wadoux d'amadouer Bernard et de lui proposer un « deal » lui tenant tellement à cœur qu'il l'a suggéré dans les colonnes du quotidien.

« En unissant vos efforts, vous allez réussir les plus beaux chronos de votre carrière et un fabuleux 1 500 m », a-t-il expliqué à Wadoux, dépositaire d'une mission pour le moins compliquée.

Le jour de la finale, les deux Michel en sont toujours à s'épier plus ou moins. Colombes est en fête, la journée est splendide. Michel Bernard a l'œil sombre tandis qu'il s'échauffe sur la pelouse annexe. Il pense comme d'habitude à sa course et « à la fameuse ligne droite qui le verra au coude à coude avec Jazy devant des spectateurs se croyant au théâtre », dira-t-il dans *la Rage de vaincre*. Mais Jean Wadoux s'approche de lui. Bernard a tout compris.

« Je mène le premier tour », lui annonce Wadoux. « Je veux bien enchaîner sur le deuxième tour, répond Bernard, et ensuite on laisse faire Jazy... » « Tout à fait d'accord ! », conclut peu après Jazy, qui sait parfaitement que Bernard peut tirer le meilleur profit de cette alliance de circonstance.

Habités par une sorte d'exaltation et aussi un trac légitime, les trois hommes vont courir ensemble contre le chronomètre et pour le titre devant un public survolté qui a saisi d'entrée qu'un exploit se prépare. Cette course va être effectivement l'une des plus belles jamais disputées en France. Belle dans l'harmonie, belle dans la tactique, belle dans la finition et l'explosion des temps.

À la sortie du dernier virage, c'est bien sûr le maillot « bouton d'or » du CA Montreuil, porté par Michel Jazy, qui émerge comme un soleil radieux et file vers un éblouissant record d'Europe en 3'37"8, deuxième performance mondiale de tous les temps. Michel Bernard ne termine pas si loin : il pulvérise son record personnel en 3'38"7. Quant aux 3'41"7 de Wadoux, record personnel, ils annoncent de futurs exploits...

Colombes est en extase. Le tour d'honneur des trois champions est un instant de grâce. Le prochain est déjà programmé l'année suivante sur le continent asiatique. Michel se focalise désormais sur un objectif unique qui embrase tout son horizon : devenir champion olympique à Tokyo.

# Il pleuvait si fort ce jour-là...

Maintenant, grâce à Dieu et quoi qu'il arrive, la France a bien le droit d'aimer Jazy de tout son cœur et pour toujours.

C'est dimanche. Dès le petit matin, par centaines de milliers, les Français encore ensommeillés, ont collé l'oreille à leurs transistors. Oui, priorité à la radio ! On est en 1964 et la télévision ne retransmet pas à une heure si matinale, à cause du décalage horaire, les compétitions olympiques du Japon. Alors, rendez-vous sur d'autres ondes, pour un magique « À vous Tokyo ! » qui va retentir aussi comme un vibrant « esperanto » avant la grande finale du 5 000 m de Michel Jazy.

En ce 18 octobre, tout le monde est d'accord : après tant de sacrifices, tant de combats, tant d'exploits, la victoire du « chouchou » des sportifs français va de soi. Il est favori pour le titre olympique. Il peut gagner, il doit gagner.

« Depuis mes records de 1962, confiera plus tard Michel, les gens portent un autre regard sur moi. Ils m'ont vu à la télévision. Je suis un homme public, exposé à tous les dangers. Une vedette de cinéma peut toujours réapparaître à l'écran avec le même succès. Un sportif de haut niveau se remet chaque fois en question. »

À Tokyo, Michel se sent plus ou moins attendu au tournant. Mais en série du 5 000 m, il rassure la nation. Antoine Blondin, fleuron de l'équipe des journalistes de *L'Équipe* aux Jeux, a été impressionné. Il écrit : « Installé à son pupitre de leader, Michel a remis une copie d'une allégresse exemplaire. Appliqué avec aisance, déchiffrant à loisir le paysage humain qui l'entourait, il a prouvé qu'il avait spontanément assimilé en compétition la méthode à 5 000. La façon dont il se joua de Baillie (l'un des favoris) dans le dernier tour tenait de la pêche au lancer : on amène progressivement la truite sur le bord en lui donnant du fil pour mieux lui serrer la gueule… D'un simple mouvement d'épuisette, il a mis ensuite le Néo-Zélandais dans sa poche… »

*L'Équipe* du samedi 17 octobre a titré à la une : « Jazy s'est qualifié en souriant ». Sur place, pourtant, l'inquiétude est montée insidieusement d'un cran à l'approche de la finale. Une question lancinante se pose déjà : « Michel a-t-il fait le bon choix ? Pourquoi le 5 000 m et non le 1 500 m ? Est-ce à cause de "l'épouvantail" du 1 500 m, le Néo-Zélandais Peter Snell ? »

Réponse sans équivoque de Michel à tous les médias intrigués : « J'étais inscrit sur les deux distances. Quand j'ai appris au dernier moment qu'il y avait un tour éliminatoire supplémentaire au 1 500 m, j'ai choisi le 5 000 m, uniquement le 5 000 m. » Après coup, la polémique rebondira.

Place au 5 000 m donc. Michel Clare et Marcel Hansenne, à la demande de Jacques Goddet, ont été dépêchés dans la matinée au village olympique en vue de prendre le pouls « et savoir où en est notre homme », selon les propres termes du grand patron du journal. Premier bémol à quelques heures seulement de la finale : Michel semble assez fébrile. Des événements insolites se sont déroulés durant la nuit. Mais cela, on ne l'apprendra que beaucoup plus tard…

En fait, pris d'angoisse et ne trouvant pas le sommeil dans le petit bungalow partagé avec Roger Bambuck, Michel est parti vers 1 heure du matin retrouver Irène à son hôtel à huit kilomètres de là… en courant ! Ils se sont vus à peine une demi-heure au bar de l'hôtel. Puis Michel, rasséréné, est retourné au village… toujours en courant. Il s'est endormi vers trois heures. Réveil à 8 h 30. Petit déjeuner, léger footing. « Et je me sentais idéalement bien », précise-t-il.

Jazy a eu ensuite un aparté assez bref avec Marcel Hansenne, son conseiller spirituel : « Quand Marcel est revenu vers moi, il semblait franchement préoccupé, témoigne aujourd'hui Michel Clare. Il avait trouvé Jazy assez pâle et même tendu. L'ambiance était bonne, mais loin d'être euphorique au sein de l'ensemble de la délégation française depuis le début des Jeux. Quatre ans après les catastrophiques JO de Rome, la pression était forte sur les sélectionnés français ayant des chances de podium. Il était impératif d'effacer l'humiliation subie en Italie quatre ans plus tôt. Compte tenu du contexte, le colonel Crespin, responsable du sport français, avait même eu la curieuse idée de faire venir un ténor de la télévision, Georges de Caunes, pour détendre l'atmosphère. La démarche était sympathique mais elle n'empêchait pas certains, en particulier Michel Jazy, de ressentir une responsabilité écrasante. Avec lui, toute la France espérait la médaille d'or. Michel, sans paniquer, l'avouait lui-même : Je sens bien qu'il me faut gagner à tout prix… »

Peu disert, il a tout de même lâché une confidence à Marcel Hansenne à quelques heures de sa finale : « Je contrôlerai le mieux possible la course et surtout je n'attaquerai qu'à deux cent cinquante mètres de la ligne ! » Hansenne est revenu perplexe de cette entrevue. « Il est arrivé aux Jeux sans avoir fourni encore la preuve qu'il est un vrai coureur de 5 000 m et cela le taraude maintenant, écrira-t-il après coup dans *L'Équipe*. Tandis qu'on parlait, il jetait sans cesse des regards inquiets par la fenêtre à cause de la pluie qui tombait. Et moi aussi, soudain j'ai pris peur… »

Il est, en effet, des signes prémonitoires qui vont peser lourdement dans la balance olympique. Antoine Blondin le soulignera à son tour quand il reviendra sur l'événement : « Je ne doute pas de sa victoire. Elle sera le fruit du mystère et du panache. Nous nous sommes endormis sous les étoiles… À cinq heures du matin, la nuit nous réveille. C'est un cauchemar, les yeux ouverts, qui dissipe l'apothéose du soleil dont nous rêvions. »

Oui, il pleut sur Tokyo ce jour-là. Une pluie maléfique. Des trombes d'eau ! Mauvais pressentiment, ainsi que le confie encore Antoine Blondin, assez fataliste devant le changement de décor. Selon lui, le « jardin japonais », complètement noyé, s'est métamorphosé en « jardin sous la pluie », référence à l'œuvre musicale de Claude Debussy : « Nous restons là en lisière de la ville mâchurée par les trombes à regarder tourner les vents… Les toits des pagodes sont retroussés comme des cils retenant de grosses gouttes, des larmes … »

À l'heure de la finale, la pluie brouille toujours le paysage. Le ciel est devenu encore plus fantomatique au-dessus du stade olympique de Tokyo. Robert Parienté parlera le lendemain « d'une pluie obstinée, blanche et froide, qui rebondit sur les milliers de dômes noirs des parapluies déployés partout dans les tribunes ». Un mauvais pressentiment le taraude : « L'inquiétude étreint le camp français, ajoutera-t-il en remontant le temps. Certes, Jazy est intrinsèquement le meilleur de cette finale du 5 000 m. Il possède l'un des meilleurs temps de l'année. Il est aussi sans doute le plus entraîné. Mais il pleut et, c'est bien connu, Jazy n'aime pas la pluie. Parmi tous les coureurs de 5 000 m, il est peut-être celui qui a la foulée la plus puissante, celui dont le pied pousse le plus fort sur le sol. Alors, bien sûr, un sol mou, une cendrée détrempée ne l'avantage pas. Il avantage plutôt une petite foulée. Enfin, on va bien voir. Ce que l'on sait c'est que, s'il le faut, Jazy est capable de courir en moins de 13'30", c'est-à-dire plus vite que le record du monde (Vladimir Kuts, 13'35"). Si la course est rapide, tant mieux ! »

Les conditions s'annoncent déplorables, mais la forme de Michel est considérée par tous les observateurs et par lui-même comme « éblouissante ». Pour preuve : un dernier test effectué pratiquement à huis clos sur le stade d'entraînement du village olympique quelques jours plus tôt, et supervisé par Jo Malléjac, l'entraîneur national. On y a remarqué une présence insolite et discrète. Celle de Peter Snell, alerté par on ne sait qui et venu sans complexe espionner Michel Jazy en prévision du 1 500 m dans lequel ce dernier était alors toujours inscrit. Snell considère Jazy comme sa bête noire. Il en a très peur.

« Je me sentais dans une forme rayonnante, raconte Michel Jazy. Je voulais en avoir le cœur net. Pour Jean Wadoux et Michel Bernard, le test – au train et sans sprinter – était aussi capital avant les séries. C'est vrai, je me suis baladé. J'ai réalisé sans forcer le super chrono de 2'52" sur 1 200 m, alors que Bernard et Wadoux ont réussi un excellent 2'54". J'ai appris par la suite que Snell, visiblement impressionné par ma facilité d'allure, a affirmé dès son retour aux entraîneurs néo-zélandais : "Jazy est trop fort en ce moment. Après le 800 m et quel que soit mon résultat, il est possible que je renonce à m'aligner dans le 1 500 m contre lui." »

Un an après les JO de Tokyo, Peter Snell a tout confirmé à Marcel Hansenne : « J'étais sûr de ma victoire au 800 m. En revanche, si Jazy s'était aligné sur 1 500 m, je renonçais à cette épreuve… »

On notera que, soulagé par la décision finale de Jazy lui laissant la voie libre sur 1 500 m, Peter Snell est entré dans l'histoire en réalisant à Tokyo le premier doublé olympique 800 m-1 500 m !

Gaston Meyer, le « pape de l'athlétisme », rédacteur en chef de *L'Équipe*, a observé très attentivement depuis Paris tous ces préparatifs de campagne. Il est « sentimentalement » partie prenante dans l'aventure olympique de Michel, qu'il pilote plus ou moins à distance en relation avec Marcel Hansenne. Resté à son poste de commandement au 10, rue du Faubourg Montmartre, afin d'orchestrer en maître de maison l'harmonisation générale de la couverture des Jeux, il laisse aussi volontiers courir sa plume de temps à autre dans les pages olympiques. Il y glisse quelques réflexions fortes, ses opinions sont pertinentes. Elles éclairent le contexte, surtout en demi-fond, son domaine favori. Gaston est plutôt favorable à l'orientation nouvelle de Jazy vers le 5 000 m, mais il sait que celui-ci est encore un peu novice sur la distance. La veille de la finale, tout en nuances, il a quand même laissé percer quelques inquiétudes au fil d'un article alimentant le doute. Titre : « Pourquoi Jazy n'est pas favori ». Une affirmation, non une interrogation !

L'analyse est assez pointue. Elle s'appuie sur un sondage réalisé auprès d'experts anglais, américains, suédois et allemands. La hiérarchie mondiale sur 5 000 m est ainsi fixée : 1. Bob Schul (États-Unis) ; 2. Ron Clarke (Australie) ; 3. Bill Baillie (Nouvelle-Zélande) ; 4. Michel Jazy (France). Ce classement tient compte de l'élimination d'un autre Néo-Zélandais de classe, Murray Halberg.

« Jazy est donc théoriquement quatrième, conclut Gaston Meyer. Impression fugitive. Mais je suis persuadé qu'il se battra, comme toujours… »

Étrange : ce classement objectif, qui n'est pas celui de Gaston Meyer bien entendu mais qu'il reprend plus ou moins à son compte, n'est pas loin de refléter aussi le sentiment de Ron Clarke, nouveau phénomène des longues distances, façon Zatopek ou Kuts. Après une victoire épique sur Michel Jazy à Cologne en 13'45"2 au mois de juillet, Ron Clarke a déclaré au journaliste Jean-Pierre Lacour dans *L'Équipe* : « Michel, s'il court le 5 000 m à Tokyo, sera, je pense, cette fois meilleur que moi grâce à sa vitesse de base. Mais attention à l'Américain Schul, au Néo-Zélandais Baillie, à l'Anglais Wiggs. »

Encore et toujours le nom de Bob Schul qui revient régulièrement dans bien des pronostics, même si sa stature médiatique, compte tenu de son palmarès, est encore relativement modeste. L'ancien étudiant de l'université de l'Ohio, coureur de steeple reconverti au 5 000 m, n'est généralement considéré par la presse internationale que comme un outsider de premier choix. Il en joue fort habilement. D'ailleurs, il a su opportunément cacher son jeu en série du 5 000 m à Tokyo. Mais attention : Schul n'est pas n'importe qui ! Officier dans l'armée de l'air américaine, vingt-six ans, doté d'une belle taille de 1,84 m pour 67 kg, il s'honore de figurer en tête du bilan de l'été avec un chrono de 13'38" réalisé en juin à Compton, en Californie. Ce jour-là, il a pulvérisé le record des États-Unis de 21" ! Deuxième coup d'éclat : Bob Schul a amélioré le record du monde de Jazy sur deux miles en 8'26"4, le 29 août à Los Angeles. L'événement n'a guère suscité d'émotion en France.

Aux rares journalistes qui l'ont approché à son arrivée à Tokyo, il a quand même dévoilé sans le moindre complexe ses ambitions : « Je vais gagner le 5 000 m pour devenir le premier Américain couronné sur cette distance. Je suis sûr que je serai le plus rapide de tous dans la ligne droite. Je me suis spécialement entraîné pour cela. Depuis un mois, j'ai donné la priorité aux séances de vitesse. »

Voici venue l'heure fatidique de la finale du 5 000 m. Paris s'éveille. Il est 16 h 20 à Tokyo. Le thermomètre affiche à peine 13°. L'humidité est évaluée à 93 %, il ne cesse de pleuvoir. Le ciel est tellement noir au-dessus du stade olympique qu'il a fallu allumer les rampes équipées de projecteurs. La cendrée, inondée par endroits, prend des reflets d'or…

Avant de venir se ranger tranquillement sur la ligne du départ auprès de ses adversaires, Michel réalise soudain qu'il est cette fois sur le fil imprévisible du destin, tel un funambule qui doit éviter de tanguer. Il embrasse instinctivement sa médaille pieuse en attendant le coup de feu du starter. Il pense à Irène, sa femme, qui lui a adressé un signe de confiance. Il pense à ses deux filles, Pascale et Véronique. Il imagine qu'à l'instant, des millions de Français rêvent eux aussi de victoire. « Surtout, ne pas les décevoir », se dit-il. L'appréhension est là. Le trac également. « J'irai jusqu'au bout de mes forces et même au-delà », a-t-il assuré à Michel Clare. Et il entend bien rester fidèle à ce credo qu'il a fait sien : « En demi-fond, c'est en attaquant que l'on réussit à forcer la victoire, pas en jouant les invisibles dans un peloton avec l'espoir de "ramasser" tout le monde dans la dernière ligne droite. »

L'Américain Bob Schul n'est pas forcément de cet avis...

Le peloton s'ébranle et Ron Clarke, fidèle à sa tactique, va placer ses coups de boutoir meurtriers sous la surveillance permanente de Jazy en deuxième position et qui répond sans problème. Il ne relaie pas. « Sur le moment, j'ai l'impression qu'il refait le même travail de sape que Vladimir Kuts avec Gordon Pirie dans le 10 000 m des Jeux de Melbourne. En tout cas, je suis Ron Clarke sans peine. Mais c'est curieux, chaque fois que je saute dans sa foulée un flash me vient en tête : je le revois brandir son flambeau pour l'allumage de la flamme dans le stade olympique de Melbourne en 1956. C'étaient mes premiers Jeux. Lui n'était encore qu'un espoir qui ne participait pas aux compétitions. Pour moi, la scène avait été magique. Et maintenant je l'accompagnais tout en me disant : attention, il veut sa médaille d'or, il va se battre comme un forcené... »

Quand Clarke attaque, Bob Schul lui, en tout cas, ne bronche pas et laisse Jazy faire le chien de berger. Il se laisse décoller, puis revient très tranquillement avec les autres dès que Clarke choisit de ralentir. Car, finalement, le paradoxe devient éclatant : Clarke se refuse à tenter l'échappée belle, seule chance de victoire pour lui qui n'est pas un finisseur. Sa confiance n'est-elle pas émoussée depuis son échec cinglant (3$^{e}$) au 10 000 m remporté par un Américain, Billy Mills, fils d'un chef sioux ?

Le suspense est entier. On sent maintenant que tout va se jouer dans l'explosion finale du dernier tour. C'est en fin de compte l'Américain Bill Dellinger qui allume la mèche à quatre cent cinquante mètres du fil. Michel est aux aguets. Il le contre magnifiquement et prend même un peu plus loin la direction des opérations tout en surveillant ses rivaux. La foulée est belle, l'allure souveraine, Michel se sent bien. Et soudain, à trois cent cinquante mètres, son attaque fuse. Foudroyante ! Michel, comme aux plus beaux jours, est parti en flèche. Plus tôt que prévu cependant.

« Je les sentais tous regroupés derrière moi. Il fallait me dégager vite. Les repousser. D'une certaine manière, j'étais habité par le doute… »

Son maillot bleu est désormais le point de mire de tous ses rivaux, relégués à dix mètres. Les soixante-quinze mille spectateurs laissent éclater leur joie. Ils accompagnent de leurs cris enthousiastes le coup d'audace du Français, lancé, semble-t-il, vers la victoire. « En un instant, l'écart s'est creusé et nous étions émerveillés de voir cette foulée légère se développer par-dessus la piste luisante d'eau », écrira Jacques Goddet.

À l'entrée de la dernière ligne droite, Michel paraît avoir course gagnée. « C'est alors, raconte Marcel Hansenne, que Michel change brusquement d'allure, comme si on avait attaché des poids invisibles à ses cuisses. » En même temps, Jacques Goddet s'est écrié d'une voix étranglée en pleine tribune de presse : « L'Américain ! L'Américain ! » Oui : Bob Schul revient furieusement en allongeant la foulée…

La ligne droite devient pour Michel un calvaire. Il se retourne, jette un regard de bête traquée sur Bob Schul qui fond sur lui. « Il a tout de suite senti que “sa” victoire s'en allait », constate Marcel Hansenne. Robert Parienté parlera de « quatre années de sacrifices et d'efforts consentis avec enthousiasme et soudain consommés en quelques secondes, en une ligne droite tragique ». Et à propos de Schul : « N'a-ton pas mésestimé la valeur de ce surprenant coureur à la manière rude et peu élégante ?... »

L'Américain passe impitoyablement à mi-ligne droite. Michel Jazy sent que ses jambes se dérobent sous lui. Il est tétanisé, désemparé. L'Allemand Harald Norpoth et le deuxième Américain, Bill Dellinger, le doublent à leur tour. Quatrième ! Il est quatrième ! À une seconde seulement de Schul, vainqueur radieux en 13'48"8. Cruel ! Trop cruel ! Sur la ligne d'arrivée, Michel lève vers le ciel un regard perdu, pathétique. Il ferme les yeux. Se prend le visage à deux mains. Ne voit plus rien. La tête lui tourne. Il a l'impression que son cœur s'est arrêté dans sa poitrine. Il ira, peu après, se réfugier désespéré dans les bras d'Irène, en quête de quelques mots d'apaisement.

Marcel Hansenne pose tout de suite la question : « N'a-t-il pas perdu un peu de sa puissance de miler dans un entraînement forcené pour briller au 5 000 m ? »

La réponse viendra de Michel Jazy lui-même juste après sa course, quand il confie en pleine détresse morale à Michel Clare : « Dans la ligne droite, je croyais traîner des semelles de plomb. J'ai voulu tenter quelque chose de grand. J'ai pris tous les risques en attaquant aussi tôt. Maintenant je peux vous le dire : tout cela est trop dur. C'est ma dernière course internationale. C'est fini et bien fini ! »

L'onde de choc a été terrible en France. Un véritable deuil national. On parle de « naufrage » dans tous les journaux. La manchette de *L'Équipe* n'est pas très tendre non plus : « Capitulation de Jazy à 80 m du but ». Ce titre impitoyable a été confectionné lors d'une réunion de rédaction au siège du journal, à Paris. Il suscitera beaucoup d'incompréhension. Voyant Schul le passer irrémédiablement, Michel a-t-il ensuite vraiment baissé les bras ? Pouvait-il encore réagir pour saisir au moins une médaille d'argent ou de bronze ?

À Tokyo, la majorité des reporters préfère s'apitoyer : dramatique injustice, conditions de course épouvantables ! Oui : la fatalité ! Jacques Goddet se montre, quant à lui, plutôt sévère dans son édito titré « Victime de lui-même ». Le patron de *L'Équipe* est convaincu que Jazy a payé très cher ses erreurs tactiques, arguant que « ses rivaux l'ont poussé à conduire sa course d'une manière illogique, destructrice et meurtrière ». Tout en soulignant l'affection sincère qu'il porte à Jazy, Jacques Goddet insiste : « J'ai détesté la manière dont il a conduit ou subi sa course, en se laissant notamment prendre au jeu de Clarke avant le coup de folie de l'attaque prématurée à trois cent cinquante mètres du fil. » Il déplore également que, voyant son rêve de victoire s'envoler, il ait « renoncé à tout le reste ». Gaston Meyer conclut de son côté : « Michel a commis une grave erreur tactique en attaquant trop tôt. »

Ron Clarke, qui va bientôt réussir d'époustouflants records du monde, affirmera : « Michel Jazy est le plus doué de tous mes adversaires et le meilleur des hommes. Son seul tort est de vouloir systématiquement envisager la physionomie de ses courses avant de les courir. Il organise beaucoup, il improvise peu. C'est probablement ce qui lui a coûté sa médaille d'or à Tokyo. »

Jazy a perdu. Il admet que son attaque à trois cent cinquante mètres du but était prématurée. « Sur ce plan, j'ai couru comme un novice. J'étais le plus rapide du lot. Il fallait attendre les derniers deux cents mètres. Mais je peux dire aussi que, sur une piste sèche et par beau temps, on serait partis avec Clarke sur les bases du record du monde… et personne n'aurait suivi. »

Qu'importe la polémique. Reste la peine, la tristesse. Toute la France sur le moment est inconsolable, comme le rappelle quarante ans plus tard l'écrivain Philippe Delerm dans un article publié dans *le Figaro* en 2004. Il n'a pas oublié son cauchemar d'enfant, révélant qu'au lendemain du triste 5000 m de Tokyo, lui comme des milliers de Français sont « partis au lycée, au travail, une petite mort dans la tête ». Car c'est avant tout ce qu'il convient de retenir quand l'implacable loi du sport ne respecte ni le talent ni la logique : l'émotion emporte tout sur son passage.

Pour Michel, le retour à la vie quotidienne sera difficile après une telle désillusion. Quelque chose s'est cassé brutalement en lui. C'est comme une fin du monde. Il restera à jamais marqué au fer rouge par l'échec de Tokyo. Pour l'instant, avant son retour sur le sol français, il n'a pas très bonne conscience et imagine un « roulis » populaire en sa défaveur.

Pourtant, les lettres arrivent par centaines à Tokyo. Michel n'est pas le seul à avoir pleuré après sa défaite. Dès le retour à Orly, après dix-sept heures de vol, il en a la confirmation. La foule est là, en nombre, pour lui apporter du réconfort. Cet élan de sympathie incroyable le touche. « À cet instant, je suis bouleversé, confie-t-il. Avant, les gens admiraient un champion. Maintenant, j'en suis sûr : tous ces gens-là m'aiment ! »

Michel, malgré sa détresse, reste aussi convaincu qu'il a donné le meilleur de lui-même à Tokyo. « Non, je n'ai pas capitulé ! », répète-t-il machinalement. Il prévoit alors un plan « allégé » pour 1965 et parle même d'une revanche possible aux JO de Mexico. On voit réapparaître comme une lueur de gaieté dans son regard si bleu. 1965 va être l'année de la grande offensive, l'« année des lumières » !

# La tunique d'or

Voici venir l'été magique de 1965 et, en un temps record, le temps des records !

Mercredi 9 juin, hôtel *Du Guesclin* à Rennes. Seul dans sa chambre, Michel a senti soudain monter en lui comme une émotion, une douce excitation. L'heure de partir au stade approche. Une dernière fois, il a caressé du regard son maillot mascotte du CA Montreuil, posé bien à plat sur le lit, puis, dans un geste routinier, il l'a rangé méticuleusement dans son sac de sport, au-dessus du short et des pointes. Ce maillot lui est particulièrement cher. Une vraie tunique d'or qui lui porte sacrément chance. En huit jours, Michel vient d'améliorer deux superbes records d'Europe, sur le mile et le 5 000 m. Il s'imagine à nouveau porté irrésistiblement par l'enthousiasme de milliers de supporters bretons, comme à Lorient trois jours plus tôt quand il a effacé des tablettes européennes le nom prestigieux du Soviétique Vladimir Kuts, en 13'34"4 au 5 000 m.

La soirée s'annonce belle et animée. *Ouest-France* assure dans son édition du jour que le stade Courtemanche sera plein comme un œuf. Et la télévision installe ses caméras de direct.

Au moment de boucler son sac, Michel est déjà mentalement dans sa course, programmée à 22 heures. C'est étrange : pour le moment, il se sent paisible, serein, envahi par un bien-être extrêmement agréable. Le coup de fil rapidement passé à Irène, son épouse, n'y est pas étranger : « Michel, lui a-t-elle dit, après ce qui vient de se produire à Saint-Maur et à Lorient, tu vois bien que la chance est vraiment de ton côté. Finie l'époque du mauvais œil sur Tokyo ! Tout va bien se dérouler ce soir. »

Michel pense aussi aux encouragements récents de Jules Ladoumègue, dernier athlète français recordman du monde du 1 500 m et du mile, en 1930 et en 1931. « Julot » compare souvent Michel à un « matador qui doit s'approcher de plus en plus près des cornes du taureau » et l'a incité à prendre justement un maximum de risques. Depuis quelques jours, il ne cesse de vanter à la presse son élégance en course, qui « procure, dit-il, une telle émotion esthétique qu'on est proche de la perfection… ».

Il est bientôt 19 h 30. Michel attend impatiemment l'appel de l'homme aux clés d'or pour descendre dans le hall de l'hôtel. Un dirigeant de la Tour d'Auvergne de Rennes, club organisateur, doit passer le prendre pour le conduire au stade. Pour l'instant, il se sent bien et fort dans sa tête. Il est redescendu de son golgotha japonais miraculeusement sain et sauf. De toute évidence, le séisme de Tokyo l'a transformé. Les six mille Parisiens venus l'accueillir à l'aéroport d'Orly l'avaient déjà rasséréné. Puis, à son arrivée à son domicile d'Ozoir-la-Ferrière, en Seine-et-Marne, une nouvelle surprise l'attendait, sous la forme des sacs postaux contenant plus de mille lettres. Deux semaines après, à la suite d'une émission télévisée, près de douze mille lettres d'enfants, souvent très émouvantes, lui sont encore parvenues. Les enfants, toujours les enfants ! Ils adorent Michel et l'implorent : « Surtout continue ! Nous voulons d'autres victoires, d'autres records ! »

Alors Michel a refusé la fatalité de l'échec olympique. Il en a analysé les raisons tactiques et tiré les leçons. Pas d'entente avec Ron Clarke pour larguer ses rivaux, erreur fatale en attaquant prématurément… Depuis, il s'est relancé avec une énergie nouvelle sans renoncer à son attirance envers le 5 000 m, au point d'augmenter son kilométrage à l'entraînement : près de trente-cinq kilomètres chaque jour ! On le sent plus déterminé que jamais, sans la moindre idée revancharde, simplement animé par le désir, selon lui, de « dévoiler son vrai visage ». Il entend suivre également les précieux conseils de ceux qui l'entourent. Notamment cette recommandation de Maurice Rousseaux, son préparateur physique, qui, comme Cerutty avec Elliott, écrit à la craie dans sa salle de gym les objectifs chronométriques les plus élevés de Michel, tout en affirmant :

« Les qualités athlétiques entrent pour quarante pour cent dans la performance d'un athlète de haut niveau et la force psychologique pour soixante pour cent. Profite donc au maximum de ta forme en juin, donne-toi à fond car un accident est toujours possible. Ensuite, tu pourras toujours songer à quelques vacances bien méritées à Hossegor ! »

Et voici le mois de juin, celui de la rédemption, celui où Michel va, dit-il, « récolter les fruits de son année olympique » ! Le programme des tentatives et des épreuves de démonstration est fascinant : vingt-trois courses en trente jours ! Michel n'a plus le souffle d'un miler, mais celui d'un sprinteur. Il fonce. Il flambe. Bienvenue à « Jazyland » !

Juin 1965 va ainsi ressembler à une parenthèse enchantée dans la vie des Français, en les entraînant dans le grand vertige d'exploits captivants magnifiés régulièrement dans les médias et à la télévision. C'est clair : la presse ne parle plus que de lui. *Paris-Match* a même détaché un grand reporter pour le suivre dans chacun de ses déplacements. Glorieuse année 1965 qui va compter double dans la vie de Michel, à la fois scénariste et metteur en scène d'un spectacle permanent.

Mais ce soir, à Rennes, en attendant d'autres tentatives il s'attaque bien au « plus beau des records du monde » au dire des Anglo-Saxons : celui du mile. Mis en confiance par son récent record d'Europe du 3 juin à Saint-Maur (en 3'55"5) qui l'a placé en troisième position dans l'histoire, immédiatement derrière les « dieux du stade » Peter Snell et Herbert Elliott, il vise les 3'54"1 de Snell.

À Rennes, la nuit précédant le meeting, une équipe d'ouvriers a été mobilisée pour améliorer l'état de la cendrée, la tasser et la rouler. Mais Michel s'est inquiété en consultant le programme. Plusieurs courses régionales et même un 5 000 m sont prévus avant sa tentative. La piste risque de se détériorer à nouveau.

Quoi qu'il en soit, Michel sait qu'il se sentira à l'aise dans ce coquet stade très accueillant lui rappelant un peu Saint-Maur, avec son petit côté jardin à la française, ses allées, ses saules et ses acacias qui frémissent sous le vent léger du soir.

« Quand j'arrive au stade, raconte Michel, il y a encore peu de gens dans les tribunes mais la plupart de mes copains sont déjà sur place, comme Michel Kervéadou et Claude Nicolas, que j'ai connus tous deux au Bataillon de Joinville, ainsi que Jean Wadoux et Michel Bernard. Ils me félicitent d'abord pour le record du 5 000 m à Lorient. On parle aussi du projet d'une nouvelle tentative collective au 4 x 1 500 m.

Mais je me sens un peu plus fébrile. Je commence à m'inquiéter de l'organisation du plan de bataille pour le mile. »

Gérard Édelstein, témoin de la scène, raconte dans *L'Équipe* : « L'air est vif, le ciel magnifiquement dégagé avec quelques petits nuages inoffensifs. Le décor est idyllique mais Michel a le visage tendu, les yeux absents. Il marche seul et lentement sur le terrain d'honneur, à côté du terrain principal… Un peu à l'écart, Wadoux, Nicolas, Bernard tournent comme des fauves en cage. Quelquefois, un court conciliabule les réunit, puis tout le monde repart chacun de son côté d'un air grave. Étrange pudeur propre à l'athlétisme. Ces hommes vivent ensemble depuis vingt-quatre heures. Ils n'ont pas encore abordé le sujet de front. Qui mènera ? »

Bientôt Jo Malléjac, qui a succédé à René Frassinelli – trop mobilisé professionnellement par l'Association sportive de la police de Paris, l'ASPP –, vient annoncer la bonne nouvelle. Tout est en place : « Il est convenu que j'imprime la cadence sur les deux cents premiers mètres près de Kervéadou, raconte Jazy. Puis celui-ci ira jusqu'aux huit cents mètres. Jean Wadoux et Claude Nicolas se sont entendus pour mener ensuite chacun un demi-tour jusqu'aux mille deux cents mètres. Même Michel Bernard a proposé ses services en constatant que d'autres coureurs ne voulaient pas collaborer, mais plutôt profiter de l'allure record. Je suis soulagé. Mais je m'interroge aussi. Après le 5 000 m de Lorient, serai-je bien dans le rythme d'un mile ? En tout cas, je ne souhaite pas un début de course trop rapide. »

Bientôt tout s'accélère. Bon présage pour Michel, son bon ami Gilbert Vallaeys vient de battre avec 2,11 m le record de France de la hauteur. Le stade Courtemanche est désormais bondé. On entend déjà fuser dans l'air des « Vas-y

Jazy ! » repris en chœur dès son apparition sur la pelouse. Toujours cette ambiance chaleureuse des retrouvailles de Michel avec un public ami et tout à sa dévotion. L'atmosphère devient électrique. Il est 22 heures. La température est fraîche mais agréable. Les coureurs tournent et sautillent près de la ligne de départ, légèrement en retrait de la ligne d'arrivée. Soudain, survient un contretemps inattendu. Le départ est retardé ! La télévision n'est pas prête pour le direct. Le public est mécontent. Il siffle et conspue les techniciens de l'ORTF. De tous les concurrents, Michel Bernard semble le plus agacé. On le voit rouspéter avec véhémence.

« J'ignore sur le moment ce qui se passe avec la télé, raconte Jazy. Mais l'histoire est drôle. En fait, tous les téléspectateurs sont alors rivés sur leur petit écran pour suivre *le Palmarès des chansons* de Guy Lux, l'émission alors la plus populaire. Gilbert Bécaud est la vedette du soir. Micro en main, costume bleu et cravate à pois, il s'apprête à interpréter son grand succès, *Et maintenant, que vais-je faire ?* C'est Bécaud lui-même qui m'a révélé un peu plus tard cette anecdote. Au même instant je me posais moi-même cette question sur la ligne du départ : "Que vais-je faire ?" En tout cas, "Monsieur 100 000 Volts" a été court-circuité en plein milieu de son show par Guy Lux lançant un tonitruant "À vous Raymond Marcillac ! À vous Rennes !". Nous avions déjà couru cent cinquante mètres… ! »

À partir de là, tout s'enchaîne comme dans un rêve sous le regard de millions de téléspectateurs. Michel « va accomplir le chef-d'œuvre de sa carrière, venir enfin à bout de la malchance et du découragement », comme l'écrira Robert Parienté dans *L'Équipe* du lendemain.

Le public de Rennes, lui, gronde de plaisir. L'ambiance est survoltée. Les temps prévus sont respectés jusqu'au deuxième tour. Jean Wadoux passe aux huit cent quatre-vingts yards en 1'55"7 et, après le relais de Claude Nicolas, Jazy prend énergiquement la tête. Saisissante vision ! Michel ne court pas. Il semble flotter voluptueusement au-dessus de la piste tant son style est fluide et aérien. « Il a retrouvé sa légèreté de 1962 », affirmera Robert Parienté.

Des « indicateurs » ont été postés tous les deux cents mètres pour signaler les temps de passage. Michel sent bien que le « miracle est en train de s'accomplir » après avoir entendu 2'57"4 aux trois quarts de mile, puis 3'38"4 aux mille cinq cents mètres. « Je sais que je peux terminer plus vite que Snell, qui avait pris trop de risques dans la partie initiale de son record. Je sais aussi qu'il faut me battre comme un dément dans les derniers deux cents mètres et surmonter la souffrance ! Le public crie "Allez Michel ! Allez Michel !". Mais, mon dieu, comme cela va être dur ! »

Le suspense est énorme quand, après s'être jeté magnifiquement sur la ligne d'arrivée, Michel à bout de souffle lève des yeux interrogatifs vers le ciel dans l'attente du verdict officiel des chronométreurs. Il est entouré par les journalistes. Quelqu'un crie « 3'54"6 ! » avant de se raviser : « Non, 3'53"6 ! »

« Je ne crois bien sûr qu'à la version du record battu, car je sens bien que j'ai parfaitement maintenu jusqu'au bout une allure m'amenant sous les 3'54". Mais il faut attendre quelques secondes encore la confirmation. C'est officiel ! Alors je laisse éclater ma joie et je m'écrie : "Vive la Bretagne" ! J'ai envie de m'élancer à nouveau à toute vitesse sur la piste. Mais j'appelle les copains et, bien sûr, Michel Bernard pour une folle cavalcade sur la piste, main dans la main. Cette image de fraternité, je la garderai toujours précieusement en moi car la plupart de mes records ont aussi été une fête entre amis. » Ensuite, place aux interviews. Il confie sa fierté : «  Succéder à Herbert Elliott et Peter Snell au palmarès du record du monde du mile, c'est l'exploit le plus absolu de ma carrière ! Mon plus grand record ! Peut-être pourrais-je gagner encore une seconde… Puis je me sens capable de réussir maintenant un grand coup sur 5 000 m, samedi à Charléty ! »

Le retour à l'hôtel s'effectue au petit trot avec la bande joyeuse des copains qui l'escortent à courtes foulées à travers les rues désertes de Rennes, tout en plaisantant constamment avec lui ! Puis c'est l'heure du dîner. La salle à manger de l'hôtel étant fermée, il faut aller au *Restaurant de la Gare* juste à côté. Dans une ambiance conviviale, les blagues fusent encore jusqu'à 1 heure du matin. Et tout se termine au cœur de la nuit par un défi cocasse Jazy-Bernard sur 100 m au milieu de la place de la Gare !

La nuit sera courte. Michel a prévu un footing matinal au petit jour avant de sauter dans le Rennes-Paris de 8 h 30. En costume d'alpaga et cravate, il déjeune au wagon-restaurant avec les envoyés spéciaux de *L'Équipe*, Robert Parienté, René Maupas et Gérard Édelstein. Débarqué à la gare Montparnasse, il entame une tournée des radios pour les journaux de la mi-journée.

D'abord Europe 1, rue François 1er, avec Jacques Forestier ; puis RTL, rue Bayard, avec Jean Bobet. Et chaque fois la même question : « Michel, allez-vous tenter de battre demain soir le record du monde du 5 000 m de Ron Clarke ? « Michel affiche une grande prudence… Ensuite, direction l'INS pour son entraînement.

Au lendemain de son exploit rennais, Michel garde heureusement la tête froide. Il réalise toutefois qu'il vient de mettre en ébullition le monde de l'athlétisme. Les réactions sont édifiantes. « Je me sens humble comme un père dont le fils sort de Polytechnique. Michel est devenu le meilleur coureur du monde », dit Jules Ladoumègue.

Peter Snell : « Cela décuple mon envie de reprendre ce record ! »

Jacques Anquetil, tel qu'en lui-même dans le *Midi libre* : « Voilà un grand champion qui ne vit pas comme un moine et n'a pas atteint son plafond. »

Goesta Olander, l'ermite de Volodalen : « Je m'y attendais. Il bénéficie aujourd'hui du magnifique entraînement de l'année 1964 en vue de Tokyo. »

Michel Bernard : « Je suis abasourdi. J'ai eu l'impression en course d'être toujours au sprint ! »

Gunder Haegg, ex-recordman du monde de toutes les distances du 1 500 m au 5 000 m : « Michel est sans doute le plus grand coureur de tous les temps. »

*The New York Times* : « Les drapeaux étaient en berne pour la France après Tokyo. Jazy est aujourd'hui le porte-flambeau d'un programme ambitieux du sport français pour les hisser à nouveau au plus haut ! »

*Paris-Match* l'honore de sa une avec ce titre : « Il entre dans la légende aux côtés de Jules Ladoumègue. »

Le fameux hebdomadaire américain *Sports Illustrated* lui consacre également sa une. Et *Time Magazine* s'étonne devant ce « running frenchman » : « Mais quel est ce Français intrépide qui boit du vin, sait se tenir à table et fracasse tout, jusqu'au plus beau des records du monde en demi-fond ? »

*L'Équipe* enfin, sous la plume de Gaston Meyer, pose la question : « Après cette décade prodigieuse, est-il capable de battre encore d'autres records d'ici la fin juin ? »

Oui, le défi est lancé. Michel veut exploiter une forme rayonnante. Mais concernant le 5 000 m de Charléty, l'enjeu n'est plus tout à fait le même : « Ron Clarke a retardé mon projet, nuance Jazy. Maintenant qu'il est à 13'25"8, il me faut placer la barre plus haut que prévu ! »

L'Australien a, en effet, coupé l'herbe sous les pieds de Jazy dès le 4 juin, deux jours seulement après le record d'Europe de Michel sur le mile à Saint-Maur. À la veille du 5 000 m du Mémorial Pierre Bonnenfant, organisé par le PUC à Charléty, Michel reste donc très mesuré : « J'ai magnifiquement récupéré de ma fatigue de Rennes, annonce-t-il. Je continue ma course-poursuite contre les records, mais ma seule ambition est de me rapprocher de Clarke et de battre surtout mon record d'Europe. » Dans l'atmosphère orageuse et étouffante de Charléty, Michel, longtemps sur les bases du record du monde, va se contenter, si on peut dire, de 13'29", exactement le temps que Gordon Pirie avait pronostiqué pour lui. Michel avait 6" d'avance sur les temps de Clarke aux trois mille mètres (8'1"5). Le septième tour, accompli en 67", lui est fatal, signe d'un petit coup de barre manifeste. Michel améliore tout de même largement son record d'Europe. « Je déclare immédiatement mon intention de refaire une tentative sur 5 000 m, raconte t-il, et elle aura lieu en principe le 30 juin à Helsinki, où Clarke est annoncé et ma participation chaleureusement souhaitée publiquement dans *L'Équipe*. Je suis assez impatient, il faut l'avouer, de rencontrer l'Australien qui vient d'arriver en Europe. »

La rencontre va avoir lieu plus tôt que prévu, à Melun le 23 juin, sur un 2 miles (avec un chronométrage officiel au passage des 3 000 mètres), après, en ce qui le concerne, un 2 000 m à Sochaux, un autre à Delle et les Championnats régionaux. « Pour moi, cette course est capitale, se souvient Michel. J'ai beaucoup d'estime et une profonde admiration pour Ron Clarke, que j'ai d'ailleurs accueilli chez moi à Ozoir-la-Ferrière, avec sa femme. Il vient de battre le record du monde du 10000 m le 16 juin en 28'14" à Turku, en Finlande, mais sans avoir reçu dans les délais l'autorisation de courir de sa fédération. C'est très injuste pour lui, mais son record ne sera pas homologué ! Il se vengera plus tard. Clarke est vraiment devenu le seigneur des longues distances, façon Zatopek et Kuts. Triompher de Clarke avec un record du monde à la clé, ce serait aussi prouver que je ne me contente pas de battre des records dans mon jardin. Puis ce serait aussi dépasser un certain Bob Schul, mon bourreau de Tokyo, qui détient la meilleure marque mondiale.»

«Clarke est un vrai gentleman, continue-t-il. On s'est mis d'accord pour respecter un rythme de soixante-deux à soixante-trois secondes par tour. Je mènerai les tours impairs et lui les tours pairs. Il va parfaitement jouer le jeu. Le départ est donné à 19 h 5. Je n'ai jamais vu autant de photographes. Le face-à-face est magnifique, car nous restons constamment foulée dans foulée. À deux tours de la fin, j'attaque sèchement. L'Australien se retrouve brutalement à dix mètres.

«Au passage des trois mille mètres, je bats mon record du monde en 7'49". Je poursuis mon effort et me jette sur la ligne un peu plus de deux cents mètres plus loin, battant le record du monde du 2 miles en 8'22"6. Ron Clarke n'est pas loin. Il a réussi 7'51" et 8'24"8. Dès le lendemain, il repart pour la Finlande. On se promet une belle fête pour le meeting d'Helsinki, le 30. Sur 5 000 m je sais qu'il sera bien plus à l'aise. Bien sûr, il n'a pas mon "style félin", comme le dit Gaston Meyer. Il aime faire la course en tête. Mais si, à Helsinki, il ne me lâche pas, je serai plus rapide au sprint. En fait, c'est ce qui compte aussi le plus pour moi : effacer

Tokyo, oublier Tokyo, être avant tout le premier... » En Finlande, à une semaine du meeting, on parle déjà de « 5 000 m du siècle » et de la revanche de Tokyo, car la course va rassembler tous les ténors, non seulement Clarke et Jazy mais aussi les deux champions olympiques Billy Mills et Bob Schul, sans oublier la « perle noire » du Kenya, Kip Keino, dont on ne cerne pas encore l'étendue des possibilités. Tous les meilleurs seront là, à l'exception de Norpoth.

En attendant, Michel doit courir le 4 x 1 500 m à Saint-Maur... deux jours après Melun puis un 3 000 m en démonstration à Clermont le lendemain. En revanche, sa course à Lourdes est annulée afin de le préserver avant Helsinki.

À Saint-Maur, c'est encore une belle bleue qui illumine le ciel du demi-fond français : « Je suis intimement persuadé que nous allons battre le record du monde que souhaite si fort Robert Bobin, explique Michel. Pour m'ôter de la pression, il m'a proposé de prendre le troisième relais après Gérard Vervoort – exceptionnel au premier parcours en 3'41"8 – et Claude Nicolas, 3'45"1. Je boucle mon parcours en 3'39"9, un chrono étonnant, dû en partie à la présence efficace de Maurice Lurot qui court pour une équipe nationale B, également très brillante avec Pierre Toussaint. Franchement, j'ai eu peur de m'écrouler et de gâcher le bonheur de mes copains car j'étais parti sur des bases de 3'36"-3'37" jusqu'au kilomètre ! Puis Jean Wadoux a bouclé la boucle en 3'42"2. Notre temps, 14'49", pulvérise celui des Allemands de l'Est (14'58"). Nous avons couru à la moyenne presque inimaginable de 3'42"25 ! Notre tableau de marche prévoyait 3'44"5 de moyenne. C'est vraiment la fête du demi-fond français. Dommage que Michel Bernard, victime d'une contracture, n'ait pu être parmi nous ! »

Avant le choc de l'année sur 5 000 m à Helsinki, Michel

fait ses comptes. Depuis le début de la saison, il en est à quatre records du monde et huit records d'Europe :

– 2 juin, à Saint-Maur : record d'Europe du mile en 3'55"5.

– 6 juin, à Lorient : record d'Europe du 5 000 m en 13'34"4.

– 9 juin, à Rennes : records du monde et d'Europe du mile en 3'53"6.

– 11 juin, à Charléty : records d'Europe du 5 000 m en 13'29" et du 3 miles en 13'5"6.

– 23 juin à Melun : records du monde et d'Europe du 3 000 m en 7'49" et du 2 miles en 8'22"6.

– 25 juin à Saint-Maur : records du monde et d'Europe du 4 X 1 500 m en 14'49".

Analysant ce bilan impressionnant, Marcel Hansenne regrette que Jazy ait été retardé dans l'approche du 5 000 m en 1963 (blessure à une cheville après un coup de pointe à Volodalen) et en 1964 (mauvaises conditions atmosphériques plus JO) car, finalement, il a été pris de vitesse par Ron Clarke. « Mais, dit-il, s'il doit viser maintenant 13'20", pourquoi pas ? » Une belle opportunité est à saisir à Helsinki. Toutefois, avec tant de « têtes couronnées », l'hypothèse d'un marquage serré en vue de la victoire semble aussi crédible que la chute du record du monde.

Avant de s'envoler vers Helsinki, Michel Jazy a couru un 3 000 m à Clermont-Ferrand où il a été accueilli en héros national. Puis il a pris sereinement son avion et retrouvé la pureté du ciel et de l'air finnois dont il raffole. Il est accueilli à l'aéroport d'Helsinki par une meute de photographes, avant de rejoindre l'hôtel *Mercure* avec Jo Malléjac, le coureur de 110 m haies Marcel Duriez et Gilbert Vallaeys. Dans sa tête, Michel a déjà un plan pour conjurer la coalition américaine Bob Schul-Billy Mills. Ce dernier vient de battre le record mondial du 6 miles à San Diego. Il faut s'entendre bien entendu avec Ron Clarke, comme à Melun. En tout cas, il ne sursaute plus d'effroi à la perspective d'un chrono à 13'20".

« Je sais que l'Australien a déjà pris les devants par presse interposée, explique-t-il. Il me propose de suivre un train soutenu à raison de soixante-quatre secondes par tour, pour passer en huit minutes aux trois mille mètres et déboulonner nos adversaires, surtout les deux Américains ». Mais Clarke a nuancé aussi ses propos : « Peu importe le record pourvu que la course soit belle. Je crois sincèrement que Michel est le meilleur coureur du monde sur 5 000 m. Il n'aurait jamais dû perdre à Tokyo. Je ferai donc tout pour éviter la défaite ! »

« Je me doute un peu qu'il va vouloir préserver son record, relève Jazy. De toute façon, ma résolution est prise. Quoi qu'il arrive avec Clarke, je ne me laisserai jamais distancer par lui ! »

Il est 19 h 30, le 30 juin, quand les vingt concurrents se placent sous les ordres du starter. Plus de cinquante mille spectateurs ont envahi les gradins du stade olympique d'Helsinki pour les « Jeux Mondiaux » et un 5 000 m baptisé ce soir-là, en direct, « La course des trois empereurs » (Jazy, Clarke et Schul) par l'un des envoyés spéciaux de *L'Équipe*, Henri Garcia. Celui-ci voit, en effet, percer sous les traits de Jazy, après toutes ses conquêtes de juin, un petit Bonaparte guettant son soleil d'Austerlitz dans la clarté douce de la Finlande, pays où en ce début d'été le soleil rayonne étonnamment au-delà de minuit.

Vingt concurrents, voilà qui promet pas mal de bousculades au départ ! De fait Clarke, qui a prévu de mener d'entrée, éprouve les pires difficultés à se dégager pour parvenir en tête. Keino a pris momentanément le commandement devant Jazy. Mais qui se méfie de Keino ?

À partir des huit cents mètres, Clarke et Jazy se relayent comme convenu, imposant la cadence de soixante-quatre secondes par tour jusqu'aux deux mille mètres. Surprise : Bob Schul n'est pas au mieux. Il se retrouve très tôt en difficulté. À l'approche des trois mille mètres (8'5"2), le champion olympique du 5 000 m est même définitivement décroché. Aux trois mille deux cents mètres, ils ne sont déjà plus que trois en tête : Clarke, qui a tenté une accélération progressive, Jazy… et Keino, l'invité surprise. Les autres concurrents comme Mills (États-Unis), Wiggs (Grande-Bretagne), Helland (Norvège), Nadje (Suède), Baillie (Nouvelle-Zélande), Haase (RDA) sont lâchés. Pourtant, une évidence se dessine insensiblement que souligne Robert Parienté : « Clarke n'a pas l'intention d'offrir sur un plateau d'argent son record du monde à Jazy. »

Tandis que les clameurs de la foule prennent une formidable ampleur, l'allure baisse sensiblement de près de trois secondes au neuvième et au dixième tour. Clarke n'est-il pas un peu fatigué par sa longue tournée nordique et Jazy préoccupé davantage par une victoire capitale à ses yeux ? La présence insolite de Keino, très facile d'allure, doit aussi les troubler quelque peu.

« Kip Keino est un coureur d'instinct dont la cinquième place aux JO de Tokyo, juste derrière moi, a peu retenu l'attention, explique Michel. On n'a plus entendu parler de lui depuis. Je sais juste qu'il peut dérouter par ses improvisations en course et que son entraînement en altitude est bénéfique dès qu'il court au niveau de la mer. Sa présence à nos côtés m'intrigue de plus en plus. »

Au bord de la piste, Jo Malléjac pressent cependant que le rêve de record du monde s'estompe. Il s'écrie : « Ça ne va pas assez vite ! »

Ron Clarke, merveilleuse machine à courir, avec sa noblesse d'allure, son style puissant et régulier, a bien réalisé, lui, après une ultime accélération progressive aux quatre mille cinq cents mètres, qu'il ne parviendra jamais à se défaire de Jazy et de Keino.

« En fait, lors d'un relais entre nous deux sur un tour précédent, j'ai déjà lu comme un aveu d'impuissance dans son regard, quand je lui ai lancé en anglais : "Go ! Run !" Ce fut l'un des moments clés de la course. J'en ai conservé l'image, un peu pathétique pour Clarke, sous la forme d'une grande photo dans mon bureau. Clarke, grimaçant, semble répondre "non" à mon invitation. Il voit déjà venir la défaite. Il a bien senti que je survole la course. J'ai l'œil clair, je domine mon sujet. »

C'est finalement Kip Keino, dans son rôle de « trouble-fête », qui allume fébrilement les hostilités dans le dernier tour, à trois cents mètres du but. Clarke est en tête à la corde, Michel Jazy au deuxième couloir, près de lui, foulée légère, élégante, dans un état de fraîcheur surprenant. Michel a bien sûr saisi en un clin d'œil le danger Keino. Le Kenyan tente de déborder au troisième couloir.

« À un moment, on se retrouve tous les trois de front, mais Clarke ne résiste pas longtemps. J'ai efficacement contré l'attaque de Keino. Il reste menaçant. Je sens bien, à mi-virage, qu'il faut porter au plus vite une attaque tranchante et décisive, explique Michel. Je pense au dernier tour des JO à Tokyo. Je prends alors presque cinq mètres à Keino ! A-t-il les moyens de revenir ? J'entre en tête dans la ligne droite. C'est un moment toujours grisant. Les applaudissements redoublent d'intensité et, en Finlande, où le public est composé de fanatiques, ils sont assourdissants. Mais attention à Keino! Je sprinte, je suis lucide. Pour mieux contrer un éventuel retour du Kenyan, je me décale au deuxième couloir. Je sens bien que je file irrésistiblement vers la victoire. Je suis envahi par cette sorte d'ivresse indéfinissable identique à celle que j'ai éprouvée à chaque fois lors de mes grands records en juin.»

Quelques mètres après la ligne, Michel se retourne pour voir surgir Keino à la deuxième place. Le Kenyan est hilare et lui attrape le bras pour le brandir triomphalement devant les photographes en s'écriant : «King! King!» Puis Clarke arrive à la troisième place. Il fait triste mine. Il est décontenancé par son échec.

«Quand il passe près de moi, je lui dis sincèrement : "Sorry for you, Ron!". Mais il ne répond pas. Il est désemparé, il est ailleurs…»

Pourtant Clarke n'a pas tout perdu. Il s'en est fallu de quelques dixièmes seulement. Avec 13'27"6, nouveau record d'Europe (et 13'4"8 au 3 miles), Michel Jazy, à 1"8 seulement du record mondial de l'Australien (13'25"8), est convaincu que bientôt il sera à 13'20". Il s'abandonne à sa joie devant les journalistes français : «J'ai définitivement effacé Tokyo, lance-t-il joyeusement. J'ai couru comme dans un rêve. J'ai gagné le plus important quitte ou double de ma carrière. Un seul regret : que Clarke n'ait pas vraiment tenu sa promesse d'aller à fond. Mais c'est de bonne guerre.»

Ron Clarke, fair-play, a admis la supériorité de Michel : «Il a été magnifique. Il fera mieux. Mais je n'ai pas dit non plus mon dernier mot…» L'Australien ne va pas tarder à prendre une superbe et fabuleuse revanche. Dès le 14 juillet à Oslo, il pulvérise le record du 10 000 m en 27'39"4.

Quant à l'intrépide Kip Keino, il va réussir 13'26"2 au 5 000 m à Turku, deux jours après Helsinki, puis s'emparer deux mois plus tard du record du monde du 3 000 m en 7'39"6 : « Preuve, dit Michel, que j'avais raison de me méfier de lui à Helsinki. Preuve aussi qu'on entre maintenant dans une ère nouvelle pour le demi-fond. Bien des limites vont être bousculées. »

En revanche, dixième seulement du 5 000 m d'Helsinki, Bob Schul, l'homme qui a terrassé Michel aux JO de Tokyo, va bientôt passer aux oubliettes : « C'est étrange. Bob Schul n'aura couru pratiquement qu'un seul été ! », constate Michel.

Au lendemain de son triomphe, Michel Jazy est couvert d'éloges par la presse mondiale et impatiemment attendu en France. Il a prévu le matin à Helsinki un match de football avec quelques copains. Il retrouve notamment Aulis Rytkonen, qui a fait les beaux jours du Toulouse Football Club et gagné la Coupe de France en 1957 avec Pierre Cahuzac. Revenu en Finlande au terme de sa carrière et parlant couramment le français, c'est lui qui, à l'instigation des organisateurs des « Jeux Mondiaux », a confirmé par téléphone à Michel son engagement au 5 000 m.

« Je n'en revenais pas ! Une très forte récompense était prévue pour ma participation. Cela correspondait en gros au prix d'une voiture de très bon standing. J'ai deviné que Ron Clarke, Bob Schul et Billy Mills devaient bénéficier du même type de faveur. Compte tenu des règles draconiennes de l'amateurisme, c'était bien sûr formellement interdit. Certes, on parlait depuis longtemps déjà de ce genre de pratiques dans les pays nordiques, passionnés d'athlétisme. Dan Waern avait d'ailleurs été disqualifié pour cette raison. Le phénomène allait se développer surtout après les Jeux de Mexico. Et on sait ce qui s'est produit pour Guy Drut, suspendu onze ans plus tard quand il a fait des révélations publiques sur les dessous de table dans les meetings. Pour moi, tout s'est effectué discrètement. Je n'étais pas très rassuré. Je me suis surtout inquiété quelques jours après. J'ai appris par l'intermédiaire d'un athlète allemand en stage à l'INS, mandaté à cet effet, que les organisateurs du meeting de Cologne voulaient monter avec Clarke et moi un 5 000 m haut de gamme à la fin juillet, avec un gros contrat à la clé. Ne s'agissait-il pas d'un piège pour me faire disqualifier ? On ne le saura jamais. »

Il est un autre souvenir précieux dans le cœur de Michel, lié à Helsinki 1965. Avant de reprendre l'avion, il a effectué une visite de courtoisie au « Finlandais volant », Paavo Nurmi, neuf fois champion olympique, vingt-deux fois recordman du monde. Nurmi, le coureur « à la foulée inflexible » selon l'écrivain André Obey. « Le rendez-vous a eu lieu dans l'appartement d'Hannes Kolehmainen, autre star de la mythologie athlétique du début du XX$^{e}$ siècle, vainqueur de Jean Bouin aux JO de Stockholm en 1912. Je suis venu les rencontrer en compagnie de Ron Clarke. Nous étions comme des petits garçons, très émus, très humbles devant ces géants de l'histoire. Nous avions amené nos appareils photo. La discussion avec eux s'est déroulée en anglais. Et nous sommes tombés d'accord : les records d'hier et d'aujourd'hui seront pulvérisés demain. L'Afrique va bientôt nous subjuguer avec ses coureurs naturels. Le demi-fond va être pris dans un tourbillon. »

Michel peut maintenant rentrer en France, où il est une nouvelle fois fêté en héros. Pour avoir définitivement l'âme en paix, il ne lui reste plus qu'un petit compte, très amical, à régler avec un certain Norpoth, l'Allemand qui, derrière

Schul, lui a aussi filé sous le nez aux JO de Tokyo (2e). Il ne l'a jamais rencontré depuis. Mission accomplie sur 5 000 m le 3 juillet à Berne, sous le maillot de l'équipe de France, dans le cadre du Match des Six Nations. « Je ne lui ai laissé aucune chance dans le dernier tour, avec un 200 m explosif en 24"4". Il a été asphyxié », se souvient Michel.

Cette fois, le ciel de Tokyo est enfin dégagé !

# La valse des adieux

Vivre une autre vie : le choix est donc fait…

À l'aube d'une saison 1966 qui doit marquer ses adieux officiels à la haute compétition, Michel Jazy se sent rasséréné, sinon parfaitement rassasié. Tous ces records du monde et d'Europe de 1965 ont été comme un cadeau du ciel dans le miroitement d'un été fascinant. Toujours porté par la même ferveur populaire, Michel n'a rien perdu de son magnétisme. Il sait seulement que le temps va bientôt s'immobiliser, que le manège va s'arrêter de tourner.

Pourtant, l'envie de s'attarder encore un peu et de profiter de cette griserie l'incite également à ne pas se retirer en douce sur des exploits mineurs. Michel ne cesse de penser à Herbert Elliott, qui l'a longtemps tétanisé. Les 3'35"6 de l'Australien dansent toujours dans sa tête et déclenchent en lui comme un plaisir allègre, tout en réveillant quelques fourmis dans ses jambes. Il évite toute surenchère mais maintient publiquement que le « ruban bleu » du 1 500 m est tout aussi abordable que le mile chipé à Peter Snell l'année précédente.

Un autre objectif lui tient à cœur et ce n'est pas une coquetterie. Michel aimerait réussir le doublé 1 500 m 5 000 m aux Championnats d'Europe à Budapest et confirmer qu'il est bel et bien, depuis cinq ans, le souverain absolu du demi-fond sur le Vieux Continent. Du coup, le rendez-vous hongrois prend un caractère sacré. Pour en assurer la réussite, Michel s'en remet aussi à Robert Bobin. La campagne tricolore s'annonce de haute tenue : « Bobin, une fois de plus, compte sur moi. Il m'a souvent placé devant une sorte de mission commando, en exigeant de moi le maximum. Je réponds toujours présent. En Coupe d'Europe 1965, à Stuttgart, ne m'a-t-il pas suggéré de courir un 10 000 m… que j'ai terminé pieds nus ! Pour lui, je dois rester fidèle au poste, été comme hiver. Et on en arrive à ce paradoxe : je peux être le numéro un du cross l'hiver, et le numéro un sur 800 m l'été venu ! Ce n'est pas très cohérent. Puis l'International de cross pose problème : il est disputé sur une longue distance, même si on est passé de 14, 5 kilomètres à 12 depuis 1963. Robert Bobin, à cet égard, me fait malicieusement et régulièrement le coup du cocorico : « Michel, j'ai besoin de toi pour épauler l'équipe de France de cross » ; avant d'ajouter avec un clin d'œil : « Bien entendu, si tu gagnes ce sera encore mieux ! »

« C'est sympa, mais il m'est arrivé aussi de m'en mordre les doigts. D'un style plutôt "pur-sang", je ne suis pas un vrai crossman. Déjà en 1963, à Saint-Sébastien, au milieu d'un épouvantable cyclone, j'ai terminé le pied en sang avec une chaussure trouée ! En 1965 à Ostende, sur un parcours balayé par des bourrasques de vent et de pluie, j'ai également un peu craqué en terminant huitième. Une petite contre-performance masquée par la superbe victoire de l'ami Jean Fayolle. Avec le recul, je crois que le cross a pris une place trop envahissante dans ma carrière. Il m'a un peu brûlé les ailes, en nuisant à ma préparation sur piste. J'ai fait trop de quantitatif, pas assez de qualitatif. »

Le demi-fond français est au zénith en ce début de saison 1966. Michel a pris la stature d'un totem vénéré et cajolé du regard par les générations nouvelles. Il leur procure une certaine force mystique, une réelle énergie. Concernant l'avenir, un athlète fait déjà l'unanimité : Jean Wadoux. Il est clairement l'héritier désigné. Mais il y a aussi de nouveaux talents comme Jean-Pierre Dufresne, conseillé par Michel Bernard, Pierre Toussaint et un junior paré de tous les dons, Jacky Boxberger. L'espoir sochalien de Gaston Prétot sera d'ailleurs finaliste olympique du 1 500 m aux JO de Mexico en 1968 où Jean Wadoux, hélas ! sera victime comme tant d'autres (Jim Ryun, Ron Clarke…) des effets néfastes de l'altitude.

Mais si Michel accumule les victoires dès le début de la saison 1966 et prépare sereinement ses rendez-vous majeurs, quelques coups de tonnerre éclatent çà et là dans le ciel du demi-fond mondial. Dès le 4 juin, Jim Ryun, un jeune prodige américain de dix-neuf ans originaire du Kansas et surnommé par ses copains d'université « la Girafe » (il mesure 1,88 m), crée une fameuse sensation. À Compton, en Californie, il approche d'un dixième de seconde seulement le record du monde du mile de Jazy. Ses 3'53"7 confirment sa surprenante victoire sur Snell à San Diego l'année précédente.

Quelques jours plus tard, le 10 juin, le jeune loup du demi-fond US pointe à nouveau le museau, et plus insolemment encore, sur 880 yards à Terre-Haute, en Indiana, sur une piste synthétique, ce qui est nouveau. En 1'44"9, il efface tout simplement le record mondial de Peter Snell.

Malheureusement pour lui, le temps n'a pas été pris au passage du 800 m. En fait, l'élève de Bob Timmons à l'université du Kansas se situe bel et bien à 1'44"2 sur cette distance !

Ces deux super chronos de Ryun, plutôt spécialiste du 1 500 m (il a été sélectionné à dix-sept ans pour les JO de Tokyo et valait déjà 3'39"), vont déclencher une troisième embellie. Moins de six semaines après, le 17 juillet, « l'Archange » du Kansas profite du meeting de Berkeley, en Californie, pour survoler sans complexe le record du monde du mile. Et de quelle manière : 3'51"3, soit plus de deux secondes de moins que Michel Jazy (3'53"6). Le demi-fond mondial vient de sacrer un nouveau maître. Ses copains d'université l'appellent maintenant « The King ». Seule surprise : il semble bouder provisoirement le record du monde du 1 500 m – toujours convoité par Michel Jazy –, à moins que tout simplement il n'ait pas l'occasion de s'aligner sur des distances métriques peu disputées à l'époque aux États-Unis.

Avec Ryun, ça sent peut-être le roussi mais Michel ne vacille pas. Il veut toujours entretenir quelques promesses radieuses.

« Ryun a dix-neuf ans. J'en ai trente… Ryun est un nouveau prototype de coureur. J'ai été surpris de découvrir la rigueur, l'intensité de son entraînement, avec parfois des séries de 200 m en 23", un temps qui représente mon record personnel ! Je mesure avec lucidité certaines erreurs dans mon entraînement personnel, trop quantitatif. Mais, de toute façon, on est entrés dans une ère nouvelle, et Ron Clarke à son tour va "fracasser" un grand record, celui du 5 000 m, en 13'16"6 le 6 juillet à Stockholm ! C'est une incroyable et admirable performance. Mais cela ne me donne aucun complexe. Je pense toujours à de grands chronos tout en maintenant mon objectif prioritaire, à savoir le doublé européen 1 500 m-5 000 m à Budapest. »

Voici en tout cas Michel Jazy en piste à Rennes le 15 juin 1966, pour son premier 1 500 m sérieux de l'année, après un prometteur 2 000 m à Anzin en 5'1"4… à deux dixièmes du record du monde ! À vrai dire, Michel ne se sent pas totalement prêt à tutoyer Elliott. Ce serait déjà bien d'accrocher le nouveau record d'Europe de l'Allemand de l'Est Juergen May (3'36"4), ou tout simplement d'abaisser autour des 3'37" son record de France (3'37"8) établi à Colombes en 1963. Encore faudrait-il pour cela disposer d'une aide efficace.

Une fois de plus, tout se décide au dernier moment sur le stade d'échauffement de Courtemanche. Le fidèle Michel Kervéadou et le jeune Brestois Mermet proposent leur aide. Une fois la course lancée et après un certain ralentissement aux sept cents mètres, qui voit-on surgir en tête pour relancer l'allure ? Ce diable de Michel Bernard ! « Le Chinois d'Anzin », cocasse coïncidence, est devenu l'allié inconditionnel de Jazy le jour même où la une de *L'Équipe* est barrée par un énorme titre concernant les deux autres « frères ennemis » du sport français, ceux du cyclisme : Jacques Anquetil hésite à prendre le départ du Tour de France 1966 car il ne veut pas de « face-à-face avec Raymond Poulidor » !

Bernard et Jazy, eux, ont définitivement enterré la hache de guerre. À l'issue du 1 500 m de Rennes, quand ils se retrouvent dans les bras l'un de l'autre, l'émotion est intense et palpable. Bernard lancera avec des accents de vraie sincérité : « Voyant que le train n'était pas assez soutenu, j'ai décidé de me sacrifier. Il fallait rester dans les temps du record pour Jazy. J'avais bien senti que les autres coureurs voulaient tirer leur épingle du jeu et ne bougeraient pas. Tout risquait de capoter ! »

Une fois encore, le public breton se montre à la hauteur. Il scande le nom de Jazy mais s'enthousiasme tout autant pour le panache et la grandeur d'âme du dévoué Michel Bernard, qui passe aux mille mètres en 2'27"4. Aux mille cent mètres, Jazy s'empare de la tête. Son aisance paraît stupéfiante. Du grand Jazy. Mieux qu'il ne le disait. Un exploit se dessine. Michel, en doublant un Bernard maintenant asphyxié par son propre rythme, pense alors : « Si je bats un record, je le devrai à Michel Bernard. »

Il s'en faudra de peu qu'Elliott ne soit dépassé. Effectué en 54"2, le dernier tour de Jazy est éblouissant. On annonce 3'36"3, nouveau record d'Europe. La FFA rectifiera plusieurs jours après, 3'36"4, au vu des relevés des chronos manuels officiels. Jazy a égalé Juergen May. Il est désormais à huit dixièmes seulement d'Elliott. Il ressasse quelques regrets sur le déroulement de la course, mais voit déjà plus loin.

Le soir même, de retour à l'hôtel *Du Guesclin* et à la veille d'un déplacement à Varsovie avec Jean Wadoux, il confie à Robert Parienté : « Si on était passés deux secondes plus vite aux mille mètres, j'étais à moins de 3'35". Je suis vraiment impatient de me remettre en piste. Il me faut battre ce record une bonne fois pour toutes. »

La date est fixée. Ce sera dans dix jours, le 25 juin à Sochaux.

Mais au stade Bonal, où Jazy retrouve Wadoux, Bernard, Nicolas et Vervoort, l'ambiance est particulière, proche de celle des nocturnes de football, avec des spectateurs qui font un boucan terrible, trépignent de joie sur les gradins annexes en bois et « veulent avant tout du record ». La soirée est douce. Michel est venu à Sochaux par la route avec sa DS et des copains, parmi lesquels Gérard Vervoort. On est loin d'une préparation idéale ! Mais il est super confiant. Au summum de sa forme, pense-t-il. La télévision n'étant pas prête, on retarde encore une fois le départ.

Quand il est enfin donné, le Strasbourgeois Lutz prend la responsabilité de l'allure et mène grand train jusqu'aux sept cents mètres, au point que Gérard Vervoort, derrière lui, s'écrie : « Moins vite ! » Le passage aux huit cents mètres (1'57"8) s'effectue deux secondes plus vite qu'à Rennes.

« C'est exactement le scénario inverse de celui de Rennes, explique Michel. Mais n'est-on pas allés trop vite dans la première partie de la course ? Pourtant, dans la foulée de Vervoort qui a pris le relais, je me sens vraiment trop facile. Je réalise que les autres, avec Wadoux, sont dix mètres derrière et cela me perturbe un peu. Au passage du kilomètre, je possède deux secondes d'avance sur les temps d'Elliott. Tout va se jouer dans le dernier tour. Dans l'ultime virage, j'essaie d'accélérer un peu. Mauvaise surprise : je suis déjà pied au plancher. La ligne droite s'avère plus difficile qu'à Rennes. Je termine en 3'36"3. J'ai gagné un dixième de seconde seulement sur le record d'Europe. J'en suis désormais l'unique détenteur, mais au fond de moi, il y a comme un sentiment d'inachevé. La satisfaction est d'autant plus mitigée que le public semble partiellement déçu. Il espérait un record du monde. L'ami Jean Wadoux a battu son record personnel en 3'39"4. C'est super pour lui. Quant à moi, je ne veux pas en rester là ! »

« Dans un sens, écrit Gérard Édelstein, Michel dans son bel habit de lumière renoue avec ses tourments shakespeariens : être ou ne pas être recordman du monde du

1 500 m ?… » L'histoire d'amour entre Michel et le record du monde du 1 500 m s'arrêtera là. Les longues fiançailles ne déboucheront jamais sur des épousailles.

Désormais, tous les regards se tournent vers le Nepstadion de Budapest, où le rideau va se lever sur les Championnats d'Europe. La cérémonie d'ouverture se déroule aux accents mélodieux de la *Deuxième Rapsodie hongroise* de Franz Liszt, tandis qu'éclate dans le ciel un feu d'artifice aux couleurs magyares : vert, blanc et rouge. Dix ans après, tout le monde a encore en mémoire la terrible répression des chars soviétiques, en 1956, dans la capitale hongroise.

Une certaine tristesse continue de flotter dans la ville, où les stigmates des combats sont toujours visibles sur les murs des beaux immeubles. Mais, au contact des gens, on sent aussi battre le cœur d'un pays renaissant, prêt à vibrer pour l'athlétisme et à célébrer joyeusement de beaux championnats sur les bords du Danube. Le village des athlètes, à Godollo, distille aussi, comme aux Jeux, les reflets précieux de cette fraternité réconfortante qui échappe aux tempêtes de l'histoire.

Michel doit entrer en lice dès le premier jour, sur 1 500 m. C'est l'instant choisi par Antoine Blondin pour publier l'une de ses chroniques les plus célèbres, « Le forfait de Cendrillon », sur la non-sélection, scandaleuse à ses yeux, d'une junior au très grand avenir nommée Colette Besson, « superbe cavale, crinière au vent »…

Michel se qualifie sans problème pour la finale du 1er septembre. Il y sera accompagné de Jean Wadoux et de Claude Nicolas, « tombeur » en séries du Tchèque Josef Odlozil, vice-champion olympique à Tokyo. Cela promet un beau match France-Allemagne avec, face aux trois

Tricolores, Bodo Tummler, Harald Norpoth et l'Allemand de l'Est Juergen May.

« Je n'ai aucune idée de la façon de mener cette finale. Je sais simplement que je ne veux pas renouveler mes erreurs de Tokyo, confie sur place Michel. J'arrive en super forme sans être sûr que cela va rire pour moi. L'idéal serait que l'on s'entende avec Jeannot et Claude, mais chacun doit aussi songer à défendre ses chances personnelles. »

La règle (stupide selon Gaston Meyer) du « chacun pour soi » est finalement retenue ! C'est ainsi que, le jour même où Jacques Madubost et Robert Sainte-Rose réalisent leur historique doublé à la hauteur, Michel Jazy va être la victime d'un invraisemblable manque de concertation positive au sein du camp français. Au bout d'une course piège, trop lente et tactique, avec des bousculades constantes dont Jean Wadoux a fait les frais, Bodo Tummler (le plus rapide sur 800 m), auteur d'un dernier tour « terrific » en 52"7, l'emporte devant Michel Jazy et Harald Norpoth. Il ironise devant la presse : « Merci les Français ! » Ceux-ci ont clairement été condamnés par leur manque d'esprit collectif.

« Tummler est plus jeune, plus rapide que moi, positive cependant Jazy. Il gagne logiquement. Je ne suis pas mécontent d'être deuxième devant Norpoth. On va se retrouver encore tous les deux au 5 000 m. »

Le 5000 m a lieu le dernier jour des Championnats d'Europe, alors que l'équipe de France s'apprête à clore son festival historique (quatorze médailles !). Elle a déjà conquis trois médailles d'or avec Roger Bambuck au 200 m, où le jeune Jean-Claude Nallet a pris le bronze, Jacques Madubost à la hauteur et le 4 x 100 m composé de Marc Berger, Jocelyn Delecour, Claude Piquemal et Roger Bambuck. Elle en espère une quatrième au 5 000 m : « La finale se déroule idéalement, raconte Michel, exactement comme je le souhaitais, avec un train assez régulier sous la conduite des deux Hongrois Mecser et Kiss, un dernier kilomètre très rapide (2'28" !) et l'assaut prévisible d'Harald Norpoth dans le dernier tour. Il reste en fait cinq cents mètres à parcourir quand l'Allemand, avec son style très curieux et déhanché, tente sa chance. Je le surveille de près et me place dans son sillage. Je ne cesse de me dire alors : "Surtout, attends ! Ne bouge pas !" Je me sens tellement bien ! Dans le dernier virage, je réalise bien qu'il est pratiquement à fond. Mais j'attends la ligne droite et, à quatre-vingt-dix mètres du but, je laisse Norpoth sur place tout en me décalant au deuxième couloir. Sur la ligne d'arrivée, je souris comme à Belgrade. Dans un sens, j'ai couru à la manière de Bob Schul à Tokyo ! Tout m'a paru si facile… »

Voici venir l'automne. Jazy s'en va. Le 12 octobre 1966 va marquer la fin du voyage. Certains disent qu'il s'agit d'une petite mort dans la carrière de tout champion touché par la gloire. « Je sais que, durant l'hiver, je vais disputer trois ou quatre cross pour le plaisir et, l'été venu, sans doute trois ou quatre compétitions, notamment pour mon club, le CA Montreuil. Mais l'heure est bien venue de disputer ma dernière grande course à Saint-Maur, se souvient Michel. Certes, je n'ai plus l'âme d'un débutant, mais depuis cinq jours j'ai le cœur serré en pensant à ce dernier rendez-vous dans un stade où j'ai connu tant de bonheurs. Je vais être sûrement envahi par l'émotion. La tentative prévue sur 2 000 m va ressembler à une vraie cérémonie des adieux en communion avec mon public, c'est-à-dire près de dix mille spectateurs. Je me dis que c'est peut-être une folie de courir encore à cette date, à quinze jours pratiquement de la Toussaint. Quel temps va-t-il faire ? En tout cas, l'événement remue les médias. L'idée est un peu partie de *L'Équipe*, avec le concours du syndicat des journalistes sportifs, l'USJSF de Jacques Marchand. La télé, une fois encore, va retransmettre la course en direct. Une armée de journalistes et de photographes sera à mes trousses. Les deux présidents organisateurs, Jacques Moulinié de la VGA Saint-Maur et Jean Delbert du CA Montreuil, ont souhaité avec l'accord de Robert Bobin que la fête soit conviviale, familiale, joyeuse avant tout. Les copains de l'équipe de France vont participer à des épreuves inhabituelles ou courir sur des distances insolites. Robert Bobin a ainsi demandé aux quatre mousquetaires du sprint tricolore, Roger Bambuck, Claude Piquemal, Jocelyn Delecour et Marc Berger, de s'aligner au départ d'un 400 m… pour en baver un peu ! Mais, toujours malin, "Bob" a, je crois, très envie aussi de tester Bambuck sur 400 m, comme il vient de le faire avec un junior surdoué, Jean-Claude Nallet ! Pas mal pour le "Pitre à pointes" de Pointe-à-Pitre, qui sera crédité de 47"9 !

Cela dit, je suis bien conscient que ce 2 000 m n'a pas été monté pour amuser la galerie. On attend de moi un record du monde, le dernier de la série, le neuvième. Dans un sens, cela me convient assez de m'en aller en beauté avec un exploit sur cette distance qui m'a consacré pour la première fois, en 1962, recordman du monde. Puis je ne suis pas mécontent à l'idée de régler un nouveau petit compte avec Harald Norpoth qui, après Josef Odlozil en 1965, s'est emparé à son tour de la meilleure marque en août en 4'57"8. Norpoth n'est pas un type très jovial. Il est plutôt froid et distant. Il est maigre comme un clou ! Un jour, j'ai dit à Jean Wadoux en rigolant : "Quand je cours derrière lui, j'ai l'impression de voir le jour à travers !" C'est tout de même un sacré champion… qui était devant moi à Tokyo !

« Mais il y a aussi une petite histoire derrière ce rendez-vous de Saint-Maur. J'avais prévu de m'attaquer déjà au 2000 m deux semaines plus tôt, le 24 septembre à Chambéry. Je m'étais même mis d'accord avec mon copain Jean-Luc Salomon pour qu'il m'aide et assure une partie du train. Au dernier moment, j'ai déchanté en apprenant que le secrétaire général de la FFA et un dirigeant de Ligue régionale se déplaçaient à Chambéry pour interdire à Salomon de m'aider… s'il n'était pas accompagné de neuf camarades de son club, comme le stipulait le règlement fédéral [(1)]. Et la sanction a été appliquée ! J'étais écœuré. Finalement, avec les moyens du bord, je n'ai pu qu'approcher (de six dixièmes) le record du monde en 4'58"4… Il y a eu une belle polémique dans les journaux. C'est d'ailleurs pour cette raison que l'USJSF s'est mobilisée, sur une idée de *L'Équipe*, pour mettre sur pied une nouvelle tentative. J'ai simplement posé comme condition que la recette soit versée aux sinistrés d'un cyclone qui avait fait de gros dégâts en Guadeloupe. »

Pour Michel, en instance de départ, une première étape particulièrement émouvante a été franchie à Colombes début octobre, à l'occasion du match contre la Grande-

**(1)** Depuis trois ans, la Fédération française d'athlétisme avait décidé de chapeauter les différents meetings organisés en France afin d'éviter la dispersion des athlètes classés « nationaux » ou « internationaux », ainsi que la surenchère entre organisateurs. Ces athlètes devaient participer aux réunions dites « de contrôle », faute de quoi ils ne pouvaient participer à aucun autre meeting. La réunion de Chambéry n'était pas inscrite au calendrier des compétitions « de contrôle », mais la FFA avait accordé à Jazy une dérogation à la sévère condition que les organisateurs offrent le déplacement à neuf de ses coéquipiers (du CA Montreuil). Même chose pour Jean-Luc Salomon. Si Michel Jazy y parvint, Salomon en revanche ne trouva pas neuf de ses coéquipiers de l'AS Montferrand libres et décidés à venir à Chambéry. Une stricte application du règlement par le secrétaire général de la FFA, Pierre Dasriaux, lui interdit donc de courir.

Bretagne et la Finlande. Il a porté pour la dernière fois le maillot de l'équipe de France et décroché une dernière et facile victoire sur 5 000 m en 13'46"4 : « Ce jour-là, j'ai vraiment pris conscience du grand vide qui m'attendait ; un peu comme lorsqu'on s'apprête à quitter les siens en vue d'un très long périple, sans espoir de retour. J'ai fait mon devoir en gagnant ma dernière course sous le maillot bleu de l'équipe de France. Au moment de monter sur le podium, j'ai cru que le sol s'effondrait sous moi. Le speaker, Michel Marmion, a annoncé ma première place et mon temps. Il a bien tenté de prononcer ensuite le nom des Anglais Graham, deuxième, et Rushmer, troisième, qui m'entouraient sur le podium. Mais sa voix était totalement couverte par les cris de la foule : "Ja-zy, Ja-zy !" Moi, je pleurais comme un gosse. Le public m'a acclamé ainsi sans discontinuer pendant presque cinq minutes. Cela m'a paru interminable. Et, tandis que je saluais pieusement de la main droite, je sentais monter en moi comme une détresse infinie n'ayant plus rien à voir avec le bonheur sentimental partagé avec ces milliers de gens auxquels je faisais face. Je me sentais soudain si petit, si désemparé à l'idée d'entrer bientôt dans mon autre vie. »

Non, il n'est pas facile pour Michel de s'arracher ainsi à son destin national. Il a conservé amoureusement son dernier dossard : le 122. Il a offert ses pointes à Guy Lagorce. Il parle maintenant de l'autre célébration l'attendant à Saint-Maur et qui ne sera pas du même type. Très forte encore, certes, mais plutôt un show avec pas mal d'excitation, même si on parle de fête de famille. Plutôt un jubilé aussi, comme au football, sauf que le but du jeu… est de battre un record du monde et de démontrer qu'à trente ans il est toujours au sommet de son art.

Trente ans : un âge canonique, comme l'a écrit Antoine Blondin dans *L'Équipe* après le dernier titre de Michel l'année précédente. « J'aime Jazy et, à travers le 5 000 m de Budapest, je mesure une nouvelle fois l'extraordinaire courbe d'une destinée de champion. Les champions ne mènent pas, certes, une double vie, mais une vie double. Ils naissent deux fois à l'existence. Trente ans est pour eux l'âge du second démarrage vers d'autres horizons et d'autres objectifs, il est aussi celui d'un premier testament. »

Ce thème à succès inspirera magnifiquement Christian Montaignac dans un très beau livre, dans lequel il reprend ce vers d'Apollinaire : « De la belle aube au triste soir. »

Mais à Saint-Maur, le 12 octobre, sur le stade fétiche de Michel, il n'est pas question de « triste soir ». Et c'est plutôt d'un cœur léger qu'il a quitté en fin d'après-midi la maison d'Ozoir-la-Ferrière au volant de sa DS 21, direction le stade Adolphe-Chéron à Saint-Maur, non loin du bois de Vincennes. Un trajet pour lui tellement familier. Le temps est divin sur la région parisienne, l'été indien bat son plein. Le ciel est avec lui. Le Bon Dieu aussi peut-être, pense-t-il. Dans la voiture, Michel se fait de plus en plus silencieux. Il n'échange que quelques mots avec Irène, essaie de se soustraire à la pression qui l'attend et va le submerger comme à chaque fois. Mais une dernière fois.

« Le trac monte en moi insensiblement, explique t-il. C'est l'heure où la tension devient parfois insupportable. Plein d'images défilent dans ma tête. J'imagine tout et son contraire. Le scénario rêvé et le ratage qui serait un cauchemar. Dans ma tête aussi, je vois revenir sans cesse ce gros titre dans *L'Équipe* : "Jazy : finir sur 2 000 comme il a commencé…" Un titre assorti du regret éternel de Gaston Meyer : "Dommage qu'il n'ait pas su toujours se persuader de ses immenses possibilités et su profiter de la fulgurance de ses fins de course”. Je pense à mes copains qui vont être là, à tous les grands anciens, “vieilles gloires” de l'athlétisme français, tous invités ce soir : Jules Ladoumègue, Sera Martin, Roger Rochard, Joseph Guillemot, Alain Mimoun, Marcel Hansenne, Patrick El Mabrouk. France Inter a prévu un duplex avec l'Australie et Ron Clarke. On va le réveiller en pleine nuit, le pauvre, pour dialoguer avec moi. Tout cela me prend un peu la tête. N'est-ce pas trop ? »

L'arrivée au stade s'est faite tant bien que mal. En passant devant le château de Vincennes, la circulation est devenue très dense et, direction Saint-Maur, les voitures roulent carrément au pas. Le stade va être archiplein. On verra même des spectateurs juchés sur le toit des tribunes ou accrochés aux pylônes d'électricité ! Il n'y a pas assez de billets pour répondre à la demande. On utilisera les souches. On craint un peu pour la sécurité et, en début de réunion, il faudra que Michel Marmion lance un appel au calme.

Pendant ce temps, Jazy est parti s'échauffer avec Jean Wadoux et Jean-Luc Salomon dans les ruelles tranquilles de l'autre côté du stade. Il a fallu échapper à une meute d'enfants qui chassent l'autographe. Près de quatre mille photos de Michel en format carte postale ont été distribuées à l'entrée du stade !

« Cette fois, je ne dis plus un mot. Même Malléjac, mon coach, sait qu'il ne doit plus me parler. Je sens bien que mon visage est blême. Je ne me suis pas rasé. Ça y est : la peur s'installe doucement. Pas question de me louper. Et toujours en moi cette obsession : surtout ne pas décevoir tous ceux qui sont venus tendrement m'encourager et les millions de téléspectateurs qui, grâce aux caméras de Pierre Sabbagh, vont suivre le direct commenté par Thierry Roland. Tous, je les aime comme ils m'aiment. Des flashes me traversent l'esprit. Je me surprends même à penser. “Quand tout sera fini, tu auras mérité de passer une bonne nuit !” Mais en même temps je me sens solide sur mes jambes. Je pense qu'elles vont me porter vers l'exploit tant attendu. Je sais que le public, qui déborde partout dans le stade, va aussi me porter… »

Puis c'est le retour de l'échauffement. Le trac est encore plus fort. Près des vestiaires, Michel s'est un peu fait chambrer par Jocelyn Delecour et Claude Piquemal qui reviennent complètement cassés de leur 400 m : « Voilà ! Pour te faire plaisir, ce soir on a fait des conneries et on ne peut plus marcher maintenant, on est comme des vieux ! »

« J'ai à peine souri. Puis, dans les vestiaires, je lace mes pointes avec une précaution infinie, comme jamais je ne l'ai fait. Je vois que mes mains tremblent, que mes doigts tremblent. »

Bientôt, dans la lumière éclatante des projecteurs de la télévision qui balaient la pelouse, c'est la présentation des coureurs. Jacques Darras, son copain de club, est près de Michel : « Il a proposé de mener les deux premiers tours pour passer autour de 1'59” aux huit cents mètres. J'ai une confiance aveugle en lui. On se connaît depuis les cadets. C'est un garçon extrêmement méticuleux, précis, un ami sincère et sensible. »

Enfin le départ est donné ; la foule se déchaîne.

« Jacques Darras est impeccable. Puis Jean-Luc Salomon le relaie pour passer en 2'29”4 aux mille mètres. Je me suis collé dans la foulée de Jeannot Wadoux, qui doit m'emmener jusqu'aux quinze cents mètres. Je me sens facile d'allure. En entendant les 3'44”5 lâchés au passage des mille cinq cents mètres, je me dis que l'affaire est super bien engagée. Et me voici seul au commandement, seul contre le chrono et comme saisi par la frénésie du public qui scande mon nom sans relâche. Tout se passe dans ma tête à toute vitesse, avec cette frousse permanente que quelque chose se dérègle dans ma foulée, que les muscles des cuisses se durcissent. Je tente de garder toute ma lucidité, de contrôler mon relâchement. Curieuse, cette pensée qui soudain m'assaille quand les jambes deviennent tellement lourdes pour aborder la ligne droite : grimper l'Éverest ! La souffrance atteint un paroxysme. Mon visage doit être torturé par l'effort surhumain que je produis. Mais le public crie encore et toujours. Dans un dernier élan prodigieux je me jette sur la ligne. Je suis à l'agonie. 4'56"2 ! Je viens de battre mon dernier record du monde ! Dans le stade, c'est le délire. Je suis épuisé. Je vois dans un brouillard les journalistes se précipiter vers moi. J'ai la poitrine en feu. Je me sens comme étouffé. Sur le point de défaillir. Mais une douce euphorie s'empare de tout mon être. Ma reconnaissance sera éternelle pour les copains qui m'ont aidé : Jacques, Jean-Luc, Jeannot et tous les autres. Je les cherche des yeux. J'ai envie de courir vers eux. Ces minutes-là, je ne les oublierai jamais. J'ai bien mérité de partir. Quelle chance : je pars en beauté sur une note joyeuse ! »

Oui, elle est bien finie la romance de Michel. Fini également le spectacle où il a si souvent raflé tout le succès. Après la dernière ligne droite à Saint-Maur, l'heure est venue pour lui de quitter sereinement la scène glorieuse pour entrer dans une autre vie à savourer beaucoup plus calmement. Le lendemain, histoire de se changer les idées, il a d'ailleurs prévu d'aller à l'Olympia où triomphe Jacques Brel. Ce n'est plus lui, Michel, qui est sous les feux de la rampe, mais un Brel tout guilleret entonnant sa fameuse *Valse à mille temps* qui réveille en lui l'allégresse vécue sur tant de pistes enchantées…

Mais Michel ne regrette rien. Il s'en va, emportant jalousement ses trésors et ses trophées, laissant simplement dans son sillage l'écho familier des « Ja-zy ! Ja-zy ! », une belle image « d'ange de la piste » à préserver et un mythe qui court toujours.

# MICHEL À CŒUR OUVERT

# « Mes champions préférés »

Passion de jeunesse, passion de toute une vie… Le sport a envahi très tôt l'âme d'enfant, puis le cœur d'adulte de Michel Jazy, exerçant une attirance irrésistible, permanente, lui apportant des joies extrêmes tout en composant un univers personnel qu'il respecte profondément pour ses vertus sociales et éducatives.

Au fil du temps, il a donc logiquement entretenu avec amour l'image pieuse de certains champions devenus ses propres idoles. Consacré à son tour champion, il a admiré certains de ses contemporains plus que d'autres. Enfin, une fois sa carrière sportive terminée, Michel, séduit par quelques as des générations nouvelles, a ouvert son « panthéon du sport » aux plus dignes à ses yeux d'y figurer aussi bien en athlétisme que dans les autres sports.

## ATHLÉTISME

**Jean BOUIN :**

« Quand j'étais enfant, je me demandais qui pouvait bien être ce monsieur Jean Bouin dont le nom s'associait au stade dans lequel Jules Ladoumègue avait battu des records du monde du 1 500 m et du mile, ainsi que Marcel Hansenne de grands records de France. Ensuite, j'ai lu des livres sur lui, j'ai vu des photos, celle notamment de sa deuxième place aux Jeux Olympiques de 1912 à Stockholm, une autre où il s'entraînait avec Georges Carpentier. Il était drôlement puissant pour un coureur de longues distances. Il a détenu les records du monde du 5 000 m, du 10 000 m et de l'heure. Son record du monde du 10 000 m a tenu dix ans, jusqu'à Nurmi ; celui de l'heure quinze ans (Nurmi) et, sur cette épreuve en France, il a fallu attendre quarante-deux ans pour qu'Alain Mimoun fasse mieux ! »

**Paavo NURMI :**

« "Le Finlandais volant", comme on l'a surnommé dans les années 1920-1930. Avec ses neuf titres olympiques et vingt-deux records du monde, il reste pour moi le personnage mythique de la course à pied. On disait qu'il courait avec un chronomètre à la main. Aujourd'hui encore, la Finlande le vénère, comme en témoigne la statue érigée à l'entrée du stade d'Helsinki. C'est drôle, il est né comme moi un 13 juin ! Son père était charpentier à Turku. Il a connu la pauvreté. L'athlétisme l'a porté ensuite vers des sommets incroyables. Rayonnant sur la piste, il était d'une nature austère. Je l'ai constaté en lui rendant visite à Helsinki en juin 1965, en compagnie de Ron Clarke, au lendemain de ma victoire dans le 5 000 m revanche des JO de Tokyo. Il était âgé de soixante-huit ans, très affaibli. Fort impressionné à la télé par ma belle course de la veille, il m'avait gentiment félicité. Je n'ai pas oublié. »

**Jules LADOUMÈGUE :**
« J'ai découvert à quinze ans sa formidable carrière dans une bande dessinée. Après, je n'ai cessé d'établir des similitudes entre sa vie et la mienne, comparant nos enfances, nos destins de champion… Il n'aurait jamais dû perdre face au Finlandais Harri Larva aux JO d'Amsterdam en 1928. Son style était d'une incroyable beauté. Son souci d'élégance lui a peut-être porté préjudice au plan de l'efficacité. Ses records ont été fabuleux tant sur 1 500 m (premier au monde sous les 3'50" avec 3'49"2 ) que sur le mile ou encore le 2 000 m. Sa disqualification en 1932, juste avant les JO de Los Angeles, pour des faits de professionnalisme dérisoires, a été dramatique. Mon amitié plus tard avec "Julot" fut très positive. À ses yeux, j'étais son héritier. »

**Jesse OWENS :**
« En dépit du respect dû à l'immense carrière de Carl Lewis avec sa neuvième médaille d'or olympique aux JO d'Atlanta, en 1996, je ne me pose plus la question : Jesse Owens, avec sa dimension historique, est bien resté l'athlète numéro un de tous les temps, le vrai "dieu du stade". Je suis né l'année de ses quatre victoires aux JO de Berlin en 1936 : 100 m, 200 m, 4 x 100 m et saut en longueur. J'ai appris ensuite que tout s'était passé au nez et à la barbe d'Hitler, dans un stade, une ville, un pays pavoisant aux couleurs nazies. À Berlin, ce fut le magnifique défi d'un superbe athlète noir qui a contribué à l'émancipation de ses frères de couleur aux États-Unis. »

**Marcel HANSENNE :**

« Dès que j'ai commencé l'athlétisme à Paris, j'ai couru à Jean Bouin, sachant que c'était le fief de Marcel Hansenne et que sur cette piste il avait réussi un sensationnel chrono de 1'48"3 au 800 m, deuxième performance mondiale de tous les temps derrière les 1'46"6 de Rudolf Harbig. C'était en 1948, peu avant les JO de Londres où, héritant par malchance du plus mauvais couloir au départ, à l'extérieur, il dut se contenter de la médaille de bronze. Il s'est attaqué au record du monde du 1 000 m et l'a égalé quelques jours après à Göteborg (2'21"4). À cause de la guerre, Marcel n'a pu exploiter son talent, son finish redoutable… Il a été mon ami ensuite, mon conseiller. J'aimais sa manière sereine d'aborder la vie et de savoir en profiter. Il a été aussi un très grand journaliste dont j'adorais le style léger, parfois plein d'humour ! »

**Emil ZATOPEK :**

« Un palmarès… et un souffle exceptionnels ! Une femme, Dana, médaille d'or au javelot des Jeux Olympiques d'Helsinki en 1952 en même temps que lui, auteur d'un triplé unique 5 000 m-10 000 m-marathon ! Il avait déjà été couronné aux JO de Londres sur 10 000 m. Comblé d'honneurs par le régime communiste tchécoslovaque, nommé colonel, il a aussi été lamentablement dégradé après le "Printemps de Prague" en 1968, car il avait défendu son idéal de liberté. Il y avait de la bonté dans le regard clair de Zatopek… Cet homme parlait aussi douze langues ! Alain Mimoun, son grand ami, fut systématiquement son second jusqu'au marathon de Melbourne en 1956 où, enfin, j'ai vu Alain terminer triomphalement loin devant lui ! C'était grandiose ! »

**Vladimir KUTS :**

« Toujours me revient en tête, parce que j'y étais, en 1956 le terrible 10 000 m des JO de Melbourne au cours duquel il a massacré littéralement le pauvre Gordon Pirie avec des accélérations meurtrières dans les lignes droites. Il a été le premier "héros de l'Union soviétique" en athlétisme. Je l'avais découvert avec stupéfaction deux ans avant, au Cross de *l'Humanité*, à La Courneuve. Incroyable démonstration de force malgré sa troisième place, derrière Zatopek et Chromik. Il avait pratiqué la boxe plus jeune. C'était une force de la nature. Dans le 5 000 m à Melbourne, je me souviens qu'il faisait peur à tout le monde, alors qu'il avait déjà auparavant disputé et gagné le 10 000 m… Double champion olympique, il a battu aussi de grands records. Il est mort jeune. »

**Alain MIMOUN :**

« J'ai parlé longuement de lui dans le chapitre 4 et je le confirme : il a été mon maître. Il me répétait que l'athlétisme est le sport le plus beau, mais aussi le plus difficile, et qu'il me fallait choisir entre les plaisirs de la vie – le bal notamment, car j'adorais ! – et la réussite dans mes compétitions. Sa carrière reflétait parfaitement son tempérament : lutter jusqu'au bout, ne jamais accepter l'échec mais toujours se surpasser afin d'atteindre ses objectifs. C'est ce qu'il a fait à Londres, à Helsinki, avant de triompher à Melbourne en dominant enfin son vieux rival Emil Zatopek. Sacré tempérament, sacré caractère !… Alain, si sympathique en général, n'était pas si facile à vivre… »

**Abebe BIKILA :**

« C'est un destin incroyable. L'Éthiopien aux pieds nus a incarné à lui seul le dénuement et l'audace de toute l'Afrique noire privée de tout. En 1960, à Rome, il gagne devant Rhadi la plus prestigieuse des épreuves olympiques, le marathon. Il est pieds nus ! Le monde est éberlué. Quatre ans plus tard, il porte des chaussures à Tokyo – une bonne poignée de dollars en plus, je pense ! – et conserve sa couronne olympique. On l'avait opéré de l'appendice un mois avant ! Le voilà capitaine de la garde impériale du Négus, Hailé Selassié. Puis, en 1969, j'apprends à la radio qu'il a été victime d'un grave accident de la route : colonne vertébrale brisée. Je l'ai revu aux JO de Munich en 1972 dans son fauteuil roulant. Un an après, il mourait à quarante et un ans. Bouleversant ! »

**Michel BERNARD :**

« J'ai tout dit sur lui dans cet ouvrage, mais je tiens à le saluer encore dans cette galerie de mes champions préférés. Je dis souvent qu'à nous deux nous avons formé un vrai couple ! Pour moi, il a été très tôt "le Ch'ti" ou "le Chinois d'Anzin" à cause de sa maigreur et de ses yeux bridés. Lors de notre première rencontre, il m'a battu et a déclaré : "J'ai enfin trouvé un partenaire !" Mais à Colombes, quand je l'ai battu aux Championnats de France 1956, ce fut le début d'une certaine mésentente. Il s'est mis ensuite à battre tous les records de France… et moi aussi. L'amitié est revenue après le premier record au 4 x 1 500 m à Versailles. Puis il y eut des hauts et des bas, mais je le confirme : il aurait été dommage que nous soyons nés à des périodes différentes. Grâce à nous, le demi-fond français a connu l'épisode le plus prolifique de son histoire. »

**Herbert ELLIOTT :**

« Je ne l'ai rencontré qu'une fois et, comme tous les autres, j'ai connu la défaite. C'était aux JO de Rome en 1960…

et une fois de plus, il était resté “l’invincible Elliott”! Aujourd’hui, l’Australien me fait penser au TGV : une motrice devant, des wagons suivant derrière. Pour moi donc, terminer second à Rome fut peut-être la plus belle victoire de ma vie. Quand je lui ai succédé, à lui et à Snell, en 1965, au palmarès du record du monde du mile, ma fierté a été immense. Mais que de regrets de l’avoir vu quitter si tôt la compétition, à l’âge de vingt-trois ans. Est-il vraiment allé au bout de ses possibilités? J’en doute. Je suis sûr qu’en plus de sa domination totale sur 1 500 m et sur le mile, il aurait pu accomplir aussi de grands chronos au 800 m.»

**Peter SNELL :**

«Il dégageait une telle impression de force et de puissance avec son 1,83 m et ses 77 kg! Sous la conduite d’Arthur Lydiard, il était capable de supporter des sommes d’entraînement invraisemblables. Aux JO de Rome, personne ne l’attendait quand, à cinquante mètres de la ligne, il déborda Roger Moens… qui surveillait le Jamaïcain George Kerr. Ce jour-là, on a tous découvert son *killer instinct*. Tout s’est confirmé à Tokyo : doublé 800 m-1 500 m. Cela ne l’a pas empêché de battre des records sur des pistes en herbe chez lui, en Nouvelle-Zélande. Il s’est même essayé un jour au marathon : 2 h 41’, je crois!»

**Ron CLARKE :**

«Quand on fait le compte de ses records du monde, une vraie multitude (18) et qu’on observe son palmarès aux Jeux Olympiques (une médaille de bronze sur 10 000 m à Tokyo, derrière l’inconnu Mills et Gammoudi), il y a de quoi être décontenancé! Ron Clarke a vraiment été le grand malchanceux des Jeux. Est-ce parce qu’il manquait de finish? Peut-être, mais il y a là une grande injustice. Comme aux JO de Mexico, où il est victime de l'altitude. Ron avait aussi tenté sa chance sur le marathon à Tokyo en 1964, mais en vain : neuvième. L'Australien a été, je tiens à le dire, un rival que j'ai toujours hautement respecté, un vrai gentleman sur la piste comme dans la vie. »

**Kip KEINO :**

« Chaque fois qu'on se retrouve, il m'interpelle par un sonore *"Michael, my friend !"* et vient m'embrasser. Je dis moi-même : Kip, c'est mon frère africain ! Il avait terminé juste derrière moi (5e) dans le 5 000 m des JO de Tokyo, et je l'avais à peine remarqué. Dans le 5 000 m revanche de juin 1965 à Helsinki, il a voulu passer devant en fin de course et j'ai dû le contrer. Ensuite, on a découvert le vrai visage de Kip Keino, un talent naturel venu des hauts plateaux du Kenya, capable de toutes les improvisations : choix au dernier moment de son épreuve, manière de conduire ses courses. Quand il a mis dix secondes à mon record du monde du 3 000 m, en août 1965, j'ai réalisé que je pouvais être fier de l'avoir battu quelques semaines plus tôt. C'est lui qui a donné ce merveilleux élan à tous les coureurs kenyans. »

**Al OERTER :**

« Un lanceur au milieu de tant de coureurs, cela peut surprendre ! Mais ce discobole américain, qui fut surnommé "l'Homme au bras d'or", a été le premier avant Carl Lewis (à la longueur, lui) à réussir le Grand Chelem aux JO en remportant quatre titres d'affilée : 1956, 1960, 1964 et 1968 ! Sans être invulnérable, ce brillant universitaire et ingénieur de Long Island savait parfaitement "se programmer" pour

**OIGNIES. ÉTÉ 1939.** L'angelot qui sourit au photographe du studio de Libercourt a tout juste 3 ans. Fils et petit-fils de mineur, Michel Jazy est élevé par ses grands-parents. Ils l'appellent « Michal ».

COLLECTION MICHEL JAZY

**OIGNIES. 13 JUIN 1943.** Le jour même de ses 7 ans, Michel pose avec sa maman Marianne, auprès de sa sœur Alfreda, 10 ans, à l'occasion de la première communion de celle-ci.

COLLECTION MICHEL JAZY

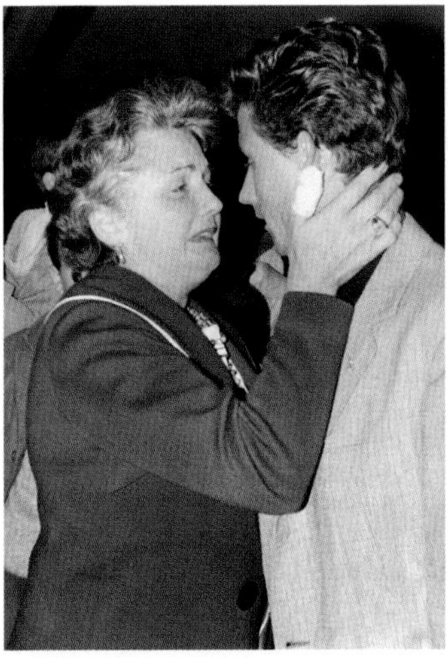

**PARIS. ÉTÉ 1962.** Michel, vice-champion olympique bat ses premiers records du monde et la France s'enthousiasme. Sa maman en est fière. Elle est très émue après ses exploits.

**MEUDON. 24 NOVEMBRE 1952.** Challenge de « La Première Foulée ». Première victoire en cross d'un jeune cadet plein de fougue. Il s'appelle Jazy et son style séduit déjà.

**MÉZIDON. 9 JANVIER 1953.** Les premières victoires s'enchaînent en cross au cours de l'hiver pour le cadet Jazy, dont le finish – ici devant Moutard – constitue déjà une arme maîtresse.

**LIÈGE. 17 JUIN 1956.** Michel vient d'avoir 20 ans et honore sa première sélection dans l'équipe tricolore à l'occasion d'un Belgique-France. Sur les consignes de Bernard (4e à la corde), il doit assurer une partie du train, et terminera 6e !

**COLOMBES. 5 AOÛT 1956.** Aux championnats de France, Michel Jazy souffle à la surprise générale la victoire dans le 1 500 m à Michel Bernard, favori. Premier titre seniors, et sélection en vue pour les JO de Melbourne.

**GERARD MARZIN.** Le jeune homme (à droite), aux côtés de Michel et de Madame Jazy, est son grand copain Gérard Marzin. C'est lui, excellent athlète du CO Billancourt, qui a attiré Michel vers la course à pied.

COLLECTION MICHEL JAZY

**RENE FRASSINELLI.** Secrétaire de police, entraîneur du CO Billancourt, et subjugué par les dons de Michel, il va guider magistralement ses premières foulées et l'amener bientôt vers de grands exploits.

**JULES LADOUMÈGUE.** L'ancien recordman du monde du 1 500 m et du mile, dans les années 1930, a très tôt considéré Michel comme son digne successeur. Convaincu qu'il va atteindre des sommets, il l'incite à se montrer audacieux et conquérant. Une grande complicité les unit.

COLLECTION MICHEL JAZY

**ALAIN MIMOUN.** Le capitaine de l'équipe de France, champion olympique du marathon à Melbourne en 1956, a pris Michel sous sa coupe. Il le conseille et lui montre la voie pour qu'il devienne un grand leader mondial sur 1 500 m.

COLLECTION MICHEL SUTTER

**À *L'ÉQUIPE*. NOVEMBRE 1958.** Michel, jeune typographe, fait son entrée à l'atelier de composition du grand quotidien sportif. Horaires aménagés, encadrement amélioré. Gaston Meyer et Marcel Hansenne le conseillent. « L'opération Jazy » sera un succès !

**À *L'ÉQUIPE*. 1ER JANVIER 1961.** Après son exploit aux JO de Rome, Michel, sacré « Champion des Champions » de *L'Équipe* pour l'année 1960 – comme plus tard, en 1962 et 1965 – est félicité par Jacques Goddet.

**SIÈGE DE *L'ÉQUIPE*. NOVEMBRE 1960.** À son retour des JO de Rome, Michel est porté en triomphe par ses copains de l'atelier de composition, au 10, rue du Faubourg Montmartre.

COLLECTION MICHEL SUTTER

**LONDRES. 30 JUILLET 1960.** Une victoire qui fait parler : Michel s'impose sur 1 500 m à White City, en 3'42"8 et mate les Anglais ainsi que… Michel Bernard, lors de Grande-Bretagne – France.

**COLOMBES. 26 JUILLET 1964.** Les JO de Tokyo se profilent sur 5 000 m, mais Michel a préféré tester sa vitesse aux championnats de France. Dernier titre national sur 1 500 m devant Jean Wadoux et Michel Bernard.

**JO DE ROME. 6 SEPTEMBRE 1960.** Finale du 1 500 m au Stadio Olimpico. L'invincible Herb Eliott s'élance vers un éblouissant record du monde en 3'35"6 et une médaille d'or. Michel, lâche Istvan Roszavolgyi et va s'emparer en 3'38"4 de la médaille d'argent !

L'ÉQUIPE

**VICE-CHAMPION OLYMPIQUE.** Cette médaille d'argent olympique ouvre de superbes horizons. Désormais numéro 1 européen, Michel entend le confirmer aux championnats d'Europe à Belgrade, en 1962… et s'attaquer aux records.

**MICHEL BERNARD, L'ENNEMI INTIME.** La rivalité entre deux Michel a souvent été rude, mais aux JO de Rome, Jazy a remercié Bernard, autre héros d'une finale qu'il a menée sur des bases record.

COLLECTION MICHEL JAZY

COLLECTION MICHEL SUTTER

**WILMA RUDOLPH, LA « GAZELLE NOIRE ».** Aux JO de Rome, deux super étoiles olympiques ont impressionné Michel. Outre le boxeur Cassius Clay (futur Muhammad Ali), il a été émerveillé par la triple championne olympique de sprint Wilma Rudolph.

COLLECTION MICHEL SUTTER

**JACQUES ANQUETIL.** Entre les deux « superstars » du sport français des années 60, Michel Jazy et Jacques Anquetil, l'estime est profonde et l'admiration totale. Ils font rêver plusieurs générations de Français.

L'ÉQUIPE

COLLECTION MICHEL SUTTER

**RAYMOND POULIDOR, LOUISON BOBET.** Encore deux splendides champions que Michel a aimé côtoyer au temps de sa gloire. La disparition précoce de Louison Bobet l'a beaucoup affecté.

L'ÉQUIPE

**JACQUES BREL.** L'idole de la chanson et celle de la piste se sont retrouvés le 13 octobre 1966 dans une loge de l'Olympia pour évoquer ensemble leurs adieux à la scène du music-hall et à celle du sport.

COLLECTION MICHEL SUTTER

**DALIDA.** Comme des millions de Français, Michel a chantonné tous les grands succès de Dalida, la diva du show-biz. Mais pour une fois, c'est l'interprète de « Bambino » qui est venue lui exprimer son admiration pour ses exploits en athlétisme.

L'ÉQUIPE

**TOKYO. 18 OCTOBRE 1964.** Finale olympique du 5 000 m sous une pluie battante. À 80 m du fil, Michel Jazy, en tête, est pourchassé par Bob Schul et Harald Norpoth tandis que Bill Dellinger et Kip Keino se rapprochent. Le scénario catastrophe se dessine…

L'ÉQUIPE

**TOKYO. 18 OCTOBRE 1964.** Cruel. Trop cruel ! Michel s'est retourné. Il réalise que l'Américain Bob Schul fond sur lui. Soudain tétanisé, à quelques mètres seulement de l'arrivée, il s'écroule. Son rêve olympique s'envole.

**COLOMBES. ÉTÉ 1962.** Tournage pour les «Coulisses de l'Exploit» dans le jardin des Jazy. Michel taquine affectueusement Pascale, 2 ans, devant l'objectif de la caméra.

COLLECTION MICHEL SUTTER

**PAPA CHAMPION.** Véronique, à gauche et Pascale, à droite, peuvent être fières de leur père, champion préféré des Français, lors des années 1960.

L'ÉQUIPE

**RENNES. 9 JUIN 1965.** Michel, sur les épaules de ses supporters, jubile après son éclatant record du monde du mile en 3'53"6. À droite, René Maupas de *L'Équipe.*

**HELSINKI. 30 JUIN 1965.** « La course des Trois Empereurs », authentique revanche – un an après – du 5 000 m des JO de Tokyo. Souverain, Michel Jazy domine Ron Clarke, Kip Keino (en 2e et 3e positions) et Bob Schul (lâché). Victoire et record d'Europe à la clé en 13'27"6 !

**SAINT-MAUR. 12 OCTOBRE 1966.** Pour fêter ses adieux officiels, dernier et magnifique record du monde de Michel sur 2 000 m en 4'56"2. À gauche du podium, carnet de notes à la main, Alain Billouin, alors jeune reporter à *L'Équipe* !

**PALAIS DE L'ÉLYSÉE. 8 NOVEMBRE 1966.** Grande première pour quelques champions français félicités par le général de Gaulle : Michel Jazy reçoit la Légion d'Honneur comme Delecour (derrière lui), Anquetil, Crauste, Calmat et Périllat.

**CHAMPIONNAT DU MONDE AU STADE DE FRANCE. 23 AU 31 AOÛT 2003.** Tous les glorieux anciens de l'athlétisme français ont été réunis. Au premier rang, Michel est entouré de Lamine Diack, président de l'IAAF et de la championne olympique 1968 Colette Besson.
Au deuxième rang : Guy Lagorce (au centre), ancien grand reporter à *L'Équipe.*

**LA SORBONNE. 18 MAI 2004.** Michel Jazy, comme de nombreuses personnalités est venu apporter son soutien à la candidature de Paris pour les JO 2012. Près de lui, David Douillet. Tout le monde sait déjà que la concurrence avec Londres sera redoutable…

les rendez-vous olympiques. Il se transcendait tout simplement. Sa longévité a été exceptionnelle. »

**Jim RYUN :**

« Quand je pense à lui quarante ans après, je revois régulièrement sa victoire en août 1967 sur Bodo Tummler et Harald Norpoth lors d'un match Allemagne – Etats-Unis à Dusseldorf. Il était déjà recordman du monde du 1 500 m et du mile, et a humilié les deux Allemands par trois cents derniers mètres en 36"4. Ils ont terminé à quatre secondes. C'était prodigieux ! Même si, je l'avoue, la réussite précoce de Jim Ryun m'a toujours un peu intrigué… Il n'empêche qu'il aurait dû être champion olympique à Mexico en 1968 s'il n'y avait eu Keino et l'altitude. Il est allé malgré tout à Mexico, lui. En ce qui me concerne, je pense toujours que si les JO s'étaient déroulés ailleurs, j'aurais pu continuer… et devenir champion olympique du 5 000 m car Gammoudi ne m'avait jamais battu ! »

**Colette BESSON :**

« Une ligne droite fabuleuse à Mexico. Ses larmes sur le podium pendant *la Marseillaise*. Et un sourire permanent sur son visage dans la vie quotidienne. Ça, c'était Colette que la France a tant aimée depuis son triomphe sur 400 m aux JO de Mexico en 1968. Je me souviens l'avoir vue à Royan, en 1963, enchaîner dans la même réunion 100 m, 400 m, 1 000 m, longueur et relais ! Elle avait dix-sept ans et semblait avoir des dons étonnants. Yves-Durand Saint-Omer a su la préparer idéalement à Font-Romeu avant Mexico. En finale du 400 m, son retour de la sixième à la première place fut prodigieux : record d'Europe en 52". Après elle ne pensait plus qu'à battre le record du monde, approché d'un dixième aux JO. L'occasion rêvée pour elle, c'était Athènes avec les Championnats d'Europe 1969. Après une débauche d'efforts en séries et demi-finales, elle est battue sur le fil par Nicole Duclos : 51"7, record du monde pour elles deux. Colette était une athlète délicieuse qui a su donner une très belle image de l'athlétisme féminin et l'a même relancé en France. »

**Tommie SMITH :**

« Il n'a couru que cent cinquante mètres et a déroulé ensuite… pour accomplir 19"83 dans sa prodigieuse finale du 200 m des Jeux de Mexico. Quel temps encore plus extraordinaire aurait-il réalisé en allant au bout de son effort ? Déjà, c'est sûr, Pietro Mennea et ses 19"72, onze ans après, ne figureraient pas sur les tablettes. Et même Michael Johnson aurait peut-être été à la peine aux JO d'Atlanta en 1996 pour le dépasser ! Quel sublime coureur que Tommie Smith, avec sa foulée ample, ses changements de rythme dans le virage ! Quel tandem aussi compose-t-il avec John Carlos ! Je commentais les épreuves de Mexico pour RTL (en compagnie de Guy Kedia et de Jean Bobet) quand ils ont brandi leurs poings gantés sur le podium pendant l'hymne américain. Sur le moment, cela a jeté un grand froid dans le stade. Nous étions tous interloqués. Après, nous avons réalisé qu'un événement politique d'une portée considérable venait de se dérouler sous nos yeux ! »

**Jean WADOUX :**

« L'homme et l'athlète ont beaucoup compté dans ma vie. Jean Wadoux est resté un ami, un frère, comme Gilbert Iundt. Jean est assez différent de moi : assez spirituel mais moins blagueur, plus méticuleux, presque un ascète. Il appliquait ses plans à la ligne près. J'aimais aussi son élégance en piste, sa facilité à supporter tous les trains. Mince et assez grand, il a franchi très jeune 1,81 m en hauteur. Mais son haut fait d'armes fut le record d'Europe du 1 500 m en 1970, avec 3'34". Il est monté ensuite sur 5 000 m et a augmenté son kilométrage, peut-être trop, au détriment de l'intensité. Il a bientôt été freiné par une grave pubalgie, pas facile à soigner, qui a écourté sa carrière. Dommage ! Il aurait mérité en tout cas d'être champion d'Europe à Helsinki alors qu'il n'a terminé que deuxième du 5 000 m derrière l'inattendu Vaatainen. »

**Jacky BOXBERGER :**
« Même si son palmarès international est relativement modeste (un titre européen en salle sur 1 500 m en 1972), Jackie a fortement marqué la période succédant ma retraite des pistes. Wadoux est alors l'héritier naturel, mais on voit grand aussi avec "Box". Formé à la dure école des labours du cross, il expose de fameux dons en juniors. Aux JO de 1968, il a tout juste vingt ans quand il prend la sixième place en finale du 1 500 m à Mexico. Son avenir semble tout tracé. Malheureusement, les ennuis physiques se succèdent avec des tendinites à répétition. Il va falloir bientôt l'opérer des deux tendons d'Achille. De nos jours, il aurait sûrement pu profiter des techniques modernes et ne pas rester deux ans sans courir. C'est lui qui a battu mes records du 3 000 m et du 5 000 m. Il aurait dû aller plus loin encore… Sa fin de vie en Afrique a été, hélas ! tragique ! [1] »

(1) Jacky Boxberger est décédé le 9 août 2001 dans un parc national proche de Mombasa, au Kenya, piétiné par un éléphant.

**Guy DRUT :**

« Nous sommes nés dans le même village, dans la même rue, mais le plus célèbre n'est ni Guy ni moi, car la rue de notre enfance à Oignies s'appelle... Pasteur ! Guy est l'un des plus purs talents jamais produits par l'athlétisme français. Quelle technique fluide sur les haies ! Il aurait pu tout aussi bien devenir perchiste ou décathlonien de niveau mondial. Il a tout réussi : l'argent olympique à Munich en 1972, premier homme à 13" au 110 m haies à Berlin en 1975, puis l'or olympique à Montréal en 1976. Là, j'ai connu une belle frayeur... Après sa demi-finale moyenne, je croyais bien que le Cubain Casanas allait lui souffler la victoire. Où Guy est-il allé chercher cette énergie pour décrocher l'or et s'arracher sur le fil afin de conserver trois petits centièmes d'avance ? Quel gagneur ! »

**John WALKER, Seb COE, Steve OVETT :**

« Je réunis dans un même bouquet ces trois-là car, à mes yeux, ils ont représenté une certaine perfection aussi bien dans leur style en course que par leur réussite. John Walker a fait revivre la légende de Snell en utilisant la même méthode. J'ai aimé la manière dont il a survolé sa finale olympique du 1 500 m à Montréal. Entre Seb Coe et Steve Ovett, les "frères ennemis anglais", ce fut un superbe duel pour la conquête des titres et des records, sur fond de rivalité exacerbée. Coe était le petit gentleman et Steve Ovett plutôt l'homme de la campagne. Le plus sidérant dans leur affrontement sévère fut le résultat aux Jeux de Moscou en 1980. Steve Ovett, plutôt maître du 1 500 m, s'impose au 800 m, et c'est l'inverse pour Seb Coe, souverain dans le 1 500 m. C'est peut-être la preuve que les deux super talents de Sa Gracieuse Majesté s'épiaient pour dominer le monde ! »

**Sergueï BUBKA :**

« Quand je l'ai vu, jeune inconnu, passer 5,70 m aux Mondiaux d'Helsinki en 1983 au nez et à barbe de tous les cadors de la perche mondiale, j'ai pensé tout de suite qu'on avait affaire à un sujet d'exception. Je l'ai revu deux ans plus tard au meeting de Jean Bouin. Premier à 6 m : moment d'éternité. On ne pouvait alors fixer ses limites. Sergueï Bubka avait flairé qu'améliorer le record du monde centimètre par centimètre pouvait rapporter gros ! Il a porté progressivement son record en plein air à 6,14 m et en salle à 6,15 m. En tout, trente-cinq records du monde. Affolant ! Mais je reste convaincu que si un organisateur (Raymond Lorre ?) avait osé lui proposer le grand deal et un jackpot, il serait allé d'un coup à 6,20 m ! Pour le reste Sergueï Bubka, garçon intelligent, affable, très bien organisé dans ses affaires, a su habilement installer sa famille du côté de Monaco avant de devenir membre éminent du CIO et de l'IAAF. »

**Hicham EL GUERROUJ, Hailé GEBRESELASSIE, Kenenisa BEKELE :**

« Je les réunis tous trois dans un même éloge car ces très grands coureurs de l'ère moderne ont donné ensemble une accélération à la progression de leur discipline tout en se couvrant de gloire dans les grands rendez-vous. El Guerrrouj, dans la ligne Aouita, son compatriote marocain, a réussi le premier doublé olympique 1 500 m-5 000 m aux JO d'Athènes pour marquer l'apothéose de sa rayonnante carrière. Gebreselassie a repoussé les limites sur les longues distances dans un style superbe et léger. Bekele, autre Éthiopien, a repoussé les limites de son aîné en se rapprochant des 12'30" au 5 000 m et des 26' au 10 000 m. Des performances totalement inenvisageables, irréelles, vingt ans plus tôt. »

**Marie-Jo PÉREC :**

« Je conserve deux images contrastées d'elle. Celle de son éblouissante réussite aux JO d'Atlanta en 1996 : le doublé 200 m-400 m et je revois Marie Jo, déjà couronnée sur 400 m aux JO de Barcelone, radieuse et enveloppée dans le drapeau tricolore. Elle avait effectué ses premières foulées à Basse-Terre et était devenue l'une des plus grandes athlètes féminines de tous les temps, avec encore deux titres mondiaux au 400 m, en 1991 et en 1995. L'autre image, c'est quand, après les polémiques succédant à sa fuite de Sydney dans des conditions rocambolesques, elle a tenté péniblement de s'expliquer devant une caméra de télé. C'était poignant ! Mais pourquoi, à Sydney, n'a-t-elle pas écouté ses conseillers, ses vrais amis ? Marie-Jo ne méritait pas cette douloureuse sortie de piste... Dès nos premiers contacts, quand elle m'appelait "Monsieur Jazy", je l'avais sentie assez fragile psychologiquement. Son fort tempérament antillais impulsif reflétait aussi une réelle richesse de cœur. »

## LES AUTRES CHAMPIONS ÉTRANGERS
(hors athlétisme)

**PELÉ (football) :**

« C'est lui le plus grand de tous les temps. Il a d'ailleurs été sacré "sportif numéro un du siècle"... Révélation de la Coupe du monde en 1958, il apparaît contre l'URSS, avec Garrincha, dans la Seleçao brésilienne à dix-sept ans puis marque trois buts stupéfiants contre la France, battue 5 à 2 en demi-finale. Il est bien sûr de la fête lors de sa première finale mondiale contre la Suède, battue 5 à 2 également. Il sera sacré trois fois champion du monde, surnommé "le Roi" et "la Perle noire". Pour moi, il est le génie du football incarné avec ses dribbles déroutants, ses frappes instantanées, son jeu de tête acrobatique, sa vitesse d'exécution, son millier de buts dans sa carrière... On n'a pas fait mieux depuis. Même Maradona, lutin diabolique, n'a pas atteint son niveau... et je n'ai pas aimé du tout sa fameuse "main de Dieu" contre l'Angleterre en 1986 ! »

**Cassius CLAY (boxe) :**

« Je l'ai vu devenir champion olympique des mi-lourds à Rome en 1960 ; il n'avait que dix-huit ans ! Il était dans la grande tradition des boxeurs noirs américains. Ensuite, j'ai suivi ses formidables combats quand il est devenu champion du monde des lourds en battant "l'invincible" Sonny Liston, en 1964, puis quand il a dominé Joe Frazier, George Foreman... Sa manière un peu insolente d'agresser verbalement ses adversaires ne me plaisait pas trop, mais quel styliste, quelle vivacité sur le ring – il semblait danser – et quels coups mortels assénés ! Il s'est engagé politiquement pour défendre la communauté noire et s'est converti à l'islam pour devenir Muhammad Ali. On l'a retrouvé en 1996 aux JO d'Atlanta gravement affecté par sa terrible maladie de Parkinson. C'était très émouvant. Pour moi, il est resté le plus grand boxeur de tous les temps. »

**Anton GEESINK (judo) :**
« Aux JO de Tokyo en 1964, le néerlandais a mis en deuil tout un peuple ! Il a cloué au sol le héros national japonais du judo, Akio Kaminaga, 110 kg, dans la finale olympique ! Ce jour-là, ce fut comme si tout le Japon s'était arrêté de respirer. Les rues étaient désertes pendant le combat et, quand les gens sont ressortis de chez eux, ils avaient encore les yeux rougis. Un vrai drame national. Les années suivantes, les Japonais ont regardé Geesink comme un dieu vivant et l'ont régulièrement invité. Il est devenu membre du CIO. »

**Eddy MERCKX (cyclisme) :**
« Je le situe au niveau de Pelé et de Cassius Clay, au sommet du sport mondial toutes époques confondues. Son palmarès donne le vertige. Il est insolent : cinq fois vainqueur du Tour de France et trente-quatre victoires d'étape, cinq fois vainqueur du Tour d'Italie, un Tour d'Espagne, trois titres mondiaux en professionnel, le record de l'heure à 49,431 km, dix-neuf grandes classiques. Malgré la concurrence redoutable à son époque, il domine tout au point qu'on le surnomme "le Cannibale", avec notamment 525 victoires à son actif. Quand Fausto Coppi s'est retiré, on a cru qu'il ne serait jamais rejoint. Eddy Merckx pour moi a réalisé "l'impossible". »

**Johan CRUYFF (football) :**
« On l'a appelé "le Pelé blan ". Il n'a pas égalé Pelé mais l'a approché de près grâce à sa virtuosité, son esthétisme, son

amour du beau jeu. Il rayonne au sein de l'attaque du fameux Ajax Amsterdam des années 1970 et dans l'équipe hollandaise avec une majorité de joueurs de son club. J'ai surtout le souvenir de la finale de la Coupe du monde, le 7 juillet 1974 à Munich : Allemagne – Pays-Bas. Fin du match. Cruyff semble désespéré. Il hoche la tête, mains sur les hanches, regard baissé vers la pointe de ses chaussures. Son équipe, jusqu'alors, a volé de succès en succès. Mais l'Allemagne de Franz Beckenbauer et de Gerd Müller, chez elle devant quatre-vingt mille spectateurs, s'est montrée indestructible. Elle s'impose 2-1. Cruyff ne reviendra plus jamais en Coupe du monde. Il va poursuivre bientôt sa carrière de joueur à Barcelone, deviendra un entraîneur remarquable, notamment avec le grand Barça, avant de connaître un revers de fortune car ses affaires ont été mal gérées par ses proches. Cruyff à mes yeux était un avant-gardiste du football moderne. »

**Björn BORG (tennis) :**

« Il a été un prodige et un phénomène du tennis mondial en gagnant dès l'âge de dix-huit ans en 1976 le premier de ses six Roland-Garros sur terre battue. Même empreinte sur le gazon de Wimbledon, pourtant surface moins bonne pour lui : cinq victoires successives. J'étais impressionné par son côté impassible, sa manière de rester bloqué au fond du court tout en distribuant des balles assassines pour dérouter ses adversaires. D'où son surnom d'"Ice Borg", le joueur que rien ne pouvait troubler. Certains de ses duels avec "l'enfant terrible", John McEnroe, ont été mémorables, comme celui de Wimbledon en 1980 achevé au cinquième set sur le score de 8-6, après un fabuleux tie-break perdu (16-18 !) dans le quatrième set. À part ça, impossible de lui tirer un sourire supplémentaire ! »

**Nadia COMANECI (gymnastique) :**

« Elle avait le visage et le corps d'une poupée virevoltante capable de toutes les prouesses devant les caméras de la télé. Montréal l'a consacrée reine des Jeux et le monde entier s'est extasié devant tant de virtuosité et de grâce aux différents agrès. J'ai été surpris par la mélancolie qui se lisait sur son visage. Je l'ai vue de très près avec ses petites copines de l'équipe roumaine à la cafétéria du village olympique. Si petite (1,48 m), si fragile d'aspect et pourtant si énergique dans la compétition. Quelle somme d'entraînement, imaginais-je, pour atteindre une telle perfection ! D'ailleurs, en observant machinalement ses mains quand elle prenait ses plats à la cafétéria, j'ai été subjugué par la largeur de ses doigts réalisant l'imposant travail musculaire auquel son corps frêle était soumis au quotidien. »

**Ayrton SENNA (formule 1) :**

« Pour moi et de loin – plus que Michael Schumacher – le pilote le plus doué, le plus grand virtuose de la Formule 1. Avec une auréole renforcée par le drame de sa mort sur le circuit d'Imola, le 1er mai 1994, alors qu'il n'avait que trente-quatre ans. Il est alors triple champion du monde, compte quarante et une victoires en Grands Prix… Cruelle fin pour un pilote qui m'a fasciné. La mort a frappé “l'Archange”, tel qu'il fut surnommé, alors qu'il négociait son septième tour et entrait au volant de sa Williams-Renault dans la courbe de Tamburello. Il a tiré tout droit. Inexplicable : malaise, défaillance mécanique, faute de pilotage ? L'enquête n'a rien éclairci. Hélas !, à plus de 250 km / h, l'impact sur le mur de béton a été d'une violence inouïe. Ayrton le Brésilien est parti trop vite avant qu'on n'ait pu lui exprimer toute notre admiration. Il avait été le grand rival d'Alain Prost. Un personnage hors norme nous a quittés. »

**MAGIC JOHNSON et MICHAEL JORDAN (basket) :** « Je les associe dans un même éloge car ils incarnent pour moi l'essor prodigieux du basket moderne inventé par les Américains. Je pense aux fameux Harlem Globetrotters d'autrefois, avec leur adresse diabolique, leurs acrobaties. J'allais les voir jouer quand ils venaient à Paris. Ils venaient d'Amérique, il n'y avait pas de télé et on était stupéfaits ! Maintenant, les "Harlem" sont à Boston, Chicago, Los Angeles, San Antonio, comme Tony Parker. La télévision ne montre plus qu'eux. Les jeunes s'identifient de plus en plus à ces joueurs aux qualités athlétiques dignes de briller aussi sur les stades d'athlétisme… mais un ton en dessous, je pense. Avec la Dream Team de Magic Johnson et de Michael Jordan aux JO 1992, à Barcelone, le phénomène est devenu encore plus universel et l'olympisme a été chamboulé par l'arrivée de ces grands professionnels du sport. »

## LES AUTRES CHAMPIONS FRANÇAIS
(hors athlétisme)

**Marcel CERDAN (boxe) :**
« Ma mère et ma tante le voyaient quand parfois il venait l'après-midi dans un dancing, le *Mikado*, près du cirque Médrano. Et moi, gamin, chaque fois que je jouais avec mes copains au football près du théâtre de l'*Atelier,* au pied du Sacré-Cœur, je passais devant le restaurant des frères Cerdan et je pensais à lui… Marcel Cerdan a marqué ma jeunesse comme celle de beaucoup de Français, fascinés par sa réputation de "bombardier de Casablanca" faisant parler la foudre, gagnant la plupart de ses combats par K.-O. dès les premiers rounds. On sortait tout juste de la guerre. On était fier de lui… Cette ferveur a atteint un paroxysme quand il a mis K.-O. au onzième round Tony Zale pour le titre mondial des moyens, le 21 septembre 1948 à New York. On disait déjà que "la Môme Piaf" était amoureuse de lui, et je crois qu'elle a rendu sa vie plus jolie. Hélas !, un destin tragique l'attendait. Il a perdu son titre contre Jake La Motta le 16 juin 1949, préparé le match revanche et s'est envolé vers les États-Unis. Le 28 octobre 1949, l'avion s'est écrasé au-dessus des Açores. Nous avons tous pleuré la disparition d'un héros national. »

**Jean BOITEUX (natation) :**
« Un souvenir fort avant tout : celui de sa victoire aux JO d'Helsinki en 1952 sur 400 m… et le plongeon de son père tout habillé, béret sur la tête, dans le bassin olympique ! Jean n'avait encore que dix-neuf ans. Il avait dominé les trois Américains. Superbe nageur avec sa taille de 1,86 m, il

avait été formé par le même entraîneur qu'Alex Jany, Alban Minville. Il est resté jusqu'à nos jours le seul nageur français champion olympique (chez les hommes) et a continué de s'investir dans le monde de la natation comme entraîneur national puis haut dirigeant fédéral. »

**Christian d'ORIOLA (escrime) :**
« L'un des plus beaux palmarès du sport français puisqu'il est médaille d'argent au fleuret aux JO en 1948, double champion olympique en 1952 et en 1956, plus double champion olympique par équipes en 1948 et en 1952, avec en prime huit titres mondiaux ! Avec Christian, on s'est beaucoup fréquentés à l'Institut national des sports : j'aimais son abord charmant et son esprit gai. Son cousin, Pierre Jonquères d'Oriola, a également marqué avec deux titres olympiques en saut d'obstacles, à Helsinki en 1952 et à Tokyo en 1964. Tous deux étaient de grands amoureux de la France des vignobles, une tradition dans leur famille. »

**Jean PRAT (rugby) :**
« On l'appelait "Monsieur Rugby"... Ce sont les Anglais eux-mêmes qui l'avaient ainsi surnommé car il savait tout faire : attaquer, défendre, botter. Il ne les ménageait pas pourtant, les Anglais, comme en témoigne cette harangue à l'intention de ses équipiers à Colombes en 1949 : "Tenez bon ! Les Britanniques nous ont emmerdés pendant cent ans, vous pouvez bien tenir cinq minutes encore !" Je me souviens surtout de deux faits marquants avec "Jeannot" Prat. La première victoire contre les All Blacks, à Colombes, 3 à 0, en 1954. Il avait marqué l'essai vainqueur. En mars 1955, on rêve du premier Grand Chelem à Colombes devant un public record pour fêter ses adieux dans le Tournoi.

Mémorable France-Galles. Les Gallois ont gagné 16-11 et l'ont porté en triomphe lors de sa sortie du terrain. Superbe image de fraternité justifiée. C'était aussi, avec son frère Maurice et d'autres joueurs talentueux, la belle période du FC Lourdes, souvent champion de France. »

**Louison BOBET (cyclisme) :**
« 22 août 1954 : c'est la date qui me marque le plus concernant Louison, alors chouchou des sportifs français, car il devient champion du monde sur route à Solingen, performance qu'un seul Français, Georges Speicher, avait accomplie avant lui. Ce fut à mes yeux le grand exploit de sa carrière, à côté de ses trois Tours de France en 1953, 1954 et 1955, record égalé, et de tant d'autres victoires en classiques ou épreuves par étapes. Louison a marqué ma jeunesse avec sa belle histoire de fils d'un boulanger de Saint-Méen-le-Grand. Je me souviens qu'il était si fier du vélo offert par son père – pour porter le pain au village – qu'il le gardait amoureusement la nuit dans sa chambre ! Il avait choisi Fausto Coppi comme modèle… C'était un homme de classe, raffiné, intelligent, doué pour les affaires comme il l'a démontré en créant un institut de thalassothérapie. Deux mois avant son décès, il m'avait invité chez lui à Biarritz avec son frère Jean. Il était déjà très affaibli par sa maladie. J'étais reparti complètement bouleversé. »

**Pierre ALBALADEJO (rugby) :**
« "Bala" pour ses proches, ses amis ; "Monsieur Drop" dans le monde du rugby… Il est toujours resté fidèle à son club, l'US Dax, et a réussi dans sa carrière des coups de botte éblouissants. Je n'ai pas oublié notamment son fameux coup d'éclat contre l'Irlande en avril 1960, assurant la victoire

23 à 6 et la première place dans le Tournoi du quinze tricolore. Prodigieux "Bala" ce jour-là : trois drops ! Quand j'habitais Colombes, non loin du stade, je savais à la réaction du public quand "Bala" tentait ses coups de pieds. Après, j'ai voulu le rencontrer. Nos premiers échanges ont été chaleureux et nous sommes devenus de grands amis. L'été, il me proposait de venir à son moulin dans les Landes, à Magesq. J'ai ensuite acheté dans ce village un airial (2) et j'y ai vécu en partie après ma retraite. En 1965, il m'avait proposé "d'ouvrir" les traditionnelles fêtes de Bayonne. Bala, je dois dire, a aussi été un formidable commentateur de télévision avec Roger Couderc. »

**André et Guy BONIFACE (rugby) :**

« André est déjà sélectionné dans le quinze de France à dix-neuf ans, contre l'Irlande en 1954. Ses dons d'attaquant sont éclatants. Son jeune frère, Guy, va plus tard le rejoindre dans l'équipe tricolore, mais ils ne seront associés ensemble que dix-sept fois alors que leur tandem illumine le jeu du Stade Montois, notamment avec leurs fameuses passes croisées qui suscitent l'admiration dans le monde du rugby. André, l'aîné, est sérieux et rigoureux, c'est un grand créateur de jeu. Guy est plus romantique, gouailleur, il veut brûler la vie par tous les bouts. Le champion qu'André admire à l'époque… c'est moi ! Et nous deviendrons de grands amis. Celui que Guy admire, c'est Anquetil. André va accumuler les sélections en équipe de France jusqu'en 1966 : quarante-huit en treize ans ! De Guy, trente-cinq sélections, j'ai le souvenir d'un match exaltant, assez féroce, contre les

**(2)** Clairière enserrée dans la vaste pinède des Landes sur laquelle s'élève un bâtiment d'habitation.

Springboks : 0 à 0 à Colombes, en février 1961. Puis la douloureuse nouvelle qui plonge dans le deuil la France et tout le monde du rugby, le 1er janvier 1968 : Guy s'est tué dans un accident de la route ! On continue de penser toujours à lui… »

**Raymond KOPA (football) :**
« Raymond est d'origine polonaise, comme moi, et lui aussi vient du Nord (Nœux-les-Mines). Mais il a réellement connu la mine dans sa jeunesse après son certificat d'études. Il a été "galibot", c'est-à-dire qu'il poussait les chariots remplis de charbon. Il a même été victime d'un éboulement et il a fallu lui sectionner deux phalanges à une main ! Le football était déjà sa passion. Entre sa maison et le terrain de football : un mur à sauter ! Petit gabarit à l'adresse diabolique, aux feintes invraisemblables, il a été recruté par Angers puis par le grand Stade de Reims, dont le coach Albert Batteux dirigeait également l'équipe de France. Sa trajectoire a été lumineuse : campagne de Suède en 1958, coéquipier de Di Stefano, Puskas et Gento au grand Real Madrid. Il a été sans conteste le numéro un du football français… avant l'arrivée de Platini et de Zidane. »

**Guy et Lilian CAMBERABERO (rugby) :**
« Encore un tandem magique du rugby : Guy, l'aîné, à l'ouverture ; Lilian, le cadet, à la mêlée. On les a appelés "les Lutins de La Voulte". Ils n'étaient pas grands mais très vifs. Leur entente, leur assurance étaient diaboliques. Mon plus grand souvenir, c'est bien sûr le premier Grand Chelem français de l'histoire dans le Tournoi, grâce à la victoire à l'Arms Park de Cardiff sur le Pays de Galles (14-9) en mars 1968, avec Christian Carrère comme capitaine. Ce jour-là, Lilian a tout survolé avec sa longue passe de quarante mètres en sor-

tie de mêlée, vers son frère à l'ouverture. Lilian a marqué un essai. Guy a réussi un but, un drop, une transformation. Ils ont marqué onze des quatorze points de la victoire ! »

**Jacques ANQUETIL (cyclisme) :**
« Toute mon époque. Il était mon ami, de deux ans plus âgé que moi. Jeune athlète, j'ai souvent formé le rêve de devenir comme lui un champion aimé des Français. Déjà vainqueur du Grand Prix des Nations à dix-neuf ans, puis cinq succès dans le Tour de France (le premier à vingt-trois ans, en 1957), son record de l'heure et tant d'autres victoires : un palmarès unique ! Deux souvenirs surtout. Le coup de gueule de Raphaël Géminiani, son directeur sportif, lors de la fameuse empoignade entre Jacques et Raymond Poulidor dans la montée du puy de Dôme en 1964. Fantastique coude à coude sur près de trois kilomètres. Jacques, fatigué par le Giro, était au bord de l'écroulement. Il est allé au-delà de ses forces pour limiter la casse et conserver ses chances de remporter le Tour. L'autre souvenir, c'est – hélas – à sa mort en novembre 1987. J'étais de passage à Rouen au journal *Paris-Normandie*. Je savais qu'il était hospitalisé. Pierre Chany m'avait confié : “Plus d'espoir !” Je voulais me rendre à son chevet. On a échangé juste quelques mots au téléphone. Luis Ocaña venait de passer, et Jacques réglait ses problèmes de succession avec son notaire. Impossible de le voir. C'était poignant. Il m'a dit comme un adieu. Quarante-huit heures plus tard, Jacques n'était plus de ce monde. Lui qui aimait tant la vie ! »

**Walter SPANGHERO (rugby) :**
« C'était “Oualtère” pour les intimes et le sportif préféré du président Georges Pompidou. Immense Walter, avec son

accent typique, et immense carrière de capitaine du quinze de France avec ses 51 sélections et le fameux Grand Chelem de 1968. Mais aussi pour moi, une date : 10 février 1973, France–Nouvelle-Zélande, au Parc des Princes. On redoutait le pire… Walter a été grandissime en soutenant le pack des avants tricolores, en relançant les lignes arrière qui ont donné le tournis aux Blacks. Victoire prestigieuse : 13 à 6 ! Je me souviens aussi, en 1974, du drop assassin du Biterrois Cabrol dans les dernières secondes de la finale nationale, privant le RC Narbonne des frères Spanghero du bouclier de Brennus. Terrible ! Autre souvenir plus intime, celui d'un mémorable "petit déjeuner" à l'invitation de Walter et de Claude dans la ferme des Spanghero (six frères et deux sœurs), avec jambon de montagne, omelettes aux cèpes… le tout arrosé par les meilleurs crus. Un rituel. Deux heures au minimum à table. Une "grande bouffe" et des histoires cocasses ! Les femmes servaient, les hommes mangeaient ! »

**Jean-Claude KILLY (ski alpin) :**

« Jean-Claude avait le goût du risque skis aux pieds et fut longtemps adepte du "ça passe ou ça casse", jusqu'au jour où tout est passé divinement. Ce fut le cas à Portillo **(3)**, et encore plus aux JO 1968 à Grenoble avec sa triple couronne olympique. Très jeune, j'avais déjà relevé chez lui son côté réfléchi, ce contrôle mental qui le distinguait tellement des autres. Voilà qui devait lui permettre de passer du monde du sport à celui des affaires avec une égale maestria et une merveilleuse réussite. Il est resté la grande référence dans le sport français et dans le monde olympique. Il fut le maître d'œuvre des JO d'Albertville en 1992. »

**(3)** Médailles d'or en descente et en combiné lors des Championnats du monde 1966 à Portillo, Chili.

**Alain MOSCONI (natation) :**
« Je l'ai surnommé, pour rire, "le Petit Baigneur" quand il est devenu un ami intime. En fait, Alain a été un très grand nageur. Il bat le record du monde du 400 m en 4'9"2, le 4 juillet 1967 à Monaco. Ce n'est pas rien ! Il a dépassé les grands Don Schollander, John Konrads, Murray Rose… Le lendemain, il améliore le record du 800 m en 8'46"8. L'année suivante, du haut de Mexico, Alain le dilettante, toujours prêt à chahuter et d'un air très détaché comme d'habitude, s'offre un faux départ pour perturber un peu ses adversaires de la finale olympique du 400 m. Dommage car, au deuxième départ, il va se laisser distancer par Burton et Hutton. Mais belle médaille de bronze ! Il va continuer jusqu'aux JO de Munich sans grande motivation… et je vais récupérer ensuite un bon copain pour jouer au foot ! Il a été directeur commercial d'Opel General Motors puis président de Fiat France. Il vit à Avignon et nous sommes toujours très liés. »

**Daniel MORELON (cyclisme sur piste) :**
« Qui peut se flatter en France d'un tel palmarès olympique et mondial ? Sa triple couronne olympique (deux en vitesse, en 1968 et en 1972, et une en tandem en 1968 avec Trentin) à Mexico et à Munich, encadrées par des médailles de bronze en 1964 et d'argent en 1976, ses sept titres mondiaux individuels (plus un en tandem) : c'est sidérant ! Cela n'empêchait pas l'homme d'être modeste, affable… Un vrai régal pour les journalistes car il était intelligent et réfléchi dans ses analyses. Il a prolongé sa carrière de coureur sur piste par une mission exemplaire comme entraîneur et responsable du pôle de cyclisme sur piste à Hyères (Félicia Ballanger, Florian Rousseau…). Bref, le champion entraîneur modèle. »

**Jean-Claude BOUTTIER (boxe) :**
« Un réel ami qui m'a fait aimer la boxe à une époque où on gardait la nostalgie de Cerdan. La sienne était si pure et si juste. De l'escrime, presque ! Je n'ai raté aucun de ses grands combats… Il aimait le football, il excellait au basket, il n'était pas bagarreur mais il a choisi la boxe et atteint le niveau mondial. Il a su saisir sa chance sous la direction de Jean Bretonnel. Il est champion d'Europe en 1971. Ensuite, sommet de sa carrière face à l'Argentin Carlos Monzón pour la couronne mondiale. En 1972, Alain Delon l'aide à se préparer à Douchy. Mais, en juin, il est battu par Monzón : blessé à un œil, abandon au treizième round. Match revanche en 1973. Il mène aux points, puis Monzón se déchaîne et l'expédie trois fois à terre ; battu aux points. Son rêve s'est envolé. Avec Jean-Claude, on s'est connus à l'INS et je l'ai conseillé pour ses footings avec Jean-Pierre Beltoise, Henri Pescarolo, Michel Creton… »

**Michel PLATINI (football) :**
« Il avait tout pour réussir et séduire le monde du football. Il a été, je pense, le numéro un dans l'histoire du sport français avec Marcel Cerdan. Françoise Giroud l'a comparé à Nijinski, le danseur étoile, et Manolete, le grand torero. Je l'ai perçu exactement comme cela. Dès son arrivée au grand Saint-Étienne, après Nancy, il s'est montré éblouissant et a été vite repéré par les recruteurs de la Juventus. Son toucher de balle et sa vision du jeu exceptionnels ont fait de lui l'un des plus grands joueurs mondiaux de tous les temps et un énorme capitaine de l'équipe de France. Sans le scandale du France-Allemagne de Séville en demi-finale, il aurait pu gagner la Coupe du monde en 1982. Le titre européen de 1984 fut un superbe "rattrapage" et on l'a vu au sommet de

son art en finale contre l'Espagne, un an avant sa victoire avec la Juve en Coupe d'Europe. Plus tard, Michel a montré qu'il avait l'étoffe d'un grand sélectionneur, d'un grand dirigeant avec la mise en œuvre de la Coupe du monde en 1998 et son accession à la présidence de l'UEFA. »

**Yannick NOAH (tennis) :**
« 5 juin 1983 : j'ai encore cette date en tête. Historique ! On était dans l'attente d'une victoire française à Roland-Garros depuis trente-sept ans et Marcel Bernard. En 1983, j'étais en bas du court central, dans une loge, littéralement submergé par l'ambiance de la grande finale. Les gens criaient "Vas-y Yann !". Toute la France était devant sa télé. Noah a alors atteint le sommet dont il rêvait et s'y est montré étincelant. Il avait la rage de vaincre. C'était une émotion particulière pour moi de voir de quelle manière il a balayé Mats Wilander en trois sets (6-2, 7-5, 7-6), car je l'avais connu tout gamin à l'INS, quand il fréquentait régulièrement le premier regroupement des jeunes espoirs du tennis français avec Henri Leconte. Il devait alors avoir une dizaine d'années. Il n'a cessé de m'épater ensuite. Glorieux capitaine de l'équipe de France victorieuse par deux fois de la Coupe Davis, aujourd'hui star du show-business, Noah est toujours… une bête de scène ! »

**Bernard HINAULT (cyclisme) :**
« Quand je pense à lui, je me dis qu'il était "l'homme qui ne supporte pas les tapes dans le dos". Il m'avait confié un jour cette phobie : les tapes sur le dos, aussi bien en montagne dans l'escalade des cols que lors des arrivées ou dans les réceptions ; cela le mettait hors de lui ! Quelle force de caractère, quel tempérament. Un vrai Breton qui ne lâchait

rien et qu'on a surnommé pour cette raison "le Blaireau". Il a rejoint Anquetil et Merckx avec ses cinq victoires dans le Tour de France (1978, 1979, 1981, 1982 et 1985), plus trois dans le Giro, une dans le Tour d'Espagne, un titre mondial sur route, de grandes classiques... et une réelle domination au plan mondial dans les années 1980. On ne peut qu'être admiratif. Avec Bernard, nous nous sommes connus professionnellement et appréciés quand j'étais chez Adidas, car il fonctionnait avec Hungaria, marque de chaussures liée à Adidas. En observant son immense carrière, je réalise qu'il laisse dans l'histoire du cyclisme une trace indélébile. »

**Alain PROST (formule 1) :**

« Il n'est pas grand par la taille, "Prostichon", surnommé aussi "le Professeur", mais il est devenu un géant de la Formule 1. Première course de Formule 1 le 13 janvier 1980 à Buenos Aires. En 1981, il remporte sa première victoire, au Grand Prix de France. Le 6 octobre 1985, il devient officiellement à Brands Hatch le premier Français champion du monde, sur McLaren-Porsche. Je me souviens qu'il avoue alors rêver de battre un jour le record de victoires en Formule 1 qui appartient à Jackie Stewart, avec vingt-sept. Il le portera tout simplement à cinquante et un, en 1993 sur Williams-Renault, année de sa quatrième couronne mondiale (1985, 1986, 1987 et 1993). Il annonce alors à Estoril qu'il se retire de la compétition, à trente-huit ans. Dernière épreuve au Grand Prix d'Australie, à Adélaïde : "Vingt ans de compétition, treize en Formule 1, je suis fier de ce que j'ai réussi." C'est juste : seul Fangio à l'époque a fait mieux que lui au plan des titres : cinq ! J'ai le souvenir d'un champion assez timide et réservé, un peu froid même, mais qui s'épanouissait au milieu de son clan. »

**David DOUILLET (judo) :**

« Nous sommes à Atlanta en 1996, samedi 20 juillet. À tout seigneur, tout honneur : David Douillet, après s'être débarrassé de ses premiers adversaires, affronte du haut de son 1,96 m et de ses 125 kg en finale de tableau son ennemi numéro un, le Japonais Ogawa. Il gagne et le plus dur est fait. En finale, il place un uchi mata contre l'Espagnol Ernesto Pérez et le voici champion olympique ! Toute la France découvre la personnalité d'un garçon (déjà trois fois champion du monde) qui a passé son enfance en Haute-Normandie à Neuchâtel-en-Bray et qui a été élevé par sa grand-mère. Quatre ans plus tard, à Sydney (malgré un terrible accident de moto peu après les JO de 1996) deuxième titre olympique en lourds face au Japonais Shinohara : il devient définitivement le plus grand judoka français de tous les temps. Sa popularité est immense car il a un petit côté homme tranquille, ainsi que beaucoup de spontanéité et de gentillesse dans son approche des gens. »

**Zinédine ZIDANE (football) :**

« "Zizou le Brésilien", "le Magicien du football", "l'Homme aux pieds d'or" : que de surnoms pour ce joueur qui a fait rêver tous les enfants de France et leurs parents ! J'adore le football depuis ma tendre enfance et je sais à quel point un grand joueur de talent peut magnétiser, faire vibrer intensément, offrir du bonheur… Zidane : quelle belle histoire, celle d'un enfant kabyle merveilleusement doué qui arrive au sommet de son art le jour J et à l'heure H, très précisément le 12 juillet 1998 au Stade de France ! France 3, Brésil 0. La France et Zizou en état de grâce. Le Brésil et Ronaldo inexistants. Deux buts de la tête de Zidane et un autre, afin que la fête soit plus belle, grâce à Emmanuel Petit. La

France championne du monde ! J'ai vécu tout cela en direct au milieu d'une ambiance de folie au Stade de France. C'était sublime. Comme la descente des Champs-Élysées après... Puis, en 2006, voilà l'heure des adieux pour un Zidane déjà comblé et qui est passé par la Juventus puis le grand Real. Nouvelle finale de Coupe du monde contre l'Italie. La France domine, l'Italie résiste. Puis coup de théâtre dans les prolongations : Zizou craque au mauvais moment devant la provocation de Materazzi. Comme tous les Français, je ne m'en suis pas encore remis...»

**Laure MANAUDOU (natation) :**
«Il arrive ainsi que dans nos sports olympiques émergent des talents d'exception qui permettent à leur discipline de capter le grand soleil de l'actualité. Je ne connais pas bien Laure, sinon par ses succès olympiques et mondiaux, ses records et la belle image qu'elle donne aujourd'hui du sport féminin et de la natation en particulier. Elle me rappelle d'une certaine manière mon amie Christine Caron qui, à la même époque que moi – elle était aux JO de Tokyo, médaille d'argent au 100 m dos –, attirait aussi les médias grâce à ses exploits, son record du monde et également son charme. J'ai admiré les risques que Laure a pu prendre en se soumettant au dur entraînement avec son coach, Philippe Lucas (17 km par jour), même si soudain, en mai 2007, ce système d'entraînement lui est apparu trop pesant, trop contraignant. Elle est devenue une belle ambassadrice de la natation en France et son émergence donne chez nous un joli coup de fouet à ce sport.»

# Dassler : un patron, une famille, un empire

Une grande carrière d'athlète suivie d'une grande carrière professionnelle… La trajectoire de Michel Jazy est exemplaire et parfaitement représentative d'une évolution assez spectaculaire en matière de reconversion sociale d'un certain nombre de champions de son époque.

Menée brillamment jusqu'aux JO de Rome, en 1960, l'opération *L'Équipe* se termine quand Michel, notoriété aidant, intègre en 1961 le groupe Perrier comme attaché auprès du directeur de la publicité et de la communication. Après ses adieux à la haute compétition, et tout en restant chez Perrier, il occupe à partir de 1969 un poste d'attaché commercial au Club House du Coq Sportif, rue d'Amboise, à Paris.

Contacté ensuite par Horst Dassler, patron d'Adidas France, – et tout en conservant ses liens avec Perrier –, il entre partiellement chez Adidas en 1973 après les JO de

Munich, puis est intégré à plein temps dans l'entreprise en 1975, devenant responsable de la promotion et des relations publiques d'Adidas France au siège de la rue du Louvre. Ce lieu va être bientôt considéré comme le véritable QG parisien de la mondialisation des affaires commerciales d'Adidas, pilotée depuis le siège alsacien de Landersheim.

Michel Jazy quitte Adidas un mois avant l'arrivée de Bernard Tapie qui, en juin 1990, achète quatre-vingts pour cent des parts, une opération réalisée trois ans après le décès à cinquante et un ans, au terme d'une longue maladie, de Horst Dassler. Il devient alors président-administrateur du Parc des Princes, poste qu'il occupe jusqu'en 1996.

Les quinze années de Michel Jazy chez Adidas retiennent particulièrement l'attention dans la mesure où elles correspondent à une période clé dans l'évolution du sport international vers le sport-spectacle grâce à la télévision, avec tous les paramètres économiques, humains et politiques que cette révolution induit, à savoir :

– La conquête du marché mondial de l'équipement sportif à la faveur d'une expansion assez stupéfiante.

– L'avènement d'une personnalité hors norme, Horst Dassler, qui rayonne sur tout un secteur de l'économie du sport mondial, puis sur celui du sponsoring et du marketing (avec sa société ISL).

– L'influence grandissante du patron d'Adidas qui, tout en exerçant son activité de businessman, va également peser politiquement sur le fonctionnement des plus grandes institutions internationales du sport, y compris le Comité international olympique (CIO).

Dans le ciel déjà moins pur de l'olympisme, Horst Dassler ne sera pas toujours considéré comme une blanche colombe…

Michel Jazy, grand témoin de ce phénomène assez unique dans l'histoire du sport au XXe siècle, a bien connu tous les tenants et les aboutissants d'un incroyable développement mené par la dynastie Dassler sur le thème : un patron, une famille, un empire colossal ! Il pose un regard objectif et lucide sur cette période charnière du sport au cours de la seconde moitié du XXe siècle.

« Michel, de quand votre premier contact avec Horst Dassler date-t-il ?

– De novembre 1956, aux Jeux de Melbourne, mes premiers Jeux Olympiques. J'ai alors tout juste vingt ans, et Horst Dassler a le même âge ! En fait, on me le présente lors d'une de ces réceptions classiques précédant l'ouverture des JO, où sont accueillis quelques représentants des délégations étrangères. La firme Adidas est déjà très connue dans le milieu de l'athlétisme et du football. Je sais en tout cas que Jesse Owens a remporté ses quatre médailles d'or aux JO de Berlin avec des pointes Adidas. En 1952, Emil Zatopek a également triomphé aux JO d' Helsinki avec des Adidas. En 1954, la grande équipe allemande du capitaine Fritz Walter, championne du monde de football après avoir battu 3-2 la Hongrie, portait des Adidas comme d'ailleurs, vingt ans après, la fameuse "*Wunderteam*" du "*Kaiser*" Franz Beckenbauer, sacrée à son tour championne du monde en 1974.

– À l'époque, aviez-vous entendu parler de la saga Dassler ?

– En partie seulement. On m'a tout raconté à Melbourne. Horst, que j'ai rencontré, est le fils d'Adolf Dassler (le mot Adidas est la contraction d'Adi, surnom d'Adolphe, et de Das, les trois premières lettres de son nom), fâché en 1948 avec son frère Rudolph, brouille qui a fait exploser la

*Sportschuhfabrik*, l'entreprise familiale de fabrication de chaussures, fondée en 1920 à Herzogenaurach, près de Nuremberg. Rudolph a créé Puma. Il a installé sa propre fabrique de l'autre côté de la rivière Aurach, dans la même ville…

– Quel type de conversation avez-vous eu avec Horst à Melbourne ?

– Oh ! Un échange assez bref. Il semble bien me connaître puisqu'il me félicite pour mon premier titre de champion de France au 1 500 m, avant de me souhaiter bonne chance pour les séries aux JO. Il me confie également que l'athlétisme est vraiment son sport préféré et qu'il a lancé le javelot. Rien de plus. Il s'esquive vite et aborde d'autres invités.

– Quelle impression vous fait-il au premier abord ?

– Je le trouve plutôt sympathique, assez distingué, assez réservé. Il parle doucement. On voit qu'il s'intéresse à son interlocuteur avec prévenance et courtoisie. Il me semble authentique, assez décidé, pas autoritaire. Très jeune encore, il a, semble-t-il, les dents longues. Je constate d'ailleurs qu'il va d'une personne à l'autre avec beaucoup d'aisance. J'ai compris qu'il est là pour établir des relations. Je pense même qu'il essaie de côtoyer des gens importants appartenant aux hautes sphères internationales. Peu après, j'apprends qu'il est venu à Melbourne avec des équipements et surtout des chaussures de sport. Il paraît qu'il va directement retrouver certains athlètes dans leurs chambres au village olympique. En fait, il s'agit de cracks, sprinteurs, sauteurs, coureurs de demi-fond comme l'Américain Tom Courtney, qui va d'ailleurs gagner le 800 m olympique. Quant à moi, jeune néophyte, sans palmarès international… il ne m'a rien proposé !

– Quatre ans plus tard, aux JO de Rome en 1960, Adidas est carrément installé dans le village olympique et possède pignon sur rue, si on peut dire. La firme allemande s'intéresse-t-elle à vous ?

– Pas le moins du monde ! C'est même plutôt un gag. Certains copains de l'équipe de France m'ont suggéré d'aller dans un espace aménagé du village olympique où un certain M. Comes distribue gratuitement des pointes Adidas, des trainings, des survêtements… à condition de figurer sur ses listes. Je ne m'appelle pas Wilma Rudolph, ni Cassius Clay (futur Muhammad Ali). Ils sont déjà équipés en Adidas ! On m'a tout de même précisé que si je ne cours pas les JO en Adidas, il est inutile que je me présente. De fait, j'apprends que je ne suis pas sur les listes. Une fois qualifié pour la finale, je tente à nouveau ma chance. Même refus catégorique, mon nom n'est pas sur les listes. De toute façon, je porterai mes pointes Aucan jusqu'au bout… Après ma médaille d'argent au 1 500 m, je m'amuse à tenter une dernière fois ma chance auprès de M. Comes. Cette fois il m'annonce : "O. K. ! Vous êtes sur mon listing. Mais vous n'aurez droit qu'à une seule paire de pointes." Par la suite, j'ai continué à courir en Adidas, mais dans un premier temps j'ai persisté à porter mes survêtements préférés achetés dans les pays nordiques.

– Pour vous, Horst Dassler fait-il alors déjà figure d'habile businessman ?

– Oui ! On m'a dit aussi qu'il n'est pas dans les meilleurs termes avec ses sœurs. Il y a Brigitte, Karen, Inge et Sigrid. Sa mère, Käthe, joue apparemment un rôle encore assez éminent dans les affaires familiales. C'est elle d'ailleurs qui a incité Horst à voyager et à favoriser des contacts qui seront bénéfiques. Logiquement, il est "l'héritier spirituel naturel" du père, Adolphe, qui songe déjà certainement à lui transmettre les rênes de l'entreprise. En attendant, pour plus de liberté d'action, Horst décide en 1959 d'aller s'installer à Landersheim, de l'autre côté du Rhin, près de Strasbourg, afin de fonder un pôle Adidas France. Il va créer une sorte d'État dans l'État tout en maintenant des liens étroits avec Adidas Allemagne, toujours entre les mains du père, puis après la mort de celui-ci en 1978 entre celles de la mère. Pour compléter sa formation commerciale, Horst apprend plusieurs langues étrangères et même le japonais.

– En 1960, les Jeux Olympiques de Rome sont télévisés. C'est un événement de taille deux ans après la Coupe du monde de football 1958, qui a pénétré largement dans de nombreux foyers.

– Oui ! Ce fait est capital car Horst Dassler, si jeune, a déjà réalisé depuis quelque temps, avec son talent de visionnaire, qu'une révolution et un miracle économique vont s'accomplir grâce à la télévision. Le règne de l'image se met en place. Le sport sera le vecteur d'un boom prodigieux au plan des affaires Adidas, grâce au nouvel impact du sport télévisé. Horst a aussi remarqué que les JO, plus grand spectacle sportif du monde, n'exploitent pas du tout, commercialement, leur universalité. Il veut être le premier à saisir la très belle opportunité qui ne manquera de se présenter bientôt, du côté du CIO notamment, au plan du marketing. Mais, dans l'immédiat, sa seule préoccupation est d'exposer au maximum la marque Adidas, les trois bandes et le trèfle, aux regards de millions et de millions de téléspectateurs dans le monde afin d'améliorer ses ventes. Et, dans un premier temps, il estime qu'il faut aller à la rencontre des meilleurs athlètes, footballeurs, boxeurs, basketteurs, skieurs, joueurs et joueuses de tennis (à titre d'exemple, pour parler des principaux Stan Smith et plus tard Ivan Lendl, John McEnroe, Steffi Graf, André Agassi, Justine Hénin), afin de les équiper et pourquoi pas les rétribuer. Mais, pour éviter les surenchères et sans renoncer à des aides directes aux athlètes, il va bientôt adopter une nouvelle stratégie en fonctionnant davantage avec les grands clubs, les fédérations nationales et internationales. Il veut tisser un immense réseau. Il est clairement à l'avant-garde. En tout cas, concernant les JO, il sait que le pilier du temple, c'est l'athlétisme ! Il va foncer dans ce sens pour tenter de griller la concurrence et surtout s'attacher les faveurs du CIO.

– Est-ce facile pour lui d'aller au contact des champions afin de les attirer chez Adidas ?

– Oui, très facile. En tout cas à cette époque. Il vénère littéralement les grands sportifs. Il adore le sport, c'est clair. Quand il vient parler aux athlètes, à la limite c'est lui qui se fait humble et modeste. Il établit un réel climat de confiance. Il se montre toujours généreux. Il propose des aides. Il est prêt à offrir beaucoup pour favoriser les champions. À Landersheim, il a créé un centre d'entraînement avec tennis et terrain de football en gazon synthétique. Il peut accueillir et séduire sportifs, entraîneurs, dirigeants… Il y a un hôtel pour l'hébergement. Quant au *Kochersberg*, il s'est taillé la réputation flatteuse d'une auberge où la table est sélecte et où sont servis des vins de grands crus. Horst va savoir aussi s'entourer de champions renommés pour mener à bien son business. Ils seront ses meilleurs ambassadeurs dans le milieu sportif. Il opère d'autant plus naturellement dans ce domaine qu'il considère les sportifs comme des amis et les respecte au plus haut point. Il engage notamment Jocelyn Delecour, l'ancien international de football Jean Wendling et aussi John Boulter, brillant universitaire anglais, l'un des grands du demi-fond européen, qui a d'ailleurs couru le 800 m de Grande-Bretagne – Finlande-France lors de mes adieux sous le maillot tricolore à Colombes en 1966. Boulter va devenir son bras droit pour les relations internationales.

– Aux JO de 1968, où vous êtes allé comme consultant de RTL, avez-vous pu constater que le phénomène Adidas prenait de plus en plus d'ampleur ?

– Évidemment ! On s'est même retrouvé au plus fort de la guerre fratricide Adidas-Puma. Au village olympique, près de deux cents sportifs ont été, paraît-il, approchés par les deux firmes rivales ! On a parlé de sommes astronomiques, atteignant jusqu'à 100 000 dollars, pour séduire les athlètes les plus prestigieux, dont certains ne se sont pas gênés pour exercer un chantage. La presse a révélé tout cela un mois après. Mexico a vraiment marqué un virage spectaculaire dans le phénomène sponsoring-télévision. D'ailleurs, lors de la fameuse protestation noire sur le podium du 200 m, Tommie Smith et John Carlos ont aussi brandi leurs chaussures… Puma ! Huit années plus tard, en 1976, le Finlandais Lasse Viren a fait pareil aux JO de Montréal avec ses Tiger… après avoir porté des Adidas en 1972 ! Mais 1968 a tout de même fortement inquiété les patrons de l'olympisme et de l'athlétisme, Avery Brundage (CIO) et Lord Exeter (IAAF), ardents défenseurs de l'amateurisme. Ils ont réclamé des mesures d'urgence afin de neutraliser l'apparition des marques sur les équipements. Voilà qui n'a guère perturbé Horst Dassler. Il a trouvé habilement une parade…

– Quel était son plan en réalité ?

– Mener une opération de séduction en utilisant les

grands moyens. Aux JO de Mexico, quatre-vingts pour cent des athlètes, comme Bob Beamon, Dick Fosbury, Jim Hines, Lee Evans… et notre compatriote Colette Besson, sont en Adidas. Cela veut dire que des millions d'autres athlètes auront envie de porter Adidas. Même impact en 1976, avec "la Petite Fée de Montréal", Nadia Comaneci, qui porte le trèfle sur son justaucorps. Horst va mettre en place des réseaux de communication et d'intervention en découpant la carte mondiale en zones géographiques ou politiques et en nommant des responsables : l'Europe de l'Ouest et celle de l'Est sous la tutelle soviétique ; l'Afrique noire et celle du Maghreb ; l'Amérique du Sud et centrale ; l'Asie, et principalement le Japon ; et les États-Unis, bien sûr, où la concurrence va bientôt être féroce. Pour lui, les retransmissions en direct des plus grandes compétitions suffisent à faire passer le message publicitaire de la marque Adidas gratuitement. L'une des plus insolites concerne le fameux "match du siècle" Ali-Frazier en mars 1971 au Madison Square Garden, avec leurs chaussures de boxe Adidas. Je le répète, sa vision planétaire est judicieuse.

– À quel moment Horst Dassler vous recrute-t-il chez Adidas ?

– Il m'a contacté après les JO de Munich. À cette époque, je défends commercialement sur la place de Paris et en France la firme du Coq Sportif, qui m'emploie. Cela le gêne. Il souhaite développer au maximum le secteur de la confection et, aux JO de Munich en 1972, nous avons mené avec le Coq Sportif des opérations promotionnelles très performantes. Après les Jeux, Horst m'a sollicité directement. Je lui ai donné mon accord de principe. En fait, le Coq Sportif, limité aux vêtements sportifs, distribuait déjà les chaussures Adidas. Son objectif était alors d'absorber certaines firmes comme Pony et, bien sûr, le Coq Sportif. Mais ce n'est qu'en 1975 que je ferai intégralement partie de la société.

– Il va donc mettre en place le siège Adidas de la rue du Louvre et vous faire confiance ?

– Auparavant, j'ai été invité à Herzogenaurach, qu'on appelle familièrement “Herzo”. J'y ai passé trois jours en compagnie de John Boulter pour visiter, grâce à un beau-frère d'Horst Dassler, les fabriques, le musée, tout en étant hébergé au *Sporthotel*. J'avais développé au Coq Sportif un plan médias assez performant autour de quelques stars du sport, et parfois du show-business, fréquemment reçues dans notre club-house où Irène, mon ex-épouse, occupait aussi une fonction dirigeante. Horst Dassler voulait s'attacher mes services à plein temps. Je l'ai rencontré à son retour de voyage car il ne cessait de sillonner le monde. Le moment le plus fort pour moi fut sans doute la réception organisée dans la maison familiale sous la haute supervision de Kathrine Dassler, femme intelligente et charmante, au regard très doux et que tout le monde appelait affectueusement Käthe. J'ai réalisé ce jour-là tout le pouvoir magnétique du clan Dassler, rassemblé religieusement autour de l'icône paternelle, Adolphe Dassler. Les portraits d'Adi apparaissaient d'ailleurs à tous les étages de la maison, des bâtiments, du musée ou de l'hôtel. Il resplendissait sur d'immenses photos en compagnie de célébrités du sport comme Jesse Owens, Fritz Walter, Cassius Clay (Muhammad Ali), Franz Beckenbauer…

– À l'approche des JO de Moscou en 1980, l'empire Adidas ne se limite pas aux chiffres d'une expansion astronomique à l'échelle mondiale. Horst Dassler affirme lui-même qu'il est désormais une sorte de diplomate du sport “au cœur de l'action”.

–Il a tout simplement compris que le règne des bénévoles dans les fédérations nationales, et surtout internationales, est révolu. Une nouvelle race de dirigeants apparaît, bien plus concernée par le monde des affaires et d'ailleurs appointée. Il peut traiter avec eux, jouer les mécènes, favoriser aussi l'ascension de certains dirigeants ambitieux. Il est devenu un ami intime de Juan Antonio Samaranch, ambassadeur d'Espagne en URSS, qui vise la succession de Lord Killanin en 1980. Il va agir sur ses relations personnelles afin de favoriser l'accession du Catalan à la présidence du CIO. Il a flairé également que Primo Nebiolo, en prenant le pouvoir de l'IAAF (Fédération internationale d'athlétisme) en 1981 – avec son soutien – va faire bouger les choses (premiers Championnats du monde, en 1983) et entrer dans le giron de la société de marketing créée et basée à Lucerne en mars 1985 : ISL Marketing. Il favorisera d'ailleurs l'installation de l'IAAF à Monaco avec l'appui du prince Albert et de Rainier III. Quant au président de la FIFA (football), le Brésilien Joao Havclange, c'est encore un ami proche dont il a "supporté" la campagne présidentielle en 1974 puis la réélection en 1979, lui assurant presque un poste présidentiel à vie jusqu'à ses quatre-vingt-deux ans ! Parallèlement, Horst Dassler a monté un deal avec Coca Cola en vue de favoriser le plan de développement du football souhaité par Havelange : Mondial juniors, extension à vingt-quatre pays en phase finale de Coupe du monde. Sans doute Sepp Blatter, actuel président de la FIFA, lui doit-il beaucoup également puisqu'il l'a sorti de la société horlogère Swiss Timing pour lui confier les liaisons internationales du football à Adidas, avant son ascension au sommet du football.

– La fameuse boutique de la rue du Louvre est alors

devenue un haut lieu de rencontres au sommet pour de nombreux dignitaires du sport mondial. Êtes-vous régulièrement informé de leur passage et de la teneur des débats ?

– Je dois dire honnêtement que mon rôle est essentiellement axé sur la communication et la promotion. Je suis installé au premier étage. J'y reçois des représentants, parfois des champions ou des membres de fédérations, des médias ; en fait, je suis très axé sur les relations publiques. J'organise aussi des actions promotionnelles comme les courses sur route (les 20 km Adidas-Perrier dans toutes les régions de France) et j'interviens parfois sur certaines opérations ponctuelles comme le *Téléthon* dont le parrain, au début, est l'acteur américain Jerry Lewis qui, de même qu'aux États-Unis, a coutume d'arriver sur scène chaussé d'Adidas de boxe, blanches avec les trois bandes noires. En réalité, je ne suis pas concerné par les problèmes politiques gérés par Horst Dassler qui, je le précise, va devenir officiellement PDG d'Adidas à la mort de sa mère Käthe, en 1984.

– C'est un secret de polichinelle, déjà à l'époque : d'importantes tractations politiques sont conduites ou de très gros contrats sont discutés au sous-sol et à huis clos dans les petits salons et la salle de réception, qui fait aussi office de salle à manger.

– C'est exact. Entre l'étage que j'occupe et les sous-sols, il y a au rez-de-chaussée le magasin dirigé par Irène, également chargée de la supervision de toutes les réceptions. Je suis régulièrement informé sur tous les passages des "têtes couronnées" du sport mondial et olympique qui se croisent ici : Juan Antonio Samaranch, Joao Havelange, Primo Nebiolo, Vitaly Smirnov, Keba M'Baye, Mohammed M'Zali, Sepp Blatter... et des dignitaires africains, de hauts dirigeants du monde entier, des membres du CIO, des équipes de football comme le Dynamo Kiev d'Oleg Blokhine, des champions, des entraîneurs… Tous ces personnages, je viens les saluer. Rarement cependant, j'ai eu vent de décisions.

– Quelques-unes peut-être, quand même ?

– Une, surtout, la plus spectaculaire. Elle concerne la candidature de Paris pour les JO de 1992. Horst Dassler a manifestement tout fait pour réunir un nombre suffisant de voix afin que soit exaucé le vœu suprême de Juan Antonio Samaranch d'organiser en Catalogne dans sa ville, Barcelone, les Jeux Olympiques 1992. Il a déjà joué un rôle pour le choix de Séoul en 1988. Mais Dassler n'a pas agi seul car il est de mèche avec son ami Joao Havelange, qui dirige le football mondial à la FIFA. Pour Horst Dassler, très francophile, ce duel Paris-Barcelone était assez délicat à gérer. Le vote était prévu en octobre 1986 dans le cadre de la 91e session du CIO, à Lausanne. J'ai appris lors d'un passage de Horst Dassler à Paris, en 1986, qu'il avait été convoqué d'urgence à l'Hôtel de Ville par Jacques Chirac, alors maire de Paris. L'information était top secrète, bien entendu ! En fait, le patron d'Adidas est venu confirmer à Jacques Chirac ce que le président de la FIFA, Joao Havelange, lui avait soufflé à l'oreille quelques jours plus tôt : il ne fallait surtout plus rêver d'un succès pour Paris ; Barcelone allait s'offrir les Jeux.

Tout était déjà verrouillé ! La France ne perdrait pas trop au change, les JO d'hiver 1992 seraient pour Albertville. Mieux encore, il y avait une promesse pour la France d'organiser la Coupe du monde de football en 1998. Joao Havelange en avait pris lui-même l'engagement. À l'époque, bien entendu, rien n'a transpiré sur ces accords secrets ! La presse n'en a rien su !

– Mais Horst Dassler n'a-t-il pas un endroit plus discret pour mener ses tractations politiques ?

– Si, bien sûr ! Il descend régulièrement dans une suite à l'*Hôtel Scribe*, à Paris, et peut y organiser également, dans un incognito parfait, certains rendez-vous de la plus haute importance. Je dois dire aussi qu'il n'hésite pas à abreuver de cadeaux ses visiteurs.

– Monique Berlioux, ex-directrice du CIO, a déclaré après avoir quitté Lausanne qu'il était devenu le "véritable maître du sport mondial". Est-ce votre avis ?

– C'est la vérité la plus stricte. À une certaine période, Horst Dassler a incontestablement la mainmise sur tout le fonctionnement du sport mondial. Il est incontournable, carrément aux manettes. Tout passe par lui. Il est reçu comme un chef d'État par les plus hautes autorités sportives mais aussi politiques. Les pays du tiers-monde, les pays de l'Est le cajolent, car ils bénéficient de sa générosité pour leurs équipements et peuvent concrétiser des projets liés au sport… mais pas seulement. En retour, ils se montrent reconnaissants et enclins à fournir des voix importantes, notamment au moment du choix des villes organisatrices des JO ou d'autres événements et pour l'accession aux postes clés de certains dirigeants ou personnalités dans les fédérations internationales, les comités olympiques nationaux. Tout semble sourire à Horst. À la nuance qu'il va très mal vivre le premier boycott des pays d'Afrique aux JO de Montréal en 1976, car il s'est énormément investi sur le continent africain. Et plus douloureux encore sera celui des pays occidentaux derrière les États-Unis à Moscou en 1980. Il est impuissant, exaspéré et le sera tout autant avec le clash des JO de Los Angeles en 1984, sans l'URSS ni les pays de l'Est… mais avec la Chine !

– L'ascension assez prodigieuse de Nike, mais aussi celle moins spectaculaire de Reebok, ne l'ont-elles pas aussi perturbé ?

– Perturbé, non ; remobilisé oui ! Nike apparaît véritablement aux JO de Montréal en 1976 avec des chaussures d'un style nouveau, aux coloris plus chatoyants. Puis il y a la fameuse trouvaille des chaussures “sur coussin d'air”. L'impact est immédiat. La dynamique publicitaire, d'une efficacité américaine, profite du petit logo en virgule à l'horizontale. Nike, fondé en 1972 dans l'Oregon par Bill Bowerman et Phil Knight, joue gagnant aussi sur le phénomène en vogue aux États-Unis du jogging, qui va bientôt s'étendre dans le monde entier. C'est cependant en Adidas que Franck Shorter a gagné le marathon aux JO de Munich en 1972. Mais Nike a bien joué en s'associant au marathon de New York dès ses débuts en 1970, car il va prendre une notoriété phénoménale, surtout à partir de 1976 avec les victoires de l'Américain Bill Rodgers puis de la Norvégienne Grete Waitz. La popularité de Nike va surtout être forte ensuite grâce au basket-ball avec les chaussures “Air Force One” ou “Air Jordan”. Mais, en athlétisme, ils marchent fort également et je n'ai pas oublié aux JO de Los Angeles, en 1984, les affichages géants de Carl Lewis et Mary Decker sur des immeubles. Nike va bientôt crever tous les plafonds avec sa campagne *“Just do it”* et même passer devant Adidas au plan du chiffre d'affaires.

« Horst Dassler, de toute façon, a su établir très tôt des plans de vigilance quand Nike a effectué un énorme bond en avant. Il n'y a eu aucune panique. L'explosion mondiale des équipements sportifs, avec les sports loisirs, a dopé l'ensemble du marché. En revanche, Adidas a traversé provisoirement une période assez délicate quand, en 1990, peu après sa mort en 1987, les quatre sœurs de Horst ont décidé de vendre leurs parts à Bernard Tapie.

– La disparition de Horst Dassler, l'arrivée de Bernard Tapie puis celle de Robert Louis-Dreyfus ont pas mal chamboulé malgré tout la galaxie Adidas, avant l'arrivée de Herbert Hainer en 2001.

– Incontestablement. L'entreprise Adidas compte près de douze mille personnes à la mort de Dassler. Cette disparition est douloureusement ressentie par l'ensemble du personnel. Je savais qu'il était atteint d'un cancer incurable. Six mois avant son décès, il a organisé une immense réception à l'*Hôtel Intercontinental* à Paris, rue de Castiglione, avec près de huit cents invités et de hauts représentants du sport olympique et mondial. Edwige Avice, alors ministre des Sports, lui a rendu un vibrant et émouvant hommage. Horst a tenu à présenter ce soir-là René Jaeggi, ancien judoka et homme d'affaires suisse, appelé à lui succéder (1). Adidas sans Horst Dassler, cela n'était pas imaginable. Non seulement son rayonnement mondial et sa réussite avaient contribué à la notoriété, la fierté, l'expansion de notre société, mais l'homme était aussi vénéré par les siens. Il y a eu ensuite un peu de flottement, des changements puis, en 1989, Michel Hidalgo m'a annoncé : "Michel, je sais que Bernard Tapie va bientôt prendre les commandes d'Adidas !"

Il était sérieux. Moi, franchement, je pensais à un coup de bluff. J'ai quitté Adidas en mai 1990 car la proposition de diriger le Parc des Princes m'intéressait et, le mois suivant, en juin, Bernard Tapie est arrivé à la tête de l'entreprise.

**(1)** En 1986, après le décès de Horst Dassler, ses quatre sœurs confieront effectivement la gestion d'Adidas au Suisse René Jaeggi.

Grâce à un montage financier subtil avec les banques, il avait récupéré quatre-vingts pour cent des actions d'Adidas vendues par les quatre sœurs d'Horst ! J'avoue que je me suis posé des questions. Avais-je fait le bon choix ? J'étais assez séduit par la personnalité de Bernard Tapie, son côté direct, fils du peuple, passionné de sport, très charmeur, très convaincant, déterminé, si sûr de lui. Après, j'ai davantage ouvert les yeux. Tapie charmeur et fonceur, certes ; Tapie ancien ministre et portant beaucoup de casquettes, c'était connu ; mais il y avait aussi le Tapie sans scrupules lors du rachat d'entreprises pour 1 franc symbolique, qui ne tenait pas ses promesses sur le maintien des personnels. Il écrémait sans complexe. Puis, ensuite, il y a eu l'affaire de corruption Valenciennes-OM…

Robert Louis-Dreyfus, arrivé en 1993, m'est apparu comme un patron décideur beaucoup plus crédible, dans un style nettement plus discret. Il avait fait ses études à Harvard (MBA), aux États-Unis, et cela se voyait.

– Comment voyez-vous aujourd'hui Adidas ?

– Comme un géant de l'équipement sportif universellement connu, toujours aussi performant, à la pointe des techniques nouvelles avec des icônes populaires comme Haile Gebreselassie, David Beckham et surtout Zinédine Zidane… Aux JO de Pékin, en 2008, toutes les équipes chinoises seront en Adidas. »

# « Mes grands hommes »

Tout au long de son existence, Michel Jazy a rencontré et côtoyé, hors monde du sport, bien des personnages illustres ou tout simplement populaires, qui occupaient eux aussi le devant de la scène et l'actualité quotidienne. Il en a admiré certains. Ces « grands hommes » et ces « grandes femmes », tant au plan politique que littéraire, ces personnalités appartenant à l'univers du cinéma et du spectacle, ont bien évidemment participé d'une certaine manière à son parcours d'homme et de champion. Il a tenu à exprimer sur eux ses réflexions et des opinions qui donnent le reflet de sa propre personnalité.

## MONDE POLITIQUE ET RELIGIEUX

**Charles DE GAULLE :**

« J'ai eu cette chance unique dans ma vie de rencontrer le général et de lui parler en tête-à-tête. Mais je me sens vraiment humble au moment de lui rendre cet hommage spontané. Je sais que le général appréciait, “au nom de laFrance”, mon esprit de conquête et mes exploits. Il me l'avait dit de vive voix… Moi, je l'ai vénéré très jeune car lui… il était "la France". Je me souviens d'ailleurs qu'il disait : "La politique, c'est quelqu'un ou ce n'est rien !" J'ai réalisé très tôt que le général de Gaulle pouvait à lui seul effectivement incarner la grandeur et les valeurs patriotiques de notre pays. Je venais juste d'avoir quatre ans quand il a lancé son fameux appel du 18 juin 1940. C'est bien petit pour comprendre... Mais ensuite, chez mes grands-parents à Oignies, j'ai entendu constamment parler de lui et de "la France libre". Il en était le chef, soutenu à Londres par Winston Churchill et fier de l'être, mais – hélas ! – dégradé par le gouvernement de Vichy. À la maison, notre radio était souvent branchée en cachette sur *Ici, Londres !*. On captait bien la BBC dans le Nord. Méfiance : les Allemands rôdaient… On rêvait secrètement de la Libération…

« Après la guerre, le général de Gaulle a été président du gouvernement provisoire. Il est revenu en 1958 pour diriger le pays, toujours convaincu que la France devait jouer un rôle universel. Il a démissionné le 28 avril 1969. Il avait affirmé que l'Europe se ferait "de l'Atlantique à l'Oural" et que "la Chine un jour se libérerait". Il a stoppé la guerre d'Algérie. Il a voulu que notre pays se dote de la force de dissuasion. Il a, le premier, reconnu la Chine… Tout ce qu'il pouvait dire avait pour moi une portée historique car il incarnait justement l'Histoire, avec un grand H… Depuis, je dois dire, personne n'est parvenu à se hisser au niveau de sa si haute stature…

« Deux fois donc, je me suis retrouvé face à lui et, je l'avoue, immensément impressionné. Il m'a remis la Légion d'honneur en 1966. J'étais avec Alain Calmat, Jacques Anquetil, Guy Périllat, Michel Crauste et Jocelyn Delecour. C'était une grande première pour des sportifs. Le général était fier des champions français qui faisaient retentir la *Marseillaise* dans les stades. N'a-t-il pas avoué, deux ans après, qu'en voyant Colette Besson pleurer de toutes ses larmes sur le podium de Mexico, en 1968, il y est allé lui aussi de sa petite larme ? À l'Élysée, quand il m'a remis le ruban rouge, j'ai éprouvé un bonheur et une fierté incomparables. J'avoue que je me suis senti bien petit devant lui… Il regrettait que j'arrête la compétition. Il m'en a demandé les raisons : "Mon général, ai-je répondu, je suis saturé. Inutile, de plus, de préparer les prochains JO à Mexico à cause de l'altitude." Puis j'ai ajouté avec un petit sourire : "J'ai l'impression que les Français deviennent de plus en plus exigeants vis-à-vis de moi… et il me semble que c'est l'inverse vis-à-vis d'eux-mêmes !" Il a acquiescé d'un mouvement de tête. J'ai senti que quelque chose passait dans son regard. J'en ai été très ému…

« Je l'ai revu au printemps 1968 lors d'une visite à l'Institut national des sports. Le climat déjà se dégradait en France. Un grand bouleversement guettait dont il mesurait par avance les conséquences. Une fois de plus, lui, le dernier rempart de 1940, "l'homme du 18 juin", si pudique, si secret, tellement solennel, s'apprêtait à se replier dans une profonde solitude… »

**Le pape JEAN-PAUL II (Karol Wojtyla) :**

« Forcément, à mes yeux, il était plus qu'un pape ; c'était aussi un pape polonais, originaire du même pays que ma famille. Mais j'ai vite réalisé également qu'il était un saint homme… J'ai suivi comme des millions de téléspectateurs avec une intense émotion la cérémonie de ses obsèques en avril 2005 sur la place Saint-Pierre de Rome. Le monde entier s'est longuement recueilli ce jour-là… Incroyable :

Karol Wojtyla, à bout de forces, est resté à son poste pendant vingt et un ans ! Il a vraiment cherché, je le pense, à ouvrir des portes, à abattre des frontières. Il était particulièrement sensible aux problèmes des pays pauvres et des peuples opprimés, comme ceux d'Europe de l'Est sous le joug soviétique. Il avait tout connu en Pologne depuis sa naissance à côté de Cracovie, à Wadowice. Il a tenu à recevoir Lech Walesa. J'espérais moi aussi très fort que la Pologne se libère un jour.

« Il a décidé aussi de voyager beaucoup – plus de cent pays visités – pour prêcher la bonne parole, défendre les droits de l'homme ! Certains l'ont trouvé conservateur car il était contre l'avortement, la contraception, le mariage des ecclésiastiques. Moi, je sais qu'il est allé au-devant de la jeunesse dans le monde entier afin de porter son message d'espoir et d'amour au nom de la fraternité humaine et de la charité. Je n'ai pas oublié non plus le terrible attentat dont il est sorti miraculeusement vivant, en mai 1981, après avoir été atteint par les balles d'un Turc, Ali Agça... Plus grand pape de tous les temps ? C'est mon avis ! Je revois encore son bon sourire mais aussi, lors de la cérémonie des obsèques, les pages de l'Évangile ouvert sur son cercueil qui se tournaient sous l'effet du vent. Comme un symbole de la vie qui passe... »

**André MALRAUX :**

« Il m'est toujours apparu étrange mais terriblement fascinant. De lui, je garde deux images essentielles et très fortes. D'abord, le fameux discours du Panthéon, en décembre 1964, avec ses accents pathétiques pour évoquer la mémoire de Jean Moulin dont on venait de transférer les cendres : “Entre ici, Jean Moulin, avec ton cortège funèbre...” C'était prenant. Ensuite je le revois en tête du défilé protestataire de mai 1968 afin de réclamer le retour à l'ordre public, la fin de cette “chienlit” condamnée par le général de Gaulle. Depuis la guerre de 1940, il était son plus fidèle conseiller. D'abord ministre de l'nformation, après la Libération ; puis il a été rappelé, dès le retour au pouvoir du général en 1958, pour occuper – durant dix ans ! – le poste de ministre des Affaires culturelles. Un signe : De Gaulle le plaçait toujours à sa droite à l'Élysée.

« André Malraux, pour moi, est bien l'homme qui a donné un coup de fouet à la culture dans notre pays : création des Maisons de la culture, restauration du château de Versailles… Son œuvre d'écrivain a été plus grande encore. Il y a fait passer tout son désir d'humanisme, sa quête de la liberté, sa passion pour l'Orient, sa haine des totalitarismes, en particulier du fascisme… “Un homme est la somme de ses actes”, affirmait-il. Pensait-il à de Gaulle ? On avait fini par l'identifier à lui. »

**L'abbé PIERRE (Henri Grouès) :**
« Un béret, une cape, une canne… Oui, c'était l'abbé Pierre, le “pèlerin d'Emmaüs”, la voix des pauvres. Il s'était voué à Dieu mais avait aussi lutté en héros de la Résistance, traqué par la Gestapo. Dans les années 1950, il y avait encore beaucoup de pauvreté en France. Je le voyais bien autour de moi, à Oignies comme à Paris. L'abbé Pierre est arrivé en offrant simplement de l'espoir avant de devenir beaucoup plus tard l'homme le plus populaire, le plus aimé chez nous… J'avais tout juste treize ans en 1949 quand il a fondé Emmaüs. On a parlé très vite de lui à la radio. Il voulait collecter des vêtements et des équipements, favoriser l'hébergement des plus démunis. On ne parlait pas encore de SDF à l'époque. Je

n'avais pas dix-huit ans lorsque, à la suite du décès d'une femme morte de froid dans une rue de Paris en février 1954, il a lancé ce cri d'alarme d'une voix angoissée : "Mes amis, au secours, aidez-moi !"

« Dans sa vie totalement vouée aux pauvres, comme saint Vincent de Paul, il aurait pu chercher à rencontrer le pape ou le dalaï lama… mais, curieusement, celui qu'il couva comme un fils spirituel fut Coluche, l'humoriste, créateur des Restos du cœur et auquel Emmaüs a offert sa fameuse tenue de scène, sa salopette ! À la mort de l'abbé Pierre, le 22 janvier 2007, au bout d'une longue et belle vie de quatre-vingt-quatorze ans, tout le pays l'a pleuré. Jacques Chirac a utilisé les mots justes pour exprimer la tristesse nationale : "C'est toute la France qui est touchée au cœur"… J'ai aidé son association. J'aurais tellement aimé un jour pouvoir lui toucher la main… »

**John Fitzgerald KENNEDY :**

« Il est resté l'une des figures les plus marquantes de mon époque. Je l'ai admiré intensément. Une date, hélas ! Le 22 novembre 1963. Il est 12 h 30. Le cortège présidentiel se dirige vers Dealey Plaza, à Dallas. Jackie Kennedy en tailleur rose sourit à John. Soudain, des coups de feu éclatent. John Kennedy est atteint en pleine tête par le tir meurtrier d'un ex-marine anarchiste. Le plus jeune président élu des États-Unis va décéder à quarante-trois ans ! Lee Harvey Oswald est identifié le jour même… Comme tout le monde, j'imagine alors qu'on va tout savoir. Erreur ! Oswald est lui-même assassiné par Ruby, patron de boîtes de strip-tease…

« Depuis, on a vu et revu mille fois les images de l'attentat à la télévision. Les enquêtes se sont succédées. C'est énervant : on ne sait toujours pas qui a commandité ce crime ! Je garde aussi en mémoire cette scène assez déchirante de l'adieu du petit John-John, à peine trois ans qui, auprès de sa maman, effectuait le salut militaire devant la dépouille de son père… John Kennedy était si jeune ! Il avait un charme fou qui opérait sur les femmes et même les stars d'Hollywood comme Marilyn Monroe. Mais il était vraiment le grand réformateur attendu aux États-Unis. Je crois surtout qu'il a été remarquablement décisif en pleine crise Est-Ouest, quand les Soviétiques ont installé en 1962, à Cuba, des rampes de missiles braqués sur l'Amérique. Terrible bras de fer avec Nikita Khrouchtchev. Le conflit nucléaire semblait inévitable. Nous étions tous affolés. Mais "JFK" a opté subtilement pour le blocus de Cuba. Khrouchtchev a reculé piteusement… Quarante ans après, le nom de Kennedy me fascine toujours autant. »

**Martin LUTHER KING :**

« Quand je suis allé la première fois à Atlanta, en 1996, pour les Jeux Olympiques, je n'avais que cette idée en tête : me rendre dans l'église où il avait prêché – quelle ambiance chaleureuse et unie avec les gospels ! – et me recueillir devant sa tombe. Pendant toute ma jeunesse, mais aussi après, j'ai été constamment bouleversé par les problèmes raciaux qui secouaient l'Amérique. Parfois même, j'étais scandalisé quand j'apprenais ce qui s'y passait : la ségrégation, la pauvreté des Noirs, les sévices dans certains États racistes… Je me souviens aussi que Cassius Clay, que j'avais vu boxer aux JO de Rome, avait voulu changer "son nom d'esclave", disait-il, pour s'appeler Muhammad Ali. Comment un pays d'avant-garde comme les États-Unis pouvait-il accepter de telles dérives ? En 1968, avant les JO de Mexico – et la fameuse protestation de Smith et Carlos sur le podium –, il y a eu de nouvelles émeutes antiraciales. Puis l'assassinat, à trente-neuf ans, du pasteur Martin Luther King, le 4 avril à Memphis. Il avait tellement défendu la lutte en faveur des droits civiques avec, notamment, son fameux discours (1) sur la fraternité et la non-violence : *"I have a dream !"* On lui avait décerné le prix Nobel de la paix en 1964. Il était une référence suprême, l'un de ces êtres d'exception qui ont le pouvoir de guider le monde des humains au seul son de leur voix. »

**Jacques CHIRAC :**

« Quarante ans de pouvoir ! Il a été un pilier de la politique française. Pour moi, c'est un homme intelligent, efficace, ambitieux, un homme de dialogue, chaleureux, n'aimant pas étaler ses sentiments, sensible au charme féminin... Et, je l'ai constaté dans mes nombreux contacts avec lui quand j'administrais le Parc des Princes, un homme d'une très grande courtoisie. Quand on observe sa longue carrière, ses premiers postes de ministre – l'agriculture notamment, où il s'est rendu très populaire –, ses postes de Premier ministre en 1974 sous Valéry Giscard d'Estaing puis en cohabitation sous François Mitterrand en 1986, Jacques Chirac – grand fan du Japon – me fait penser à un samouraï qui veut s'attaquer à tous les extrémismes et rêve d'une cohésion nationale. Je n'oublie pas bien sûr ses douze ans passés à la Mairie de Paris. Puis, surtout, douze ans à la présidence de la République.

« Je retiens pendant ses deux mandats quelques faits essentiels : son désir de réduire "la fracture sociale", son

**(1)** Délivré sur les marches du Lincoln Memorial à Washington DC le 28 octobre 1963.

rôle militant pour l'Europe unie avec, hélas !, l'échec du référendum sur la Constitution, son refus d'envoyer des soldats français en Irak, son côté grand frère avec l'Afrique. En politique étrangère, de toute façon, il a superbement représenté la France… Quant au sport, il est clair qu'il l'adorait avec parfois un enthousiasme débordant, comme lors de la finale de la Coupe du monde de football en 1998. Par rapport à l'athlétisme, et bien qu'ayant pris sous son aile protectrice, très tôt, Guy Drut, j'aurais aussi aimé le voir, au moins une fois, dans un grand événement comme les Mondiaux 2003 au Stade de France, où c'était aussi la fête du sport français. »

## MINISTRES DES SPORTS

«Le général de Gaulle, convaincu qu'il fallait créer une dynamique pour le sport français, a confié en 1958 cette mission à l'un de ses fidèles, Maurice Herzog, vainqueur avec Louis Lachenal de l'Annapurna en 1950. À son tour Maurice Herzog, haut-commissaire à la Jeunesse et aux Sports, a fait venir le colonel Marceau Crespin. L'ensemble du sport français a bénéficié enfin de véritables structures : nomination d'entraîneurs nationaux, stratégies nouvelles pour la préparation des élites et des espoirs… Je sais qu'à cette époque le colonel Crespin était à l'écoute constante de Gaston Meyer, le directeur de la rédaction de *L'Équipe*.

«Après les JO de Rome, un formidable élan s'est bien dessiné. Parmi les ministres qui se sont succédé à la tête du sport français, je distingue en particulier Pierre Mazeaud, autre grand conquérant des sommets puisqu'il s'est hissé sur le toit du monde, l'Everest, en compagnie de Jean Afanasieff et de Nicolas Jäger. J'ai bien aimé Pierre Mazeaud, avec lequel j'ai eu de fréquents contacts, car c'était un homme d'action, armé de convictions et très proche de tous les sportifs.

«Deux femmes aussi m'ont étonné : Edwige Avice, qui avait su s'entourer de conseillers d'expérience (je pense à Robert Bobin et à Robert Parienté), et Marie-George Buffet, qui a su profiter des bons conseils de Jean Poczobut et de Joël Delplanque.

«Je dois dire aussi que j'ai apprécié l'arrivée au poste de commandes du sport français de quatre très grands champions ayant honoré notre pays : Alain Calmat, Roger Bambuck, Guy Drut et Jean-François Lamour. Ils ont tous quatre apporté, chacun dans son style, toute leur authenticité, leur souffle personnel et ont fait preuve de compétences indéniables. Cela a valorisé notoirement l'image des champions, à mêmes d'assumer les plus hautes responsabilités au nom de tous les leurs, les sportifs de France. »

## MONDE DU CINÉMA

**Alfred HITCHCOCK :**

« J'ai vu et revu nombre de ses films, notamment à la télévision, et je reste à la fois admiratif et intrigué par ce grand créateur, l'un des plus importants du septième art. Parmi la soixantaine de films réalisés, les titres à eux seuls révèlent sa démarche qui impose une vision troublante, voire effrayante des comportements humains. Il crée volontairement la peur dans ses films. *La Mort aux trousses* pourrait tout résumer, mais aussi *Sueurs froides*, *Le crime était presque parfait*. Avec Hitchcock on est saisi d'un bout à l'autre par un suspense constant, on s'accroche à son fauteuil, on est mal à l'aise… et on veut connaître la vérité. Les seuls moments un peu délassants avec lui, c'est lorsque apparaît une belle blonde… ou lui-même furtivement, si on arrive à bien le reconnaître. Mais quelle force dans ses films ! »

**Jean GABIN :**

« C'était en 1965. Il avait déjà soixante et un ans lorsque je l'ai rencontré au Grand Cercle, rue Tilsitt à Paris, en compagnie du journaliste de *France Soir*, Jean Eskenazi, son ami. Gabin en imposait par sa présence, incroyable, sa voix… comme dans ses films. Il fut un immense acteur. N'est-il pas resté le plus grand acteur français de tous les temps ? Gabin me connaissait, bien sûr, et il s'est intéressé tout de suite à mon type d'entraînement : il adorait les chevaux et faisait le parallèle avec la course à pied. D'ailleurs il m'a lancé : "Peut-être, quand vous vous arrêterez, viendrez-vous entraîner mes chevaux dans l'Orne ?" En fait, la première fois que je l'ai vu, sans pouvoir l'approcher, c'est quand il a tourné *Touchez pas au grisbi*, en 1953, le film de Jean Becker dans lequel il jouait le rôle de “Max le Menteur”. L’équipe de tournage s’était installée pendant quinze jours rue Rodier, juste à côté de chez moi. Gabin était déjà un “monstre sacré” du cinéma ayant tourné une cinquantaine de films, côté grand séducteur, comme dans *Quai des brumes* avec Michèle Morgan – la célèbre réplique : “T’as de beaux yeux, tu sais !” –, ou truand ou flic. Oui : que des rôles chocs comme dans *la Grande Illusion*, *Pépé le Moko*, *la Bête humaine*, avant et après la guerre. Tant et tant de succès comme *les Misérables*, *les Grandes Familles*, Un singe en hiver, adaptation du livre de Blondin avec Belmondo, *le Clan des Siciliens*... jusqu’au dernier pratiquement, *l’Affaire Dominici*, peu avant sa mort en 1974, à Neuilly. »

**Humphrey BOGART :**

« Il est logiquement considéré comme l’un des plus grands acteurs masculins de cinéma de tous les temps. J’ai vu et revu le plus célèbre de ses films, *Casablanca*, avec Ingrid Bergman. Magnifique histoire d’amour sur une trame historique, le conflit de la Deuxième Guerre mondiale. Ce film culte est sorti en 1942 aux États-Unis, mais seulement cinq ans après en France. Bogart avait auparavant joué surtout des rôles de gangsters ou de détectives. Mais, avec *Casablanca*, il est devenu une star internationale capable d’incarner des héros plus romantiques. Cela l’a suivi par la suite, comme dans *Sabrina*, dans lequel ce grand amateur de cigarettes et de whisky incarne le rôle tendre d’un séducteur un peu mûr et désabusé qui s’éprend d’une toute jeune femme, Audrey Hepburn.

« C’est vrai : Bogart avait une grande classe. On a laissé entendre que, sur le tournage de Casablanca, il avait été assez troublé par la beauté d’Ingrid Bergman. J’ai beaucoup aimé aussi *Ouragan sur le Caine, la Comtesse aux pieds nus, Plus dure sera la chute...* Il a formé avec Lauren Bacall un couple mythique à Hollywood. »

**Gary COOPER :**

« Il est resté l'un des géants du cinéma américain et mondial avec son nom qui claque comme un coup de feu de revolver. J'ai toujours adoré les westerns et les films de guerre, et je ne me suis pas privé de voir nombre de ses films lorsque j'étais adolescent à Paris. J'ai plein de titres en tête : *l'Adieu aux armes, les Trois Lanciers du Bengale, l'Extravagant Mr Deeds, les Tuniques écarlates, Sergent York,* et surtout deux super classiques : *Pour qui sonne le glas* sur la guerre d'Espagne avec Ingrid Bergman, et bien entendu *Le train sifflera trois fois*. Ce dernier film a été sûrement le plus achevé pour Gary Cooper. Il a eu un oscar. Il interprète le rôle d'un shérif et on peut voir une jeune et jolie débutante à ses côtés... Grace Kelly. Gary Cooper avait un style, une allure et le charme d'un très bel homme un peu nonchalant et fort séduisant. »

**John WAYNE :**

« Il aura été le héros de l'Amérique, le cow-boy implacable, le costaud parmi les costauds... J'en ai vu et revu des films à succès de John Wayne, l'acteur fétiche de John Ford, qui en impose par sa grande taille, son sourire conquérant, son beau regard bleu, cet incroyable aplomb... Me viennent à l'esprit nombre de ses westerns et autres films où souvent il est le grand défenseur des faibles : *la Chevauchée fantastique* surtout, qui a fait de lui une super vedette juste avant la guerre, mais aussi *l'Homme tranquille* – c'est lui exactement ! – avec Maureen O'Hara, dans lequel il incarne un ancien boxeur. Mais encore : *la Prisonnière du désert*, *El Dorado, Rio Lobo* et son dernier film qui le représente également si bien en 1976, trois ans avant son décès : *le Dernier des géants*, avec Lauren Bacall, Ron Howard et James Stewart. John Wayne : encore un "immortel" que l'Amérique a surnommé "*The Duke*" et garde précieusement en son cœur. »

**André BOURVIL :**

« J'ai adoré cet acteur lorsque j'étais enfant, car je le trouvais très drôle à l'écran ou dans certaines de ses chansons comme *la Tactique du gendarme*. Il jouait souvent les rôles de paysans comiques, mais il y avait aussi dans ses interprétations beaucoup de justesse, de finesse, de tendresse, comme dans *Fortunat* avec Michèle Morgan, ou des chansons telles que *le P'tit Bal perdu*. En fait Bourvil, l'acteur, était capable de briller dans le dramatique (*les Misérables*) comme dans le comique (*le Corniaud, la Grande Vadrouille, le Mur de l'Atlantique*...) ou dans le policier (*le Cerveau, le Cercle rouge*...). Il pouvait tout jouer et ne s'en est pas privé au fil d'une soixantaine de films. Sans parler des opérettes comme *la Route fleurie* avec Georges Guétary et Pierrette Bruno. J'étais allé le voir au Châtelet et j'aurais aimé un jour le rencontrer...

« Pour moi, Bourvil a été le premier après la guerre et l'Occupation à faire rire la France, qui en avait bien besoin. Fernand Raynaud ensuite est arrivé. La mort de Bourvil en 1970, à cinquante-trois ans seulement, m'a vraiment beaucoup attristé. »

## AUTRES COUPS DE CŒUR AU CINEMA

« J'aimerais saluer également ici quelques stars que j'ai aimées.

**Fernandel :** il était truculent dans ses films de Don Camillo. J'entends toujours son accent de Marseille et je revois ses yeux ronds, ses mimiques et son sourire dents blanches qui fait craquer. Les prénoms de ses personnages étaient déjà tout un programme : Antonin, Honoré, Ignace, Barnabé, Crésus…

**Lino Ventura :** très grand acteur dans ses rôles "dur au cœur tendre". On a souvent joué au football ensemble pour le plaisir, on était copains. Il aimait la vie, il aimait le sport et avait été champion d'Europe de lutte. Il était jovial et également généreux, comme le prouve la création de son centre pour handicapés, *Perce-Neige*.

**Simone Signoret :** je pense toujours à sa grande beauté dans *Casque d'or*. Elle avait des origines polonaises, comme moi. Ce fut une fantastique interprète.

**Yves Montand :** chanteur mais surtout comédien, grand acteur avec des films formidables comme *le Salaire de la peur, Z, l'Aveu, Vivre pour vivre*. Il plaisait beaucoup aux femmes et ce fut le cas avec Marilyn Monroe !

**Jean-Paul Belmondo :** pour moi le plus grand sportif du cinéma, capable de toutes les cascades, de toutes les audaces. Il a pratiqué la boxe à l'Avia Club, et sa doublure dans ses films était un copain de son club, Maurice Auzel.

Au cinéma, il rayonne dans des rôles de séducteur intrépide et débonnaire. Beaucoup de succès avec l'Homme de Rio, Borsalino, le Professionnel, le Guignolo, la Scoumoune…

**Alain Delon :** avec son côté très bel homme au regard glacé, il s'est imposé sans doute comme l'acteur français le plus admiré des femmes, en France comme à l'étranger. Quelques films cultes pour moi : *le Guépard, le Samouraï, Un flic, le Cercle rouge, le Clan des Siciliens…* Il a été très jeune le compagnon de Romy Schneider – superbe couple – puis de Mireille Darc. Son sport préféré est la boxe, d'où le film *Rocco et ses frères*. Il a voulu aider par tous les moyens Jean-Claude Bouttier quand il a visé le titre mondial des moyens.

« Je voudrais citer aussi Michel Serrault, Jean-Louis Trintignant, Roger Hanin (grand copain), Jean Rochefort, Claude Brasseur, Michel Blanc, Thierry Lhermitte, Gérard Jugnot, Victor Lanoux, Jacques Weber, André Dussolier (grand amateur d'athlétisme et de football), Jacques Villeret (grand comédien), Audrey Tautou et, sur le plan étranger, Morgan Freeman, Clint Eastwood, Robert Redford, Dustin Hoffman, Kevin Costner et Brad Pitt. »

## LE MONDE DE LA CHANSON ET DU SPECTACLE

**Charles TRENET :**

« Au hasard de mes entraînements dans le bois de Vincennes, il m'arrivait fréquemment de l'entrevoir au détour d'une allée, marchant paisiblement comme un promeneur du dimanche. À l'époque, il habitait La Varenne-Saint Hilaire, près de Saint-Maur. J'avoue que je n'ai jamais osé m'arrêter pour le saluer, car il était toujours accompagné… Et pourtant, Charles Trenet a marqué mon enfance et même ma vie. On l'appelait "le Fou chantant". Moi, je le voyais surtout comme un bon vivant un peu excentrique, très "zazou" comme on disait à l'époque. Sacré fantaisiste, mais aussi quel poète ! Quelle originalité aussi dans la composition de ses chansons ou son interprétation, vraiment avant-gardiste ! *Y a de la joie, Mon cœur fait boum, la Mer, Mes jeunes années, l'me des poètes, Douce France* : autant de très belleschansons, souvent teintées de charme et d'émotion, que je connaissais par cœur. Pour beaucoup de Français jeunes et moins jeunes, Charles Trenet a procuré un réel bonheur dans les années 1940. J'estime aussi qu'il a pris le relais de Maurice Chevalier et relancé le music-hall en France. Quand il est mort, en 2001, j'ai ressenti une profonde tristesse. C'est bien d'avoir fait de sa demeure à Narbonne un lieu de pèlerinage afin de perpétuer sa mémoire. »

**Frank SINATRA :**

« Mon plus grand désir était d'assister à l'un de ses concerts le jour où il viendrait à Paris. Et ce vœu a enfin été exaucé dans les années 1970, lors d'un gala au Grand Palais. J'ai réalisé pourquoi les Américains le surnommaient : “The Voice” ! Oui, une voix envoûtante, chaude, fascinante, celle de l’un des plus grands crooners du siècle dernier. Il était d’origine sicilienne, a fait toute sa carrière aux États-Unis et a vendu des millions de disques dans le monde entier. Je possède toujours quelques-uns de ses plus beaux standards, que je me repasse avec grand plaisir : *My Way, Strangers In The Night, Chicago, New York, New York...* On les entend toujours à la radio. À un moment donné, je crois que Sinatra a carrément “noyauté” le show-business américain avec Dean Martin et Sammy Davis Jr. On lui a prêté aussi des relations un peu douteuses avec la mafia et le fameux Lucky Luciano. Les femmes, elles, étaient follement amoureuses de lui. Elles se précipitaient dans sa loge ! Il a eu trois épouses, dont les très belles Ava Gardner et Mia Farrow. Il a énormément tourné également au cinéma, ce qui lui valut un Oscar avec un film à succès en 1954 : *Tant qu’il y aura des hommes*. Il est mort à quatre-vingt-deux ans, en 1998, mais on peut dire qu’il fait partie de ces “immortels” que l’on continue de vénérer et d’écouter religieusement. »

**Édith PIAF :**

« J’ai vu le film *la Môme* qui lui a été consacré début 2007 et je suis sorti de la salle totalement bouleversé... Édith Piaf, c’est aussi toute ma jeunesse. Je la revois dans sa petite robe noire, son regard vers le ciel, et j’entends encore cette voix d’or, si poignante qui donnait des frissons comme dans *Mon Dieu*. Il y avait en elle une grande sensibilité, de l’énergie, et la plupart de ses chansons collaient à son existence assez tragique depuis son enfance à Belleville. Mais elle avait l’amour de la vie. Sa quête du bonheur fut constante. Elle s’est continuellement révoltée face à la fatalité. D’ailleurs, chanteuse des rues au départ, n'est-elle pas devenue une star capable de faire courir aussi tout New York ?

« On s'est aperçu longtemps après sa mort, si jeune, à quarante-huit ans, qu'elle était tout simplement restée la chanteuse la plus populaire de France. En son temps, on ne savait pas tout d'elle, et sa liaison avec Marcel Cerdan n'était évoquée qu'assez discrètement dans les journaux. Après avoir vu le film qui lui a été consacré, il est pour moi éclatant que Marcel Cerdan a sûrement été le plus grand amour de sa vie. »

**Jacques BREL :**

« Avec lui, Bruxelles "bruxellait" ! Jacques Brel, plus que tout autre, savait récréer dans ses chansons la vie simple et ordinaire des gens, à travers leurs joies ou leurs peines. C'est pourquoi il me plaisait tant. Avec lui, on passait du rire à l'émotion, du rêve au pathétique, au fil de chansons interprétées avec une intensité extrême. Je pense en particulier à *Ne me quitte pas*, *Quand on n'a que l'amour, la Valse à mille temps, les Flamandes, les Bonbons, Mathilde, la Fanette, Amsterdam ou l'inoubliable Jef*... Tous ces immenses succès, je les fredonne toujours dans ma tête. Jacques est vraiment parti trop tôt, à l'âge de quarante-neuf ans, victime d'un cancer pulmonaire. Il s'était fixé aux îles Marquises. Il a été enterré à Hiva Oa. Lors de ses adieux à la scène, à l'Olympia en 1966, il avait souhaité me recevoir dans sa loge car il savait que je venais de battre le record du monde du 2000 m à Saint-Maur... et que j'arrêtais moi aussi. Nous nous sommes retrouvés avec plaisir. Il était aussi très lié à Jacques Anquetil et je me souviens d'une soirée sympathique passée en leur compagnie à Vichy avec le journaliste Jean Leulliot. »

**Les BEATLES :**

« On peut dire qu'à eux quatre ils ont un peu mis le monde à l'envers dans les années 1960 avec leur anticonformisme, leur décontraction, leur coupe de cheveux que tous les jeunes voulaient imiter, le déferlement de leurs chansons… Plus d'un milliard de disques vendus en dix ans ! John Lennon, Paul McCartney, George Harrison et Ringo Starr, avec leur groupe rock, ont lancé la mode du yéyé. On a tous chanté yéyé à cette époque ! Ils ont été les premiers à oser se produire dans les stades, attirant parfois cent mille spectateurs. Ils étaient en tournée permanente. C'était la Beatlemania, phénomène unique déclenchant parfois l'hystérie chez leurs fans. Mes chansons préférées, comme pour beaucoup de gens de ma génération : *Yesterday, I Wanna Hold Your Hand, She Loves You, Yellow Submarine*, et l'une des toutes dernières avant qu'ils ne se séparent, *Let It Be*. Étrange destinée ensuite du groupe de Liverpool, couvert de gloire : Lennon assassiné, Harrison victime d'un cancer… Mais McCartney reste une incroyable idole à plus de soixante ans. »

**Barbra STREISAND :**

« Pour moi, elle est d'abord chanteuse car sa grande notoriété a pris naissance dans les comédies musicales mondialement connues comme Hello Dolly, réalisée par Gene Kelly, ou *Funny Lady et Une étoile est née.* Elle s'est mise au cinéma avec succès dans une trentaine de films, dont le très romantique *Nos plus belles années* avec Robert Redford. Elle a produit aussi quelques films. J'admire Barbra Streisand car elle incarne selon moi la femme américaine des temps modernes, entreprenante, décidée, dotée d'une très forte personnalité. On l'a vue s'engager en faveur d'œuvres caritatives ou pour des actions politiques, notamment auprès d'Hillary Clinton. Barbra Streisand, c'est à la fois Broadway, le monde du spectacle et une grande figure du septième art américain. Elle possède une voix prenante, émouvante. Je me souviens que, lorsqu'elle a fait ses adieux à la scène, en 2000 au Madison Square Garden de New York, les deux spectacles se sont déroulés à guichets fermés. Je crois que toute l'Amérique se reconnaît toujours en cette femme de caractère, très attachante... et très francophile. »

**Michel COLUCCI, dit COLUCHE :**
« J'ai toujours aimé le rire et, avec Coluche, je n'ai jamais été déçu ! Mais, plus que le comique, c'est l'homme et la profondeur de ses sentiments que je respecte au plus haut point. On a dit de lui à une certaine époque : "Coluche est vulgaire, mais il a du cœur." Je crois qu'aujourd'hui c'est très clair : le cœur l'emporte haut la main. Il a créé ses Restos du cœur justement, sortes de cantines populaires pour les "laissés-pour-compte de la société". La réussite de cette œuvre est fabuleuse, et ses amis chanteurs et acteurs, avec leur spectacle *les Enfoirés*, entretiennent le culte de Coluche depuis son accident mortel à moto près de Grasse, en 1986... On repasse régulièrement ses sketches hilarants à la télévision, comme le fameux *Schmilblick*. C'est toujours drôle de le revoir, avec sa salopette de mécano et ses brodequins ! Je l'ai vu aussi dans pas mal de films à succès, parfois fort drôles : *l'Aile ou la Cuisse, Inspecteur la Bavure, la Femme de mon pote,* et *Tchao Pantin* qui lui a valu un César. Mais Coluche était aussi capable de réussir d'énormes gags pour amuser les médias : candidature avortée à la présidentielle en 1980 et... mariage bidon avec Thierry Le Luron en 1985. Il aimait le sport et il a même

été recordman du monde sur le kilomètre lancé à moto : 252,087 km/heure. Hélas !, c'est peut-être son amour de la moto qui l'a perdu ! »

## AUTRES COUPS DE CŒUR DANS LA CHANSON

« J'aimerais citer encore quelques anciens comme Adamo, qui jouait aussi dans mon équipe de football "Les Va Nus Pieds" ; Alain Barrière, qui fut un sprinteur breton de classe, qualifié aux Championnats de France à Colombes ; Eddy Mitchell et sa voix exceptionnelle de rocker de charme ; Johnny Hallyday, bien sûr, "bête de scène" au succès magique encore à soixante ans ans ; Mireille Mathieu, que j'ai rencontrée plusieurs fois avec son imprésario Johnny Stark ; l'incontournable Charles Aznavour, aux talents multiples ; le « décontracté » Jacques Dutronc ; Michel Delpech et sa voix veloutée ; l'affable Patrick Sébastien ; le "réac" au cœur tendre Renaud ; la belle Nolwenn, originaire de Riom comme mon épouse Monique ; et Jean-Jacques Goldman, qui écrit et interprète de si belles chansons. »

# « Le sport demain »

Le sport, dont la place est de plus en plus importante dans nos sociétés modernes, continue d'exercer son rôle. Il se veut toujours porteur de valeurs clés, essentielles au plan éducatif : effort, persévérance, courage, épanouissement, solidarité, esprit d'équipe, amitié, respect des autres et des règles… Il a bénéficié d'un engouement progressif, largement lié au développement de la télévision : grâce à elle, désormais omniprésente dans les foyers, les grandes compétitions suscitent des passions croissantes. C'est le cas des Jeux Olympiques, de la Coupe du monde de football, de la Coupe du monde de rugby, des Mondiaux d'athlétisme, des Grands Prix de Formule 1, du Tour de France, des grands tournois de tennis ou de la saison de basket en NBA… Autant d'événements remarquablement mis en scène. En contrepoint, la promotion des vraies valeurs est souvent bafouée. Des déviances multiples sont apparues, liées au business, au piège du dopage, à la tricherie, à la violence… Et l'image des « dieux du stade » est moins pure. Les champions sont devenus « stars », le sport se transforme en un spectacle soumis à des intérêts moins nobles, de plus en plus mercantiles…

Michel Jazy, plus que tout autre, sait que le sport d'aujourd'hui n'a absolument plus rien à voir avec celui des *sixties* et de sa gloire passée, y compris dans sa propre discipline, l'athlétisme. Témoin de cette révolution, l'ancien recordman du monde du mile porte sur ce bouleversement, a priori irréversible, un regard lucide, réaliste mais cependant confiant. Quel sera le visage du sport demain ?

« Michel, croyez-vous toujours aux vertus du sport ?

– Oui, bien sûr : c'est un catalyseur de bien-être, d'épanouissement physique et moral. Le sport propose des vrais repères et des recettes magnifiques pour s'accomplir, connaître en fait une évolution positive dans son existence. C'est un moyen d'intégration aussi, pour ceux qui pourraient se sentir à l'écart. Il est particulièrement rassembleur dans la vie courante, au sein des familles, dans les écoles, les entreprises, les clubs, les cités et, grâce à lui, se forment des cercles d'amis. J'incite chaleureusement tous les parents à prendre leurs enfants par la main pour les conduire à la découverte de ce monde merveilleux, aussi bien à l'école que dans les clubs.

– Personnellement, devez-vous tout au sport ?

– Je lui dois beaucoup, en tout cas… D'abord le bonheur rencontré pendant mon enfance, quand j'ai découvert le sport, admiré les champions, et quand j'ai commencé à pratiquer le football puis la course à pied. J'ai beaucoup investi dans le sport au prix de beaucoup de courage et de sacrifices, il ne faut pas l'oublier. Mais, en retour, il m'a apporté des joies incomparables, il m'a permis de voyager, de faire des rencontres passionnantes… Et, ce n'est pas négligeable, il a favorisé ma promotion sociale.

– Selon vous, quelle place occupe l'athlétisme parmi les autres sports aujourd'hui ?

– Je crois que son prestige est intact dans l'esprit des gens. En revanche, il est pour moi éclatant qu'il est moins bien servi qu'hier au niveau des médias, mais aussi sur le plan de l'éducation, dans les écoles, les lycées. On connaît le phénomène qui s'est emparé des grands sports professionnels soutenus par le circuit de l'argent. Et on ne peut pas dire que la télévision mette vraiment l'athlétisme en valeur. Quant au football, il écrase tout avec ses retransmissions quotidiennes. Rares sont désormais les journalistes ayant envie de promouvoir l'athlétisme… Il en va de même du côté des professeurs d'éducation physique qui, pour la plupart, trouvent notre sport trop compliqué à enseigner par rapport aux sports de ballon.

– Mais n'est-ce pas l'intérêt des jeunes qui se porte plutôt, lui aussi, vers d'autres disciplines ?

– Oui, c'est très évident… La télévision a changé la donne. Les jeunes veulent toucher à tout, sports de compétition comme sports de loisirs. Souvent, ils recherchent des activités qui procurent des sensations fortes, des sports de glisse comme le surf, le ski, le snowboard, le roller… Le basket US bénéficie également d'une aura nouvelle avec toutes les stars américaines, qui sont omniprésentes sur nos écrans télé, et les joueurs français qui se sont installés aux “States” comme Tony Parker. Les jeunes sont éblouis par ces stars qui gagnent énormément d'argent… En France, on s'aperçoit aussi que le handball a beaucoup progressé : il le mérite d'autant plus qu'il a toujours été présent dans les écoles et les lycées… Quoi qu'il en soit, l'athlétisme en tant que sport de base à l'école, c'est un rêve ancien ! Pratiquement, les profs n'en veulent plus. Et je crains que les gamins ne préfèrent deux heures de roller à une heure d'athlétisme…

– L'idée de relancer l'intérêt pour l'athlétisme avec de nouvelles listes de records mondiaux est envisagée par l'IAAF : qu'en pensez-vous ?

– Ce n'est pas une très bonne idée… Faire table rase du passé pour écarter certains records du monde sur lesquels plane la suspicion, c'est faire un amalgame très dangereux. Pourquoi éliminer des tablettes Sergueï Bubka sous prétexte que l'on s'interroge sur Florence Griffith Joyner, Michael Johnson ou les Allemands de l'Est ? Et au nom de quoi ? Quelles preuves avons-nous ? Le sport a sa légende. Si on touche à la légende, on détruit le sport.

– On ne peut nier cependant que l'athlétisme est concerné par le dopage, au même titre que le cyclisme par exemple ?

– Moins tout de même… Le cyclisme est victime d'une pratique généralisée du dopage depuis des années et des années. En athlétisme, il y a des contrôles désormais permanents et un suivi longitudinal comme en France… Ce qui m'irrite le plus, c'est "l'omerta" dont bénéficient les sports les plus commerciaux, les plus médiatisés, sans même parler du règlement de certains dossiers scabreux, habilement réglés par des bataillons d'avocats subtils. Je n'entends jamais rien dire, ou très rarement, sur le football ou le tennis par exemple. Or, selon moi, le dopage y est pratiqué à grande échelle, à cause du rythme infernal des compétitions. Tout est protégé, dissimulé, et ceux qui parlent sont vite bâillonnés. Il y a eu le scandale Maradona, dopé à la cocaïne : on a vite passé l'éponge. Il y a eu les révélations incroyables sur la Juventus : les noms de joueurs célèbres ont été prononcés, mais c'est le dénonciateur qui a été accablé et, finalement, c'est le médecin qui a tout pris en justice. Scandaleux… Parfois je suis sidéré de voir le regard halluciné ou le comportement agressif de certains footballeurs en Coupe d'Europe ou lors de matches à enjeu, à l'occasion desquels on ne pratique pas de contrôles systématiques…

– Avez-vous des doutes sur les performances de certains athlètes actuellement ?

– Bien sûr ! Je constate des faits troublants en athlétisme, comme ailleurs car le fléau est universel. Je m'interroge beaucoup sur les absences anormalement prolongées d'athlètes qui se disent blessés, sur les forfaits volontaires sans raison valable lors de grandes compétitions, sur les stages individuels aux antipodes, sur la volonté de certains d'apparaître le moins souvent possible en compétition alors que la finalité de la pratique sportive… c'est tout de même la compétition ! Le risque, c'est de se mettre à douter dès qu'un record est battu.

– Y avait-il du dopage à votre époque ?

– Bien entendu ! On savait déjà dans les années 1960 ce qui se passait dans les pays de l'Est, mais aussi dans les universités américaines. Certains athlètes ne s'en cachaient pas… L'escalade des performances était déjà visée de mon temps, pour de multiples raisons, notamment idéologiques. Les soupçons existaient. On ne connaissait pas l'étendue du fléau et le dopage se développait de manière artisanale. Il n'avait pas pris sa dimension actuelle. Et, je le répète, cela concerne l'ensemble des sports de haute compétition. Certes, en cyclisme, le phénomène se généralisait déjà : sur le Tour de France, par exemple, on avait tendance à plaisanter sur le rôle des soigneurs. Mais depuis une vingtaine d'années maintenant, on est passé à un stade scientifique très élaboré.

– Que préconiseriez-vous ?

– De ne pas saupoudrer les actions de prévention. De ne

pas écouter les chantres de l'antidopage juste pour se donner bonne conscience. Il ne suffit pas de constater que le dopage pourrit le sport : il faut agir avec dureté. Il faut quadriller complètement le haut niveau, même si ça coûte cher, avec plus de contrôles inopinés et des sanctions plus fermes. Il faut informer la base. À cet égard, le rôle des entraîneurs et des éducateurs me paraît capital. Mais, là encore, on dépend d'initiatives liées à des responsabilités individuelles. Les tentations sont fortes… et les sportifs vulnérables.

– L'athlétisme n'a-t-il pas changé de visage avec la prolifération des meetings et la fin des matches internationaux ?

– J'avoue que je ne comprends pas ! Les meetings montés pour battre artificiellement des records du monde, ça marche de moins en moins. Ils s'en sont rendu compte à Zurich mais ils viennent néanmoins de doubler la capacité de leur stade d'athlétisme… À mon époque, c'était les matches internationaux qui faisaient le prestige de l'athlétisme : les Français étaient tous devant leur télé lors des France-Finlande, France-URSS, France – Grande-Bretagne… Nous portions avec fierté le maillot de l'équipe de France frappé du coq, et tous les Français étaient derrière nous. C'était formidable ! La Coupe d'Europe était une bonne idée. Mais il fallait trouver une formule originale pour restaurer les matches internationaux… Puis on s'est mis à multiplier les meetings à travers l'Europe pour fabriquer des records. Aujourd'hui, le maillot du sponsor ou de l'équipementier semble compter beaucoup plus pour les athlètes d'élite que celui de leur pays ou de leur club. Dans les grands Championnats, on n'arrive même plus à savoir s'il s'agit du maillot national ou de celui du sponsor : c'est pratiquement le même pour des athlètes de pays différents. Complètement fou ! Comment identifier les athlètes ?

– La professionnalisation des athlètes était-elle selon vous nécessaire ?

– Oui, car elle va dans le sens d'un phénomène qui touche tous les sports : un athlète qui fait le spectacle doit être récompensé au même titre qu'un footballeur ou un joueur de tennis. Il est acteur, il déplace les foules. Les règles ont été changées sur le plan olympique comme à l'IAAF. Seul ennui : la dépendance vis-à-vis des sponsors qui investissent d'énormes capitaux à destination des fédérations, des télévisions et des champions eux-mêmes. Dès lors, les dés sont pipés. Les sponsors deviennent souverains. L'esprit même de la compétition est dénaturé. Le comportement des athlètes s'en trouve influencé, sur le plan des options et de la planification.

– Quelle est alors la place de l'entraîneur ?

– Toujours capitale certes, mais de plus en plus inconfortable. L'athlète est parfois plus à l'écoute du manager, nouveau venu depuis une vingtaine d'années. L'athlète organise de plus en plus la promotion de son image… guidé par son manager. Sa médiatisation est orientée. Certains choix de programmation dans la saison sont établis sous la baguette du manager… L'équilibre entraîneur-manager devient difficile, car l'athlète professionnel est nettement plus indépendant. On a bien vu ce qui s'est passé avec Jacques Piasenta, remarquable entraîneur, remarquable éducateur, qui aurait fait le bonheur d'une université américaine. Nombre de ses athlètes devenus “stars” n'ont pas respecté la règle avec lui. Je pense à Marie-Jo Pérec, à Christine Arron et même à Stéphane Caristan. Ceci pour dire que l'entraîneur n'est plus, comme autrefois, le maître du jeu.

– L'athlétisme mondial est il aujourd'hui en panne de super champions ?

– Je ne crois pas. On a vu partir une génération de leaders exceptionnels comme Carl Lewis, Michael Johnson, Sergueï Bubka… mais de telles notoriétés se bâtissent sur dix à quinze ans. Il y a toujours des coureurs kenyans fabuleux mais, avec eux, même constante : ils ne durent pas. Je ne fais pas de fixation sur la popularité de l'athlétisme grâce aux vedettes. Les Mondiaux de Paris en 2003 ont été édifiants : plus de soixante mille spectateurs chaque jour au Stade de France et une ambiance inimaginable. C'est la preuve que l'athlétisme se suffit à lui-même pour plaire à tous les publics.

– L'athlétisme resplendit aussi grâce à l'olympisme. Croyez-vous toujours aux vertus de l'olympisme ?

– Oui car, grâce aux JO, on peut toujours rassembler dans les jeux du stade la jeunesse du monde entier en un même lieu, au même moment, autour d'un même idéal : celui de l'amitié et de la fraternité. Non seulement les Jeux Olympiques perdurent, mais ils restent absolument indispensables pour le rassemblement des peuples et des nations qui ont le même amour du sport et de ses valeurs. Quand j'ai vu gagner Venuste Niyongabo dans le 5 000 m des JO d'Atlanta, j'ai pensé : “Il est du Burundi, qui connaît le Burundi ?” Quel beau message d'espoir pour les siens, avec la reconnaissance de leur pays ! J'ai vécu moi-même trop de choses fortes aux JO pour ne pas penser que cette compétition, la plus grande de toutes, est indispensable et conservera éternellement son caractère sacré.

– Pour vous, les Jeux ont-ils toujours le même éclat ?

– Ils restent le plus beau spectacle du monde. Il suffit de voir l'engouement du milliard de téléspectateurs rien que pour suivre la cérémonie d'ouverture ! C'est bien parce qu'il se passe quelque chose d'important dans leur cœur. Puis les retransmissions à la télé, du matin jusqu'au soir, avec des compétitions toutes belles, différentes, passionnantes : c'est génial !

– Mais, côté business, il se passe aussi avec le CIO des choses troublantes.

– Il est clair que le CIO, comme les grandes fédérations internationales, est à son tour pieds et poings liés avec le monde du business. C'était inévitable. Comment pourrait-il en être autrement d'ailleurs, puisqu'il faut maintenir la pérennité d'une organisation colossale et très coûteuse ? Le CIO vit grâce à l'argent, et de grosses sommes d'argent. Parfois, il vit dans l'opulence. Il doit seulement tenter de préserver au maximum son pouvoir de décision, ne pas être laxiste face aux grands problèmes, éviter d'être contaminé par des influences néfastes comme celle de partenaires autoritaires telle la chaîne de télévision NBC, qui avait mis les JO de Séoul à l'heure américaine. Elle a imposé des horaires dingues, notamment pour les finales d'athlétisme, afin de neutraliser le décalage horaire et retransmettre en live aux États-Unis.

– Juan Antonio Samaranch a-t-il été un bon président du CIO ?

– Il a été le président de son époque, alors que le monde du sport en général entrait dans une certaine effervescence médiatico-commerciale. Je crois que Primo Nebiolo, le président de l'IAAF, a même "dégainé" avant lui sur ce plan-là, au début des années 1980. Nebiolo était prêt à prendre la tangente avec l'athlétisme pour des raisons d'indépendance notamment liées aux boycotts olympiques. Mais Nebiolo pensait aussi qu'il pouvait rouler seul et sans l'aide financière du CIO. Oui : sans aller aux Jeux ! En bon diplomate, Samaranch a su s'aligner sur son turbulent premier partenaire olympique et le garder dans le giron. Et a su déclencher alors les grandes réformes. Il a adapté les règlements –l'abolition de l'amateurisme notamment–, les structures, les stratégies vers un sport professionnalisé et un olympisme rénové, complètement commercialisé, au point même de vendre le logo aux cinq anneaux à des multinationales !

– Par rapport au gigantisme des Jeux, y a-t-il danger ?

– Il faut arrêter cette escalade, car elle dénature le fondement même des Jeux. Trop d'athlètes certes, mais aussi apparition de nouveaux sports sans intérêt au détriment de disciplines traditionnelles olympiques. Quand j'ai vu que le base-ball, le softball et le beach-volley étaient imposés par les Américains, j'ai été scandalisé. On a vu à quelles pressions avait été soumis le CIO de la part de sponsors privilégiés et de la télévision américaine, qui s'est octroyé le monopole des droits. On parle beaucoup sur le sujet, mais peu de décisions sont prises. Le CIO n'est pas libre.

– Demain les Jeux Olympiques peuvent-ils être menacés dans leur existence même ?

– C'est inévitable ! On peut se réjouir aujourd'hui de voir que les deux grandes puissances mondiales, les États-Unis et la Russie (ex-URSS), ne sont plus en situation d'en découdre dans un conflit nucléaire et que leurs relations se sont normalisées. Mais la prudence s'impose quand on considère un long siècle d'histoire des Jeux. Tout peut évoluer vite dans le monde de demain, où la Chine notamment va jouer un rôle grandissant. Puis le terrorisme est le dernier fléau à considérer, d'autant qu'on ne sait jamais d'où il peut surgir.

– Olympisme rime un peu avec angélisme. A contrario, le sport professionnel n'est pas toujours digne d'éloges. On y voit même de la violence !

– Attention, cette violence ne concerne véritablement qu'un seul sport, le plus populaire de tous, celui qui attire le plus de spectateurs : le football. Le rugby est un sport autrement plus engagé, pourtant l'esprit de loyauté l'emporte toujours, les joueurs se respectent, tout comme les supporters. Je suis désolé de dire cela, car le football est un sport que j'adore, mais il crée une effervescence malsaine et le milieu lui-même du football est souvent responsable de cette violence déplorable. Est-ce la société qui est malade ? Les voyous qui envahissent les tribunes avec des banderoles comme "Tuez-les !" sont-ils vraiment des supporters ? Est-ce l'alcool qui les rend fous ? L'antijeu, trop souvent toléré, ne joue-t-il pas aussi un rôle pernicieux ? Les dirigeants, avec leurs déclarations sarcastiques et haineuses, ne sont-ils pas eux-mêmes parfois à la base de cette violence ? Il me paraît surtout inutile de repasser en boucle à la télévision des images de violence sur les stades.

– Le geste de Zidane en Coupe du monde, comment l'avez-vous vécu ?

– C'est inexcusable, bien entendu, de la part d'un capitaine, d'un joueur de son rang et dans un tel contexte : la finale de la Coupe du monde… Il se passe sur les terrains bien des incidents qui échappent aux yeux des arbitres et des téléspectateurs. La volonté de gagner de Zidane avait atteint un paroxysme. La France dominait l'Italie, devait l'emporter… mais n'y arrivait pas ! Materazzi a provoqué Zidane pendant tout le match, il l'a poussé à bout, il a fini par l'insulter. C'est insupportable ! Le geste de Zidane, je ne l'ai pas condamné, je l'ai parfaitement compris… Ce qui m'a gêné le plus, c'est l'excitation médiatique que ce "coup de boule" a engendrée. Inutile de montrer ça deux mille fois aux enfants à la télévision !

– Du côté de l'insertion par le sport, l'équipe "black-blanc-beur" de la Coupe du monde 1998, cela vous a-t-il plu ?

– Oui, dans la mesure où je crois sincèrement aux vertus du sport qui efface toutes les différences et rassemble dans un même idéal et un même plaisir de partager, avec la même volonté de gagner ensemble. Le sport crée des liens. Il était juste de relever que, dans cette équipe de France conquérante, les joueurs blancs n'étaient qu'une composante, je dirai minoritaire, et que l'osmose était exemplaire. Maintenant, c'est vrai que la trajectoire lumineuse du onze tricolore "black-blanc-beur" a donné un reflet flatteur qui ne correspond pas forcément à la réalité quotidienne de notre société.

– Effet bénéfique, tout de même ?

– Oui, car cette réussite avec des joueurs qui leur ressemblent était source d'espérance pour beaucoup de jeunes défavorisés. Ils ont besoin d'icônes pour croire en un avenir meilleur. Le sport est clairement une chance à saisir. Construire un stade et des équipements sportifs près des immeubles, des cités, c'est un bonheur à saisir pour tous les jeunes qui vont s'y rassembler.

– La télévision remplit-elle bien sa mission en retransmettant beaucoup de sport ?

– Elle fait des choix de plus en plus liés aux recettes publicitaires et à un Audimat prévisible. Donc, le football écrase tout ! Les sports qui ne rapportent rien sont totalement oubliés. Certains payent même les chaînes pour pouvoir bénéficier de quelques minutes d'antenne : c'est carrément choquant. J'aimerais que notre gouvernement observe ce phénomène par rapport aux chaînes publiques. L'athlétisme, hormis les très grands événements internationaux, est moins soutenu. Et certains sports se retrouvent à des années-lumière.

– L'argent ne risque-t-il pas selon vous de dénaturer le sport ?

– On entre dans un système fermé médias-télévision-business-sports ultra populaires. Ce n'est plus le diktat de la performance… mais celui de l'argent. Les salaires des joueurs de football dépassent les normes et sont indécents. Les télévisions se battent à coups de millions pour s'offrir les exclusivités. Cette bagarre monumentale excite intensément les médias. On entend des cris de triomphe. Insensé ! Le circuit du sport-business fonctionne selon des modalités, à mes yeux, insupportables. Il n'y a plus aucune moralité… Mais le spectacle est là, et tout le monde se frotte les mains. En contrepartie, il arrive heureusement que quelques grandes épreuves traditionnelles et appartenant à la légende survivent. Je pense ainsi à Paris-Roubaix en cyclisme. C'est réconfortant.

– Un exemple de ce qui vous a le plus dérangé ces dernières années ?

– L'arrivée de David Beckham au Real Madrid, avec le montant astronomique de son transfert et un salaire tout aussi démentiel. J'ai appris en même temps que ces sommes ahurissantes seraient pratiquement amorties grâce à la vente aux socios du maillot orné du nom de Beckham et grâce aux milliers d'abonnements supplémentaires pour les matches à Santagio-Bernabeu. Quelle est la part du talent à côté du business ?

– Par rapport au sport-business, le sport-loisirs ne fait-il pas contrepoids ?

– Si, d'une certaine manière, mais ne soyons pas dupes : il y a aussi du business derrière le sport-loisirs. Mais ce dernier représente tout de même une belle évolution dans la vie moderne. Les gens pressurisés par un rythme de vie assez oppressant trouvent leur équilibre dans la pratique des sports-loisirs. Près de chez moi, par exemple, sur nos plages à Hossegor mais aussi à Capbreton, les surfeurs sont rois. C'est super sympa de les voir arriver avec leurs planches. Ambiance conviviale et aussi ambiance de compétition... Toutes les activités de loisirs sont excellentes, ski, randonnée pédestre, vélo, jogging, golf, tennis... dès lors que l'être humain peut se purger l'esprit, aller à la rencontre de la nature et s'épanouir en dehors de sa vie professionnelle. Les nouvelles générations ont bien compris cette nécessité.

– La presse généraliste pousse dans ce sens, mais que pensez-vous de l'évolution de la presse sportive ?

– Elle s'inscrit inéluctablement dans la modernité, c'est-à-dire que le sport n'est plus regardé de la même façon. Les journalistes sont devenus de plus en plus polyvalents, moins spécialistes "en profondeur" qu'à mon époque, où ils avaient une grande culture, une grande technicité dans le domaine du sport dont ils parlaient. Les relations d'ailleurs ne sont plus les mêmes. J'ai cette sensation que les journalistes que je côtoyais faisaient peut-être leur métier mais qu'ils partageaient aussi nos passions, même parfois un peu de notre intimité. Nous prenions des repas ensemble, nous voyagions ensemble, nous avions des échanges, une forme de vie commune dans certaines circonstances. Il y avait entre nous un climat de confiance, voire de confidentialité, qui ne semble plus pouvoir exister de nos jours.

– Pour quelles raisons ?

– Elles sont liées, bien sûr, aux orientations nouvelles du sport moderne, avec le business d'une part et l'obsession du résultat, la peur de l'échec d'autre part. Les mentalités ont changé. Il y a moins de spontanéité et de franchise… Moi, par exemple, j'ai été le porte-drapeau de l'athlétisme français à une époque. À travers ma réussite, *L'Équipe* (avec de grands spécialistes que je respectais infiniment, en tête desquels Gaston Meyer et Robert Parienté) mais aussi la télévision (avec Raymond Marcillac) entretenaient un élan bénéfique en faveur de l'athlétisme national avec vocation éducative. À cette époque, *L'Équipe* comme la télévision couvraient largement les Championnats des jeunes et les Championnats scolaires et universitaires. On parlait beaucoup des jeunes Espoirs, dès les rangs Juniors et même chez les Cadets. Aujourd'hui, médiatiquement, la "star" – appellation contrôlée – est magnifiée à outrance et monopolise toute l'attention. On est entré dans l'ère du culte, et la star est d'autant plus montée en épingle que ses revenus atteignent des sommes mirobolantes. Au-dessous d'elle, tout semble négligeable, de peu d'intérêt à la limite.

– Quels sont les dangers alors ?

– Si un champion, par sa personnalité ou son comportement, n'est pas à la hauteur de cette médiatisation – en clair, n'est pas "assez star" –, le sport qu'il représente risque d'en pâtir. Je crois que c'est ce dont souffre un peu l'athlétisme français actuel. Il a certes de grands champions comme Christine Arron, Eunice Barber, Mehdi Baala, Ladji Doucouré ou le marcheur Yohan Diniz, mais j'aimerais qu'ils aient encore plus de charisme afin de rendre leur sport plus porteur médiatiquement parlant. N'oublions pas que notre époque est celle de la communication.

– Est-ce aussi l'époque des consultants de tout poil ?

– Franchement, c'est une très bonne chose. Mon ami Pierre Albaladejo a donné le "la", il y a longtemps et de manière remarquable, au côté de Roger Couderc. Il y a eu aussi Jean-Paul Loth dans le tennis. En cyclisme, je dois dire que Laurent Jalabert, par la finesse de ses analyses, m'a épaté. En rugby, aujourd'hui j'admire beaucoup Franck Mesnel et Fabien Galthié… Allons plus loin : autrefois, Raymond Marcillac et Robert Chapatte, anciens champions devenus patrons des sports à la télévision, avaient ouvert une voie… En revanche, je vois aussi arriver une nouvelle race de consultants dans le football qu'on s'arrache à prix d'or. Et, là encore, nous assistons à une sorte de marché des transferts, une vraie bagarre à coups de millions entre certaines chaînes de télévision. C'est choquant, indécent ! N'est-ce pas aussi rabaisser la corporation de journalistes très qualifiés qui bénéficient, eux, de salaires normaux ?

– Malgré tout cela, restez-vous confiant, Michel, sur le devenir du sport ?

– Mis à part les sérieuses réserves évoquées, le sport demeure à mes yeux une source inépuisable de bonheur. Je vais acheter "mon" *Équipe* tous les matins au kiosque. Je bondis toujours de mon fauteuil devant les exploits de nos rugbymen, footballeurs, athlètes… Pour moi, la vie a toujours été plus belle, plus excitante, grâce à la magie du sport. »

# « Le CA Montreuil, mon club de toujours »

« Je suis entré au CA Montreuil en 1954, en compagnie de mon entraîneur, René Frassinelli, et j'y suis resté pendant toute ma carrière d'athlète… et toute ma vie, fidèle aux couleurs, aux valeurs de ce club dont le président, Jean Delbert, était aussi "mon" père spirituel.

« J'ai toujours gardé en moi cet amour de mon club. Quand j'ai battu mes plus grands records, c'était – et j'en étais fier – moulé dans le maillot du CAM avec son blason et le petit chapeau tyrolien hérité de l'emblème de Pernod, qui nous soutenait. D'ailleurs, j'ai porté pendant dix ans le même maillot fétiche que ma mère avait confectionné en tissu mousseline. Il tenait moins chaud que ceux de l'époque, en coton. Il était blanc à l'origine, mais elle l'avait teint en jaune, couleur du club. C'est pourquoi sur la fin il paraissait un peu délavé ! En tout cas, après mes adieux à Saint-Maur, en 1966, et mon dernier record du monde au 2 000 m, j'ai décidé d'offrir ce maillot à Jean Durry pour le

Musée du sport. Ce maillot méritait bien, lui aussi, d'entrer dans la postérité...

«Le CA Montreuil, je dois le préciser, était avant mon arrivée essentiellement un club de cross-country. Il y avait juste un grand lanceur, Lucien Guillet. Ensuite, le club s'est diversifié : ainsi, quand il a émergé au plan national, Roger Bambuck[1] est-il venu directement chez nous, tout comme sa future épouse, Ghislaine Barnay, la première Française à 1,80 m au saut en hauteur. D'autres athlètes de talent sont arrivés par la suite. Et, aujourd'hui, je suis particulièrement heureux de constater que le CA Montreuil est le premier club français, ce depuis dix ans ! Roger, le fils de Jean Delbert, a pris la succession de son père.» a aussi, c'est formidable ! Le signe, en tout cas, que le CAM est une grande famille.

«L'attachement au club, je tiens à le dire, était quelque chose de très fort à mon époque. Il fallait voir les batailles serrées, l'ambiance aux Interclubs. J'étais prêt à tous les sacrifices pour défendre nos couleurs. Il m'est arrivé, aux Interclubs, de faire du triple saut ou du javelot en plus de mes courses de demi-fond. Je me souviens aussi qu'un jour, en pleine période de records, lors des Championnats de relais, les séries du 4 x 1 500 m – avec mon ami Jacques Darras – étaient si nombreuses qu'on avait terminé à plus d'une heure du matin à Charléty ! J'étais encore assez frais

**(1)** Roger Bambuck, grand sprinteur français, notamment champion d'Europe du 200 m et du 4 x 100 m (1966) et finaliste olympique (5e) des 100 m et 200 m et médaillé de bronze du 4 x 100 m à Mexico (1968). Cette année-là, le Guadeloupéen fut codétenteur du record du monde du 100 m pendant une heure, après avoir réalisé 10" lors des séries des Championnats des États-Unis à Sacramento. Multiple recordman d'Europe et de France sur 100 m, 200 m et 4 x 100 m, il fut également secrétaire d'État à la Jeunesse et aux Sports de 1988 à 1991 dans le gouvernement Rocard.

cependant pour remonter un handicap de 100 m et dépasser un adversaire particulièrement coriace, qui n'était autre que Gérard Vervoort. Je suis resté très lié encore aujourd'hui à mon club, et je suis très heureux de voir subsister cet esprit familial qui y régnait autrefois.

« Je dois ajouter que, une fois ma carrière terminée, j'ai été très proche d'un autre club, la VS Ozoir-la-Ferrière, animé par Charles Schaller et Louis Graffard, véritables "pères missionnaires" qui l'ont fondé en 1969 et restent encore magnifiquement aux commandes de nos jours, ce qui est assez exceptionnel. Ce fut également pour moi une expérience passionnante, car j'étais le conseiller animateur en demi-fond pour la VSOP **(2)**, tout en ayant notamment sous ma coupe de grands espoirs comme Bernadette Bretagne, Thierry Watrice et son frère Jean-Pierre, Éric Gontier, Jean Strasfogel, Bruno Tabourin et Dominique Bouchard. Celui-ci a réussi de brillants records personnels, l'un au niveau de mon record d'Europe du 1 500 m avec ses 3'36"52 en 1987, l'autre dépassant mon record du monde du 3 000 m – qui avait bien évidemment changé – avec ses 7'44"39 en 1985, à vingt-deux ans ! On avait vu en lui "un nouveau Jazy", mais des problèmes de santé l'ont éloigné. Il nous a quittés dans de tristes circonstances…

« Je voudrais dire pour conclure que, de nos jours, il faut défendre cette idée que le club, cellule de vie, porteur de valeurs humaines et de précieuses vertus formatrices et édu-

**(2)** Vie Sportive Ozo-Phoricienne, club omnisports d'Ozoir-la-Ferrière, en Seine-et-Marne, ville où vécut Michel Jazy vers la fin de sa carrière. Le nom du club a été inventé par le sauteur en longueur Christian Collardot, connu pour ses frasques. Il décida de débaptiser les Ozoiriens et de les renommer Ozo-Phoriciens pour obtenir ce sigle VSOP… similaire à celui qui figure sur les bouteilles de cognac (Very Superior Old Pale) !

catives, doit occuper une place essentielle dans la vie des jeunes de nos villes et de nos villages. Il contribue à l'avenir de la nation, il favorise l'épanouissement et contribue à la réussite d'un sport français qu'on souhaite brillant dans les plus belles compétitions. Plus que jamais, il faut protéger tous les clubs et les soutenir. »

# « Mes dix plus belles courses »

Parmi les centaines de courses qu'il a disputées au cours de sa longue carrière, Michel en a retenu dix en tête de son hit-parade. La plus belle d'entre elles, selon lui, ne lui a pas offert la victoire mais la deuxième place aux JO de Rome, derrière Herbert Elliott…

### 1. ROME 1960 :
### MÉDAILLE D'ARGENT OLYMPIQUE DU 1 500 M

« Oui, la plus belle de toutes pour moi ! Je voulais prouver que j'étais devenu l'un des meilleurs du monde et j'ai pu le faire sur la grande scène olympique. Tout s'est déroulé comme dans un rêve. Herbert Elliott était invincible, invulnérable, tout le monde le savait. Pour moi, cette médaille d'argent valait une médaille d'or ! »

### 2. HELSINKI 1965 :
### VAINQUEUR DE LA « REVANCHE » DE TOKYO

« Ils étaient tous là, à part Norpoth. Oui, tous mes rivaux de la finale olympique du 5 000 m ratée à Tokyo : Clarke, Schul, Keino… À Tokyo, j'avais connu un "jour sans", comme cela arrive à tout le monde. Il fallait effacer de manière spectaculaire ce mauvais souvenir. J'ai réussi cette fois la course idéale. »

**3. RENNES 1965 :**
**RECORD DU MONDE DU MILE**

« Ces 3'53"6 sont un "must" dans ma carrière. Je succède sur les tablettes aux plus grands noms de l'histoire et surtout à Herbert Elliott et Peter Snell, tous deux champions olympiques. Aux yeux des Anglo-Saxons, en Grande-Bretagne, aux États-Unis, je suis définitivement consacré. Mon talent est reconnu. »

**4. SAINT-MAUR 1966 :**
**RECORD DU MONDE DU 2 000 M**

« Ce record de 4'56"2 a tenu dix ans (jusqu'à John Walker, en 1976). J'aurais pu faire mieux, sans aucun doute. Mais l'objectif essentiel était de réussir mes adieux par un record du monde sur la distance sur laquelle j'avais déjà battu mon premier record mondial en 1962. C'était aussi important de partager ce bonheur avec mes copains. »

**5. BELGRADE 1962 :**
**CHAMPION D'EUROPE DU 1 500 M**

« Après ma deuxième place à Rome, et en tenant compte du fait que le gratin du demi-fond mondial se situait principalement en Europe, je voulais ce premier titre afin de confirmer mon rang de numéro un du 1 500 m sur le continent. Ce fut très facile, même si certains craignaient que je n'aie trop couru avant le rendez-vous de Belgrade. Je souhaitais très fort, aussi, que mon ami polonais Baran fasse deuxième derrière moi. »

### 6. BUDAPEST 1966 : CHAMPION D'EUROPE DU 5 000 M

« J'espérais le doublé 1 500 m-5 000 m… J'ai des regrets sur 1 500 m (2e derrière Tummler, mais devant Norpoth) : en nous entendant, avec Wadoux et Nicolas, je pouvais gagner, et Wadoux terminer aussi sur le podium… Ma victoire sur 5 000 m a bien prouvé ensuite que j'étais le numéro un du continent sur la distance. »

### 7. COLOMBES 1963 : RECORD D'EUROPE DU 1 500 M

« La course parfaite, que tout le public en France et toute la presse souhaitaient. Une entente cordiale Jazy-Bernard-Wadoux pour réaliser de grands chronos en finale du 1 500 m des Championnats de France. Je bats le record d'Europe en 3'37"8 ; Bernard (3'38"7) et Wadoux (3'41"7) améliorent leurs records personnels. »

### 8. SAINT-MAUR 1965 : RECORD DU MONDE DU 4 x 1 500 M

« La concrétisation de l'amitié dans le demi-fond français et d'une suprématie collective au plan mondial. Dommage, Michel Bernard n'était pas là. J'étais euphorique – sur les bases de 3'36" à un moment – au troisième relais, le plus difficile. Avec Claude Nicolas, Gérard Vervoort et Jean Wadoux, nous avons réalisé 14'49", soit 3'42"25 de moyenne ! »

### 9. MELUN 1965 : RECORDS DU MONDE DU 3 000 M ET DU 2 MILES

« Il s'agissait en fait d'un 2 miles (3 218,72 m) avec temps de passage pris au 3 000 m, une semaine avant le 5 000 m d'Helsinki. Ron Clarke était alors en super forme et avait porté le record du 5 000 m à 13'25"8. Mais il n'a pas résisté à mon attaque à deux tours de la fin. Record du monde du 3 000 m en 7'49" et du 2 miles en 8'22"6. »

### 10. COLOMBES 1956 : PREMIÈRE VICTOIRE SUR BERNARD

« Une surprise, une grande joie, la confirmation de mes possibilités… J'avais vingt ans. Premier titre de champion de France sur 1 500 m, à Colombes, et première victoire sur Michel Bernard. Le titre qu'il me fallait gagner. Il m'a permis d'aller aux JO de Melbourne grâce à une bourse Espoirs, car je n'avais pas réussi les minima. »

## TITRES ET RECORDS

Michel JAZY est né le 13 juin 1956 à Oignies
Club : CA Montreuil
1,77 m, 65 kg.
59 sélections

**Jeux Olympiques**

**1960 :** 2e au 1 500 m.
**1964 :** 4e au 5 000 m.

**Championnats d'Europe**

**1962 :** 1er au 1 500 m .
**1966 :** 2e au 1 500 m ; 1er au 5 000 m.

**Championnats de France (onze titres)**

**800 m :** 1961, 1962.
**1 500 m :** 1956, 1957, 1958, 1960, 1963, 1964.
**5 000 m :** 1966.
**Cross-country :** 1965, 1966.

**Records du monde (9)**

**Mile :** 3'53"6 (1965).
**2 000 m :** 5'1"6 (1962) ; 4'56"2 (1966).
**3 000 m :** 7'49"2 (1962) ; 7'49" (1965).
**2 miles :** 8'29"6 (1963) ; 8'22"6 (1965).
**4 x 1 500 m :** 15'4"2 (1961) ; 14'49" (1965).

**Records d'Europe (18)**

**1 500 m :** 3'37"8 (1963) ; 3'36"4 (1966) ;
3'36"3 (1966).
**Mile :** 3'55"5 (1965) ; 3'53"6 (1965).

**2 000 m :** 5'1"6 (1962) ; 4'56"2 (1966).
**3 000 m :** 7'49"2 (1962) ; 7'49" (1965).
**2 miles :** 8'29"6 (1963) ; 8'22"6 (1965).
**3 miles :** 13'5"6 (1965) ; 13'4"8 (1965).
**5 000 m :** 13'34"4 (1965) ; 13'29" (1965) ;
13'27"6 (1965).
**4 x 1 500 m :** 15'4"2 (1961) ; 14'49" (1965).

**Records de France (51)**

Du 800 m au 5 000 m (et 6 miles au passage), dont 4 x 1 500 m (1 en club, 2 avec l'équipe nationale).

**Records personnels**

1'47"1 au 800 m ; 2'19"1 au 1 000 m ;
3'36"3 au 1 500 m ; 3'53"6 au mile ; 4'56"2 au 2 000 m ;
7'49" au 3 000 m ; 8'22"6 au 2 miles ;
13'4"8 au 3 miles ; 13'27"6 au 5 000 m.

**Distinctions**

Michel Jazy est vice-président d'honneur de la Fédération française d'athlétisme, commandeur de la Légion d'honneur, et commandeur du Mérite national.

## DOCUMENTS CONSULTÉS

Cet ouvrage est le fruit de longs entretiens réalisés avec Michel Jazy entre le 1er octobre 2006 et le 30 avril 2007. Documents et ouvrages également consultés :

archives personnelles de l'auteur ;

archives de *« L'Équipe »* de 1955 à 1968 ;

*« Cahiers de L'Équipe »* ; *« Athlétisme Magazine »* ;
*« Grand Livre de l'Athlétisme Français »*
de Gaston Meyer (Calmann-Levy) ;

*« Du sport plein la tête »*
de Marcel Hansenne (Flammarion) ;

*« La Fabuleuse Histoire de l'Athlétisme »*
de Robert Parienté (Minerva) ;

*« La Fabuleuse Histoire des Jeux Olympiques »*
de Robert Parienté et Guy Lagorce (Minerva) ;

*« Mes victoires, mes défaites, ma vie »*
de Guy Lagorce (Solar) ;

*« Jazy 1 500 à la une »*
de Robert Parienté (La Table Ronde) ;

*« Athlérama »*
de Jean Gilbert et FFA.

REMERCIEMENTS

au service de documentation de L'Équipe,
dirigé par Danièle Coussot et Thierry Dengerma,
et en particulier à Boris Blarignon…

Achevé d'imprimer par Maury
Manchecourt (France)